浅野文庫『諸国古城之図』より「大和 多聞」（広島市立中央図書館蔵）
広島藩主浅野家によって製作された城絵図で、おおむね正確とされる。多聞山城は松永久秀が築いた新城であるが、滝山城や信貴山城と同じく楠正成が住んでいたと認識されており、自らを名将にして忠臣、毘沙門天の加護を受ける正成になぞらえようとした痕跡がうかがえよう。アルメイダ書簡と『柳生文書』から往時の姿が判明する。

中世から近世へ

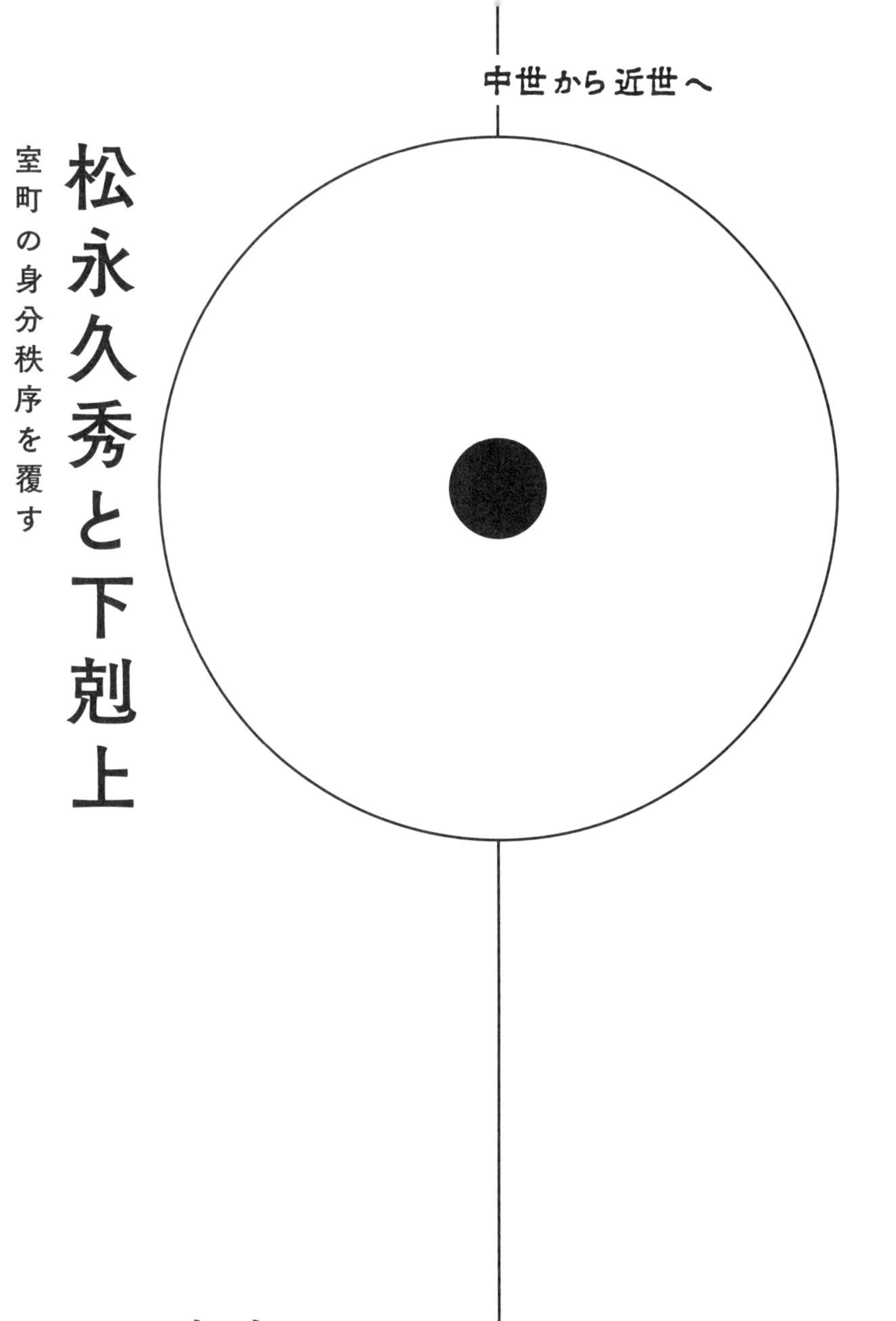

松永久秀と下剋上

室町の身分秩序を覆す

天野忠幸

平凡社

装幀　大原大次郎

松永久秀と下剋上◉目次

はじめに――〝戦国の梟雄〟が戦ったものはなにか　16

第一章　三好長慶による登用……27

松永氏の出身地　28
三好長慶、越水城主となる　31
長慶に仕える久秀　36
細川氏から自立する三好氏　43
足利義輝との戦い　50
久秀の取次と長慶の裁許　58
内藤氏を継ぐ松永長頼　64
滝山城主の久秀と『瀧山千句』　67
三好本宗家の家臣団　74
常識と秩序を揺るがす家臣団編成　79

第二章　幕府秩序との葛藤……83

永禄改元に従わない将軍義輝　84
永禄改元の影響　88
各地の下剋上と将軍　90

義輝による幕府秩序の再編と三好氏　94
楠復姓問題に関わる久秀　98
三好氏への栄典授与　100

第三章　大和の領国化

第三章　大和の領国化……103
一体化する河内と大和　104
台頭する安見宗房　107
安見・筒井攻め　110
領国拡大戦争に踏み出す　114
主家並みの待遇　120
三好義興邸への御成　124
教興寺の戦い　126
多聞山城の築城　131
興福寺との関係　140
多聞山城の茶会　143
久秀の家臣団　148
家臣団の配置　152
久秀の客分と与力　155

柳生宗厳　160
村々の裁許　164

第四章　幕府秩序との対決……167
深まる義輝との対立　168
義興の死と久通への家督譲与　172
キリシタンの尋問と家臣の改宗　176
永禄の規約をめぐって　179
久秀の母と法華宗　182
甲子改元　183
久秀の妻広橋保子　185
久秀の権勢とは　188

第五章　足利義昭・織田信長との同盟……191
三好氏の代替わり　192
永禄の変　194
義昭の保護と久秀の思惑　199
松永氏の失脚と三好三人衆の形成　202

足利義昭との同盟 208
三好義継の擁立 212
大仏殿の戦い 215
義昭幕府成立の立役者 222
大和支配の再構築 229

第六章 筒井順慶との対立……235

元亀争乱のはじまり 236
信貴山城からの後見 238
義昭幕府からの離脱 240
辰市の戦い 244
三好氏の再興 247
義昭と御一味 249
多聞山城の明け渡し 252
織田家臣として 257
信貴山城籠城 263
久秀の実像 269

おわりに　276
松永久秀関連年表　279
主要参考文献　285
事項索引　294
人名索引　303

〈凡例〉

＊三好一族とその他の人物名の表記について

三好一族については改名が多く、改名のたびに表記を変更すると非常に煩瑣になる。そのため、基本的には次のように、一般的に知られた名称を用いている。なお、名前の変遷も示しておく。

三好長慶…千熊丸—孫次郎—利長—範長—長慶
三好実休…千満丸—彦次郎—之相—之虎—物外軒実休
安宅冬康…千々世—神太郎—鴨冬—冬康—一舟軒宗繁
十河一存…孫六郎—一存
三好義興…孫次郎—義長—義興
三好長治…千鶴丸—彦次郎—長治
三好存保…十河千松—十河孫六郎—三好存康—三好存保—三好義堅—十河孫六郎
三好義継…十河孫六郎—三好重存—三好義重—三好義継
三好元長…千熊丸—元長—開運
三好康長…孫七郎—康長—咲岩—康長—康慶
三好長逸…長縁—長逸—北斎宗功

三好生長（なりなが）…弓助―長虎―生長
三好宗三（そうさん）…神五郎―政長―半隠軒宗三
三好宗渭（そうい）…政勝―政生―釣閑斎宗渭
松永久通（ひさみち）…彦六―久通―義久―久通
内藤宗勝（ないとうむねかつ）…松永甚介―松永長頼―松永蓬雲軒宗勝―内藤蓬雲軒宗勝
石成友通（いわなりともみち）…友通―長信
足利義維（あしかがよしつな）…義維―義冬
足利義栄（よしひで）…義親―義栄
足利義昭（よしあき）…一乗院覚慶―義秋―義昭
細川信良（ほそかわのぶよし）…聡明丸―六郎―昭元―信元―信良

＊本書中にでてくる楠木（楠）姓の表記について

正成・正行ら南北朝期の楠木氏は、自称他称ともに「楠木」であるため、「楠木」と記す。正虎・正辰・正種ら戦国期の楠氏は、『太平記』の影響を受け、「楠」の一字を名乗るため、「楠」と記す。

＊史料の表記について

天野忠幸編『戦国遺文　三好氏編』全三巻（東京堂出版、二〇一三〜二〇一五年）に所収の史料については、「『戦三』文書番号」で記す。

松永氏略系図

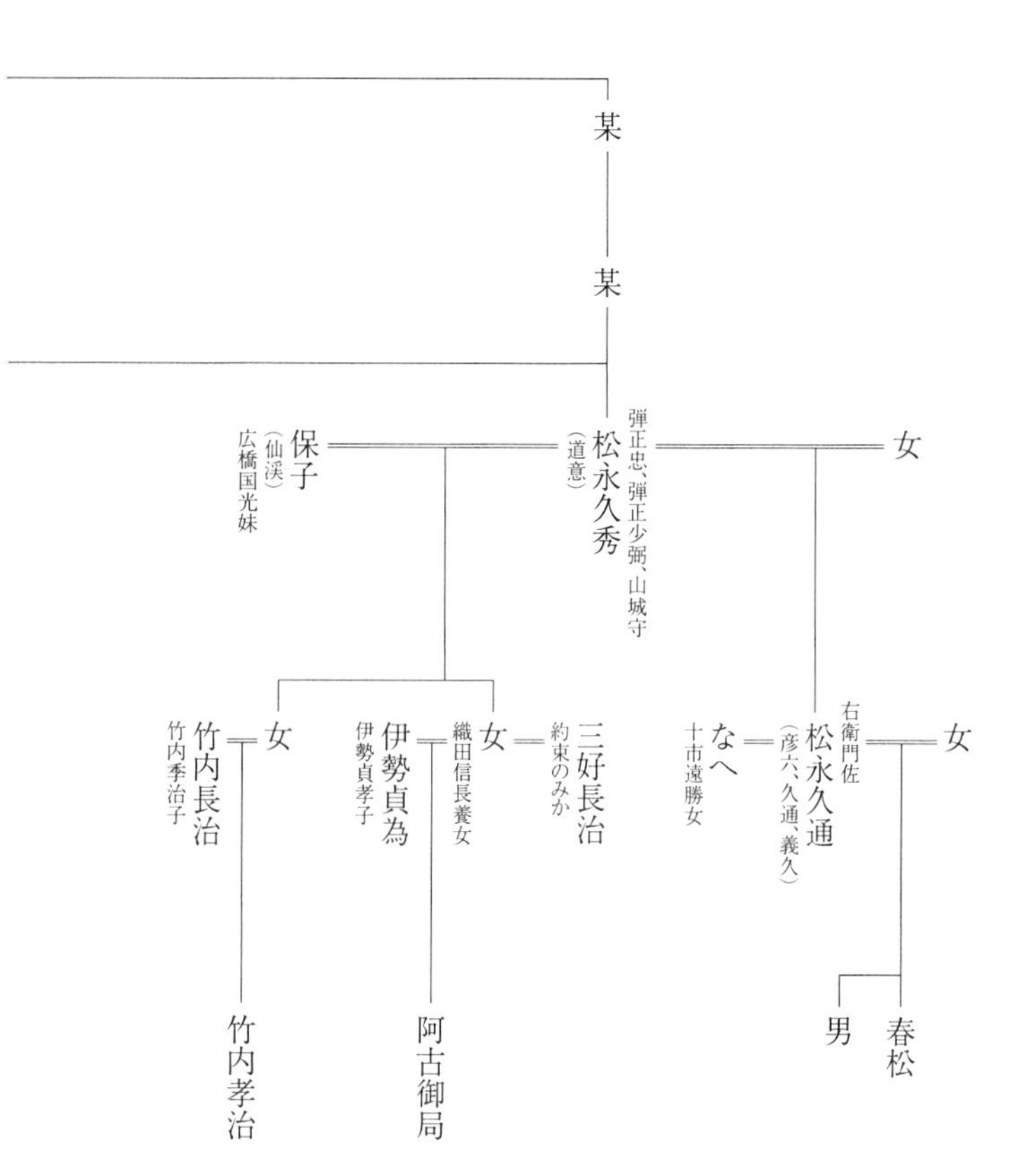
某
某
松永久秀
弾正忠、弾正少弼、山城守
（道意）
保子
（仙渓）
広橋国光妹
女
女
竹内長治
竹内季治子
竹内孝治
女
織田信長養女
伊勢貞為
伊勢貞孝子
阿古御局
三好長治
約束のみか
松永久通
右衛門佐
（彦六、久通、義久）
なへ
十市遠勝女
女
春松
男

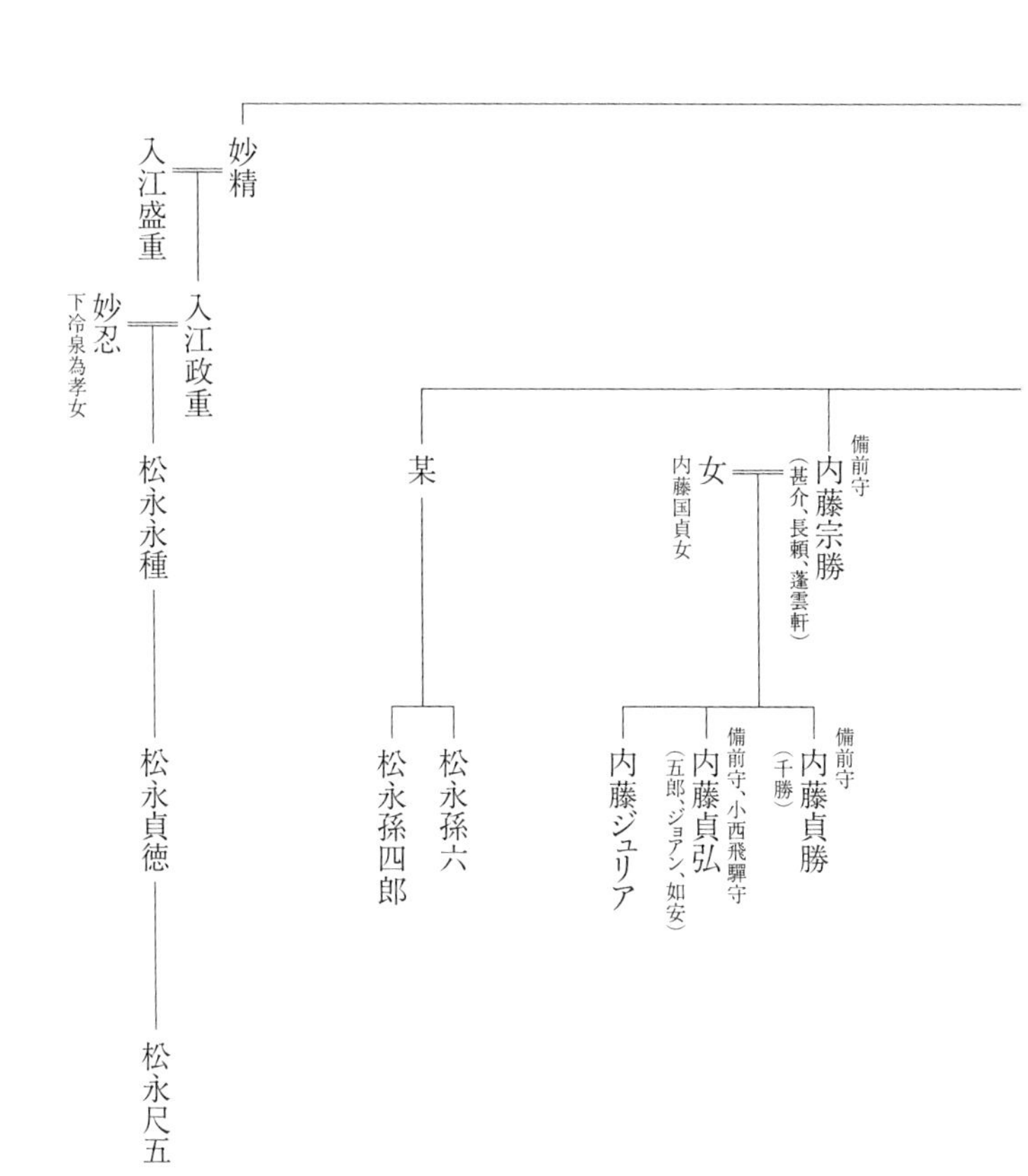
妙精
入江盛重
入江政重
妙忍
下冷泉為孝女
松永永種
松永貞徳
松永尺五
某
松永孫六
松永孫四郎
備前守
内藤宗勝
（甚介、長頼、蓬雲軒）
女
内藤国貞女
備前守
内藤貞勝
（千勝）
備前守、小西飛騨守
内藤貞弘
（五郎、ジョアン、如安）
内藤ジュリア

三好氏略系図

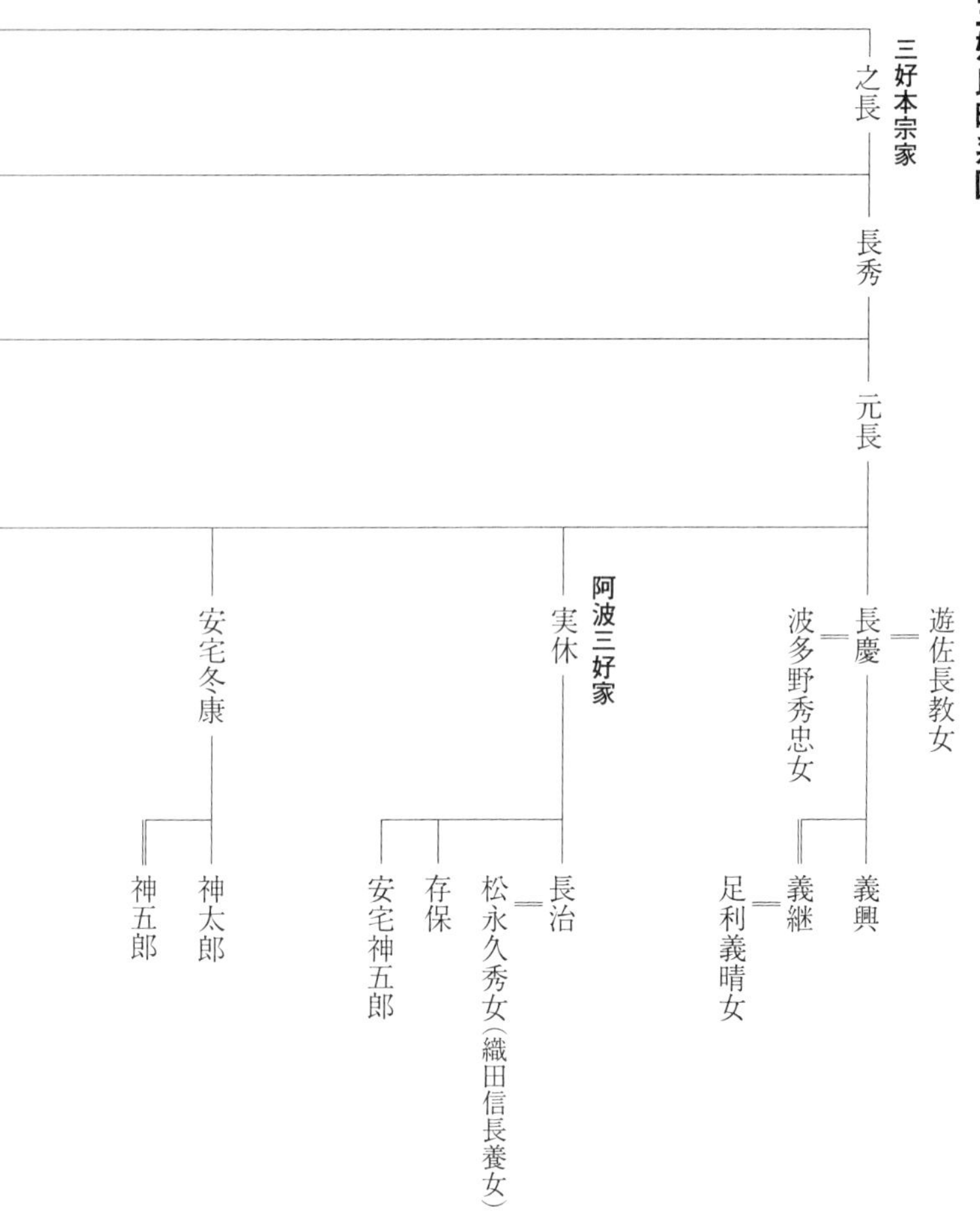

三好本宗家
之長
長秀
元長
遊佐長教女
長慶
波多野秀忠女
義興
義継
足利義晴女
阿波三好家
実休
長治
松永久秀女（織田信長養女）
存保
安宅神五郎
安宅冬康
神太郎
神五郎

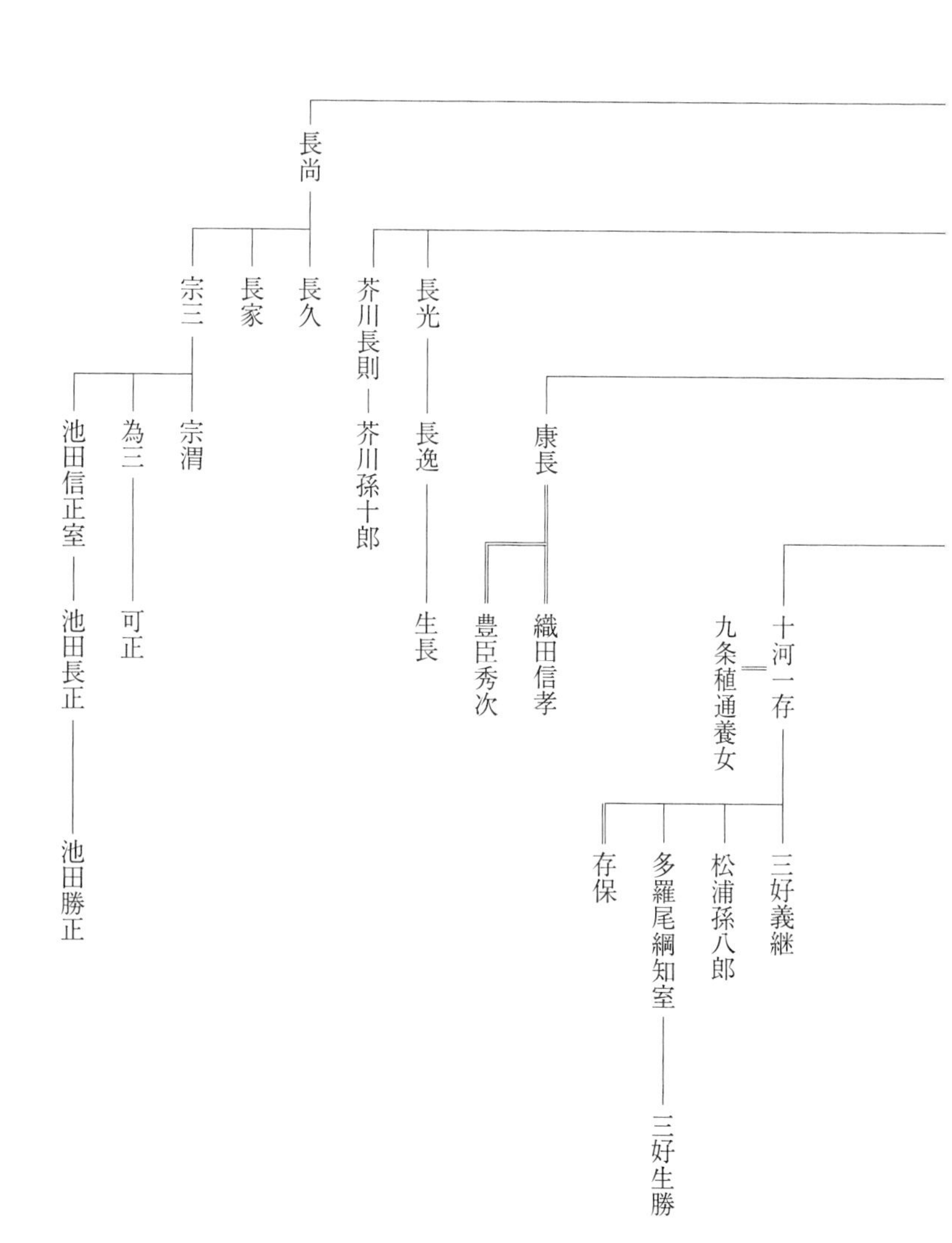
長尚
長久
長家
宗三
宗渭
為三
池田信正室
可正
池田長正
池田勝正
長光
芥川長則
芥川孫十郎
長逸
生長
康長
織田信孝
豊臣秀次
十河一存
九条稙通養女
三好義継
松浦孫八郎
多羅尾綱知室
存保
三好生勝

はじめに――〝戦国の梟雄〟が戦ったものはなにか

松永久秀（弾正忠、弾正少弼、山城守、霜台は弾正少弼の唐名、出家して道意）は、戦国時代の下剋上の代表として、最もよく知られた戦国武将である。教科書的に言えば、畿内の実権は、応仁の乱を境にして、将軍の足利氏から管領の細川氏、その家宰の三好氏、その重臣の久秀へと移ったとされる。また、小説やドラマでは、主家の三好氏や、将軍の足利義輝を暗殺し、東大寺の大仏を焼き払うなど、常人ではできないことを、一人で三つもしたことで恐れられたとされる。さらに、織田信長に三度も歯向かうが、二度までも許されたとし、その最期は、信貴山城の天主で信長が望んだ平蜘蛛の茶釜を道連れに自害するなど、強烈な個性の持ち主として描かれている。こうした多くの逸話から、久秀は忠誠心のかけらもない謀叛人、神仏を恐れぬ稀代の悪人というマイナスイメージと、実力主義の果断な名将、築城の名手、名物茶器に命を懸けた茶人というプラスイメージが混じりあい、戦国乱世を象徴する人物として、魅力を放ってきた。

このうち、マイナスイメージは江戸時代初期にはすでに、その萌芽が見られる。『信長公記』の作者太田牛一が記した軍記物『太かうさまくんきのうち』では、将軍義輝を討ち、主君の三好長慶に讒訴して、その弟の安宅冬康を殺させ、長慶の息子義興も毒殺したとされる。信長に降るもやがて背き、永禄十年（一五六七）十月十日に大仏殿を焼いた報いにより、天正五年（一五七七）同月同日同時刻に平蜘蛛の釜をうちくだき、焼死した。そうした久秀の最期を、天道恐ろしきとし、因果応報のためと評している。

　こうした逸話は、江戸時代中期に岡山藩の儒学者湯浅常山が記した戦国武将の逸話集『常山紀談』に、「信長公松永弾正を恥しめ給ひし事」という項目で採用された。

> 東照宮、信長に御対面の時、松永弾正久秀かたへにあり、信長、この老翁は世の人のなしがたき事三ツなしたる者なり、将軍を弑し奉り、又己が主君の三好を殺し、南都の大仏殿を焚たる松永と申す者なり、と申されしに、松永汗をながして赤面せり

　徳川家康が織田信長に対面した際、信長は、傍らにいた久秀について、常人ではできないことを三つもした。将軍の足利義輝を殺し、主君の三好長慶の息子義興を殺害し、奈良の東大寺大仏殿を焼いた人物だと紹介したのである。現在、最もよく知られた形に整えられたが、

これは、久秀が赤面するとあるように、久秀を批判するものであった。

『太かうさまくんきのうち』は、豊臣秀吉の死や関ヶ原の戦いを経て、徳川家康・秀忠親子が将軍に就任する慶長七年（一六〇二）から十年頃の成立と考えられている。主家の豊臣秀頼に代わり、臣下であったはずの徳川家康が征夷大将軍となり台頭する。こうした時代背景の中で作成された。牛一は後陽成天皇と秀吉の徳を賞賛するが、秀吉には不可解な二つの失政があった。甥の関白豊臣秀次を処刑した事件と、朝鮮出兵である。そこで秀次事件の原因を、秀次の乱行と主君秀吉への謀叛として描いていく。そして、主君への謀叛や秀吉への敵対により滅んだ武将を、天道恐ろしきこととして列挙する。すなわち、阿波守護細川持隆を討った三好実休、ついで松永久秀、そして、美濃守護土岐頼芸を追放した斎藤道三・一色義龍親子、織田信長に背いた明智光秀、主君信長の仇を討った秀吉を排除しようとした柴田勝家と織田信孝、秀吉の領土裁定を無視した北条氏政である。

牛一の意図は明白であろう。主家を乗り越えようとしたり、秀吉に敵対したりする者は悲惨な最期を遂げる事例を挙げることで、秀頼の天下を覆そうとする家康の野望を思いとどまらせる世評をつくりだそうとしたのだ。

ただ問題は、将軍義輝を討ち取ったのは、三好長慶の養子義継と松永久秀の嫡子久通であるのに、久秀としたことだ。実は牛一は『信長公記』においても将軍義輝を討ったのは、すでに死去していた長慶としており、京都の正確な情報をつかんでいなかったために混同して、誤記を重ねたようである。

『常山紀談』は元文（げんぶん）四年（一七三九）に成立するが、改稿を重ね、明和（めいわ）七年（一七七〇）に完成したとされる。この頃、柳沢吉保（やなぎさわよしやす）が徳川綱吉（つなよし）に、間部詮房（まなべあきふさ）が徳川家宣（いえのぶ）に信任され、軽輩で陪臣（ばいしん）の身から将軍直臣（じきしん）、大名、そして老中格へと出世し、幕政を主導する一方、譜代大名たちはこれに激しく反発していた。

常山は朱子学を重んじる立場から、久秀を反面教師として、幕藩体制下の家格秩序を守ることを説こうとしたのである。

江戸時代後期の文政（ぶんせい）十二年（一八二九）には、頼山陽（らいさんよう）が、久秀の三悪と信長が欲した平蜘蛛の釜をうちこわし、自害する最期を記した『日本外史（にほんがいし）』を刊行した。『日本外史』は歴史書としては不正確との評価が、当初からあった。しかし、人物中心の記述で平易な筆致により、幕末から明治時代にかけて最も多くの日本人に読まれたという。また、山陽の独特な歴史観は幕末維新期の人々に大きな影響を与えたとされる。こうして、久秀の下剋上や梟雄（きょうゆう）としてのイメージは広く知れわたっていったのである。

久秀に限らず、戦国武将は江戸時代に創作されたイメージが流布していることの方が多い。

久秀とともに、伊勢宗瑞（北条早雲）や斎藤道三が、戦国の三大梟雄として数えられてきた。彼らは皆、出自もわからない一介の牢人であったが、知略や謀略を駆使して、やがては一国を乗っ取るまでになったとされた。宗瑞は堀越公方足利政知の子の茶々丸を滅ぼし、北条氏五代が百年にわたって関東を支配する基を築いた。斎藤道三は守護土岐頼芸を追放し、美濃一国を支配した。後に息子の義龍に滅ぼされるが、娘婿の織田信長の素質を見抜いたとされる。いずれも主家に背くが、新たな時代の幕を開いたと評価されている。

　こうした梟雄たちも、現在研究が進み、宗瑞は室町幕府政所執事伊勢氏の一族で、将軍足利義稙の近臣として申次を務めていたことが明らかとなった。道三は小説でよく知られた、一代の国盗りではなく、妙覚寺の僧から土岐氏に仕えた父の長井新左衛門尉との二代にわたる美濃乗っ取りであったことがわかった。いずれも出自不明ではなくなったものの、特筆すべき活躍である。

　このように、戦国時代当時の日記などの古記録や書状などの古文書を研究する中で、その実像が明らかにされてきた。久秀はどうであろうか。

　戦国時代に日本へキリスト教を布教するために訪れた宣教師たちは、さまざまな報告を記している。フロイスは自らの著書『日本史』において、久秀は「さして高い身分ではないのですが、その知力と手腕によって、自らは家臣であるにもかかわらず、公方様と三好殿をいわば掌握していました。すなわち彼ははなはだ巧妙、裕福、老獪でもありますので、公方様や三好殿は、彼が欲すること以外になにもなし得ない」（第一部五十九章）と評した。

　これらにより、『太かうさまくんきのうち』や『常山紀談』『日本外史』に見える久秀像は、外国人の史料と照合しても事実であると証明されたかのように考えられてしまった。しかし、キリスト教宣教師は、キリシタンに改宗した高山右近らは高邁な人物であると褒め称える一方、伴天連(バテレン)追放令を出し、キリスト教に冷淡な対応をした豊臣秀吉などは極めて悪辣(あくらつ)に罵(ののし)っている。久秀は延暦寺(えんりゃくじ)や法華(ほっけ)宗の要請を受け、宣教師を追放しようとしたことから、宣教師が久秀に批判的であったことを考慮する必要がある。

　現在、江戸時代の二次史料ではなく、戦国時代の一次史料による実証的な研究の進展により、戦国時代像は常に更新されている。伊勢宗瑞は戦国大名研究を牽引する北条氏研究の中で、斎藤道三は統一政権の形成をめぐる織田信長研究の中で、何度も問い直されてきた。ところが、松永久秀について一次史料を用いた研究は、完全に立ち遅れている。

　久秀が活躍した戦国時代の畿内の研究は、長く無意味とされてきた。畿内の状況は混乱や混迷と表現され、何も新しいものを生み出すことなく、幕府や守護など、やがて滅びゆく守旧的な権力が惰性で争うだけと考えられてきた。そのため、現代人の多くは、応仁の乱から信長が上洛するまで約八十年の畿内について、ほとんど知らない。一九七〇年代になり、ようやく、細川氏や三好氏を中心に畿内の政治史を叙述する視点が出されたが、足利氏・細川氏・畠山氏・六角氏・三好氏の本格的な研究が進み、その成果が研究者同士で共有され始めたのは、二十一世紀になってからであった。松永久秀も三好氏研究や戦国期の大和研究から独立し、専論が出されるようになり、その実像がわかるようになってきたのは、ここ十年であると言っても過言ではない。

本書では、こうした研究成果を踏まえて、松永久秀を戦国時代の政治や社会状況の中で考えていきたい。そこでは、二つの視点に留意したい。

一つは、下剋上とは何か、ということである。実力がある家臣が専横なふるまいをしたり、主君を殺害したりすることであろうか。それらは他の時代にも起こっている。問題は、それが戦国時代でどのような意味を持ったかである。室町時代という社会を規定していたものに、身分がある。現代ではそうした感覚は持ちにくいであろうが、前近代において、身分の持つ意味合いは大きい。

室町時代の身分秩序の頂点に位置したのは、天皇を除くと足利将軍家であった。足利氏は五摂家をはじめとする公家と相続を伴わない養子関係である猶子関係を次々と結ぶだけでなく、自らの子弟とともに延暦寺や興福寺をはじめとする門跡寺院に送り込んだ。また、関東には鎌倉公方足利氏、幕府の要職である三管領（斯波氏、畠山氏、細川氏）、奥州探題（大崎氏）、羽州探題（最上氏）、九州探題（渋川氏）、関東管領（上杉氏、足利氏の外戚）の他に、侍所所司に任じられた今川氏、一色氏、山名氏などの守護も足利一門であった。そもそも足利氏自体が、鎌倉幕府の将軍家の御門葉であり、実権を掌握した北条氏とも代々婚姻を重ね、北条氏に次ぐ高い家格を誇る名門であった。すなわち、足利氏が公家・武家・寺家の権門、および都（中央）と鄙（地方）に君臨していた。

戦国時代に実力のある者が上の者を否定するといっても、それは、鎌倉幕府草創以来の身分秩序の改変であり、言うは易く行うは難し、であった。例えば、西国最大の大名であった大内義隆を討った陶晴賢は、その後、幕府の命令と称して、義隆の甥の大内義長（当時は大友晴英）を新たな当主として擁立している。東国では伊勢宗瑞の子の北条氏綱が娘を古河公方足利晴氏に嫁がせると、北条氏綱・氏康父子は足利晴氏・義氏親子を関東の公方として擁立し、自らを関東管領に任命させている。

織内近国でも織田信長は、主君の斯波義銀や足利義昭を殺害していない。その結果、義昭は信長の死後六年余りも現職の将軍であり、各地の諸大名からそのような待遇を受けていた。身分秩序や家格秩序の改変は、戦国時代といえども、決して容易ではなかった。

もう一つは、織田信長英雄（革命児）史観を超えて、実像に迫るということである。現在、織田信長・豊臣秀吉・徳川家康は三英傑として、誰もが知る存在であり、中でも信長の人気は非常に高い。ただ、江戸時代、信長の人気はなかった。冷酷で残虐、約束を平気で破ったり、人質や女子供を殺害したりするなど、非道徳的な人間の代表格であり、明智光秀に背かれて討たれたのは、当然の報いと考えられてきた。

そうした信長を高く評価したのが、頼山陽の『日本外史』であった。山陽は信長の行動を非常事であるからやむを得ない処置であったと擁護し、勤皇の視点を持ち込んだ。こうした歴史観は明治時代に、正統なものとして広まっていく。文科大学史料編纂掛（現在の東京大学史料編纂所）において、近代国家として、日本の歴史の編纂が始まった。その一つが編年体の史料集『大日本史料』として、平安前期の宇多天皇から江戸末期の明治天皇の父孝明天皇までを十六編に分けて刊行するというもので、現在も継続中である。この中で第十編は永禄十一年（一五六八）八月の信長の上洛作戦から、第十一編は天正十年（一五八二）六月の信長の死去から始まっている。すなわち、戦国時代は信長を基準とするという歴史観が導入された。

帝国大学教授にして史料編纂官であった田中義成の講義録は、弟子たちによってまとめられ、『足利時代史』や『織田時代史』として刊行された。ところが、それらでは、勤皇家としての信長の事績が述べられるのみで、久秀の行動などは軍記物が多用され、江戸時代の枠組みを超えるものではなかった。

戦後、信長を勤皇の視点から語ることはなくなったが、革命児としての位置づけは変わっていない。そうした信長研究を実証面から支えたのが、信長に仕えた太田牛一が執筆した信長の伝記『信長公記』であった。確かに『信長公記』は信長研究には欠かせない史料である。しかし、牛一が知りえたことはあくまでも信長方に偏っていることや、信長の死後にすべての結果を知った上で、信長を顕彰するために編纂されたことを忘れてはならない。そこでは、信長と敵対し滅ぼされた者は、意図的に改悪されたり、無視されたりしているため、一次史料から検討したり、近年の畿内政治史の成果と照合すると、おかしなことが多いのだ。

松永久秀は、三好長慶に登用され、その家臣として頭角を現わした。そして、三好氏の下で大和一国を支配するようになる。そうした過程で、下剋上と呼ばれている久秀の行動の実態をとらえていく。また、足利義昭や織田信長の上洛に際し、彼らに味方したのに、離反している。信長英雄史観にとらわれずに、むしろ義昭幕府や織田政権の矛盾として、その要因を探っていきたい。久秀の前半生、三好氏に仕えた時代は中世の最末期とされ、後半生の義昭や信長と結んだり、戦ったりした時代は近世の形成期とされる。こうした時代区分のため、一般向けの書籍では別々に取り扱われることが多いが、久秀の生涯を振り返ることで、この変革期を一連の時代として考えてみたい。

第一章　三好長慶による登用

松永氏の出身地

松永久秀は、興福寺多聞院の英俊が記した『多聞院日記』永禄十一年（一五六八）二月十九日条に「当年六十一歳」と記されている。すなわち、満六十歳であることから、永正五年（一五〇八）生まれであることがわかる。

久秀の出自については、山城国西岡（京都市西京区、京都府向日市、同長岡京市）の商人説や、阿波国市場（徳島県阿波市）の武士説、摂津国五百住（大阪府高槻市）の百姓説などがある。

ただ、山城国西岡説は、美濃の斎藤道三が西岡の油売りの出身だったという逸話を援用しただけのようである。阿波国市場説は、加賀出身の松永氏が阿波にやってきて、犬墓村に城を構えたという由緒書に基づく。そして、久秀滅亡後にその子孫が阿波に戻り、徳島藩主蜂須賀氏の山奉行や組頭庄屋を務めたという。久秀の末裔である可能性はあろう。しかし、三好長慶の父である元長が、吉野川流域に拠点をおく多くの武士を率いて、堺に渡海し畿内で戦った際の史料に、松永氏の名は見られない。また、こうした阿波の武士はほとんど、畿内で活躍する長慶ではなく、四国を支配する長慶の長弟の実休に従っている。このため、阿波国市場説も難しい。

これらに対して、摂津国五百住説は傍証が多い。まず、江戸時代初期の連歌師である松永貞徳（一五七一―一六五四）と朱子学者の松永尺五（一五九二―一六五七）の父子は、久秀との関係を認識していた。貞徳が尺五に作らせた元和六年（一六二〇）の『家譜』によると、貞徳の父である永種は、元は高槻城（大阪府高槻市）の城主である入江氏の一族であった。そして、永種の祖母の妙精が松永久秀の伯祖母であったとする。入江盛重と松永妙精の息子政重は、下冷泉為孝の娘の妙忍を迎え、永種が生まれた。政重が天文十年（一五四一）に横死した際、永種が武家を継がない時には、松永姓を名乗るよう遺言したとする。

岩国藩吉川氏が作成に関与し、享保二年（一七一七）に刊行された軍記物『陰徳太平記』では、「天下無双ノ弓取」である久秀は「摂州嶋上ノ郡五百住」に生まれ、同国豊島郡に住む「アヤシノ村民」であったという。ここでは具体的に高槻の近郊である五百住という地名が出てくる。同年に本山寺（大阪府高槻市）で作成された「本山寺霊雲院掟」にも、久秀の寄進田が五百住にあると記されている。この五百住を出自とする説は、久秀が攻め込んだ大和で作成された軍記物『和州諸将軍伝』にも記されている。

享保十四年（一七二九）の『郡家村・東五百住村境見分絵図』には、半町四方を堀溝で囲まれた「松永屋敷跡畑田」が記されている。享保二十年（一七三五）の『摂津志』でも久秀の「故居」は東五百住村にあると記載しており、これは寛政八年（一七九六）から十年に刊行された『摂津名所図会』や、文久元年（一八六一）刊の『淀川両岸一覧』においても受け継がれている。このように久秀の出身地は五百住村内と、広く認知されていた。

江戸時代に久秀の「悪名」は轟いているので、五百住村の百姓がわざわざ久秀との由緒を創作する必要がないことも踏まえると非常に興味深い。こうした久秀の出身地を五百住に求める説は、大正十一年（一九二二）刊行の『大阪府全志』にも採用されている。

さらに、松永氏と五百住に関係する史料が、丹波篠山城（兵庫県篠山市）の城下町に所在する妙福寺にある。妙福寺は天文年間に本国寺日助が再興した法華宗寺院で、元は五百住にあったが、弘治三年（一五五七）に久秀の甥の松永孫六が八上城（兵庫県篠山市）の城主になった際、その城下に移転させた。そして慶長十六年（一六一一）に八上城が廃城となり、篠山城が築城されるとその城下に移った。久秀自身が本国寺の檀那であることや、同寺所蔵の木像日蓮上人坐像の中台裏には「永禄五年壬戌七月吉日採色、施主松永孫六良敬白、開眼導師訪印権大僧都日洞敬白」とあることからも、妙福寺が五百住から移転してきた伝承の信憑性はかなり高いと言えよう。

これらを踏まえると、松永久秀は摂津国の東五百住村に住む土豪で、久秀の父親の名前もわからず、十六世紀の畿内の軍記物にも松永氏は見えないことから、その規模は高槻の入江氏の庶流と同程度か、それ以下のクラスであったということになる。

三好長慶、越水城主となる

久秀が生まれた摂津は、近畿と四国・中国地方で九か国の守護職を持つ細川一族の中でも、本家で管領になることができる細川京兆家の本国であった。同じ管領家の斯波氏や畠山氏は応仁の乱以前から分裂していたが、細川氏は勝元から若年の政元に家督が代わっても、一族が団結し、東軍の主力として、応仁の乱を乗り越えた。

当時の摂津は、淀川以北の千里丘陵より東側の島上郡と島下郡を「上郡」、千里丘陵より西側で、豊島郡、川辺郡の南部、武庫郡、菟原郡、八部郡南部など大阪湾に面する地域を「下郡」、淀川以南の現在の大阪市域にあたる東生郡、西成郡、住吉郡を「闕郡」と、律令制以来の郡域を再編していた。また、有馬郡は播磨守護の赤松氏の一族である有馬氏の支配下にあった。

細川氏は守護代に他国出身の薬師寺氏を登用し、嫡流に上郡を、その弟筋に下郡を管轄させた。そして、上郡の茨木氏（大阪府茨木市）や芥川氏（大阪府高槻市）、三宅氏（大阪府摂津市）を編成し、一部を在京させるとともに、下国する際の本拠地としていた。また、下郡の池田氏（大阪府池田市）や伊丹氏（兵庫県伊丹市）、瓦林（かわらばやし）氏（兵庫県西宮市）、能勢郡の能勢氏（大阪府能勢町）や、川辺郡北部の塩川氏（兵庫県川西市）を軍事的な基盤とした。

細川政元は明応（めいおう）二年（一四九三）に足利義澄（よしずみ）を擁立して、足利義稙を将軍から更迭する明応の政変を起こし、その権勢により「半将軍」とも称された。しかし、政元は修験道（しゅげんどう）に凝り、妻帯しなかった。そのため、公家の九条家から澄之（すみゆき）を、一族の野州（やしゅう）家から高国（たかくに）を、阿波守護家から澄元（すみもと）を迎えた。細川一族やその家臣は、公家と結び地位を高めていこうとする者、畿内周辺の領国化を目指す者、阿波を本国とする三好之長（ゆきなが）など四国から畿内に進出しようとする者に分裂した。

そして、久秀が生まれる一年前の永正四年（一五〇七）、政元が澄之派に暗殺された。この時、高国は澄元を支援して、澄之を滅ぼすと、澄元を細川京兆家の家督につけた。こうした細川家の内紛を好機とみた周防（すおう）の大内義興は、政元に追放された義稙を将軍に復位させるため、上洛の軍を起こした。すると、高国は澄元を見限り、大内義興や南近畿を支配する畠山尚順（ひさのぶ）と結ぶことによって、京都を支配しようとした。これにより、京都に基盤を持つ高国と、阿波に基盤を持つ澄元の戦争が始まる。このため、京都と阿波を繋ぐ交通路となった摂津や山城は、彼らの主戦場となった。摂津の多くの領主は、高国派と澄元派に分かれて戦ったが、松永氏の名はまだその中に見えない。

永正十七年（一五二〇）、京都の等持寺の戦いで、細川高国は三好之長を自害させ、敗走した細川澄元も病死した。しかし、享禄四年（一五三一）には、澄元の子晴元と之長の孫元長が高国を破り、大物（兵庫県尼崎市）で自害に追い込んだ。これにより、畿内は細川晴元や三好元長が堺に擁していた足利義稙の子義維のもとにまとまるかに見えた。しかし、晴元は突出した軍事力を持つ元長とたびたび対立した結果、本願寺証如と結び、一向一揆に元長を攻めさせた。晴元は、元長の軍事力を一向一揆によって代替し、元長とともに、ほとんどの大名から認められていなかった義維を排除することで、足利義澄の子で十二代将軍である義晴と和睦しようとしていた。一向一揆に攻められた元長は、享禄五年六月二十日に顕本寺（堺市堺区）で自害した。ところが、自らの実力に目覚めた一揆は、やがて晴元や証如にも制御できないものとなり、両者は対立していく。

天文二年（一五三三）、阿波に失脚した三好元長の子長慶（当時は千熊丸。後に孫次郎、利長、範長、長慶）は、晴元と証如の和睦を仲介することで、畿内に復帰を果たした。長慶はこの時まだ十二歳の少年に過ぎず、両者を和解させるような具体的な交渉は期待できなかったであろう。おそらく、元長を討たれた長慶が恨みを流す態度を示すことで、元長を討つように命じた晴元と、実際に手を下した本願寺の双方の体面が保たれたということなのだろう。

いずれにせよ、三好家を継いだ長慶は、父の仇であろうとも、阿波守護家の血をひき、細

三好長慶像（大徳寺聚光院蔵、京都国立博物館寄託）

川京兆家の家督である晴元に仕え、家格秩序を守り、雌伏の時を過ごすしかない状況であった。そもそも、天文初年の畿内は摂津や河内の一向一揆だけではなく、京都の法華一揆や、旧高国派の細川晴国の挙兵が相次ぎ、少年の長慶は軍事的に役に立たない存在であった。晴元は長慶ではなく、三好宗三（政長）を側近衆に取り立てた。

十八歳となった三好長慶は、天文八年（一五三九）正月に二千五百の手勢を率いて上洛した。晴元は尾張の織田信秀から献上された鷹を長慶に与え、長慶は返礼のために観世能を催して晴元を歓待した。この頃より、長慶は一軍を率いる部将として、公的に認められる存在となっていった。

ところが、六月二日に、長慶が将軍義晴の内談衆である大館常興に対して、淀川の中流域に所在する大荘園である河内十七か所（大阪府寝屋川市、門真市、守口市など）の代官職を望んだ。常興がこれを正当な訴えと認めたことから、騒動が始まった。本願寺証如の『天文日記』天文七年五月三日条によると、長慶方の河内十七か所代官としてすでに吉田源介が設置されていた。醍醐寺僧の厳助がこれを長慶と三好宗三の確執と捉えていることから、代官職をめぐる両者の対立が顕在化してきたのであろう。合戦になることを予想した京都の寺社は、両者に禁制を求め始めた。両者は京都の西郊で小競り合いを繰り返したが、将軍義晴と六角定頼の調停が功を奏して、和睦が成立した。長慶は京都を退去すると、占領していた芥川山城（大阪府高槻市）を明け渡して、下郡の中心である西宮を抑える越水城（兵庫県西宮市）に入城し、八月十四日には本願寺証如より祝賀を受けた。

これにより長慶は、西宮神社の門前町で西国街道と港を擁する交通の要所の西宮だけでなく、兵庫津（神戸市兵庫区）や尼崎（兵庫県尼崎市）といった首都京都の玄関口となる要港や、摂津最大の国人である池田氏や伊丹氏を指揮下に収め、下郡の郡代、すなわち摂津半国守護代の地位を獲得した。

長慶は之長や元長のように、畿内の政争に敗れると、阿波に退去するという方針はとらず、自らは摂津を新たな本国とすることに邁進する。

しかし、ここで長慶は大きな課題に直面する。かつて父元長は阿波から山城に進出し、山城南部の半国守護代となった時、三好家長、塩田胤光・胤貞、森長秀、市原胤吉、逸見政盛といった阿波北部の吉野川流域の領主を郡代として配置していた。また、家長と塩田父子、加地為利は年寄中を構成していた。しかし、彼らは元長とともに顕本寺で自害しており、長慶は譜代の重臣の多くを失っていた。

その上、阿波は長弟の三好実休に任せ、淡路には次弟の安宅冬康、讃岐には三弟の十河一存を養子として送り込んでいる。これらにも家臣を割かねばならなかった。また、長慶よりも晴元に重用された宗三の下に走った者もいたであろう。

『言継卿記』天文十四年五月十四日条によると、細川晴元が山城の宇治田原（京都府宇治田原町）に出兵した際の軍勢は、三好長慶が千五百、香西与四郎が五百、柳本与二郎が三百、池田信正が千五百、三宅国村が五百、三好宗三が三百、伊丹親興が三百、塩川国満が百、山城の諸侍が四千、播磨の明石氏と櫛橋氏が七百、河内の野尻氏が五百、大和衆が五百とある。長慶は摂津最大の国人である池田信正と同程度の兵力で、圧倒的な軍勢を有しているとは言い難い。

長慶は越水城主になったが、阿波譜代に頼らない形での家臣団の整備・拡張が急務であった。そうした中で、松永久秀が長慶の家臣として現われてくる。

長慶に仕える久秀

長慶は越水城主となった翌年の天文九年（一五四〇）より、下郡の支配を本格化させる。

二月十五日には、野間荘（兵庫県伊丹市）の野間長久に替地を給与した（「池田家文書」『戦三』一三三）。野間氏は軍勢催促を行う池田氏や伊丹氏と比べるとはるかに小さく、伊丹氏に与力する領主であったが、長慶は長久に知行を宛行うことで、自らの主従関係に組み込んだ。長久は後に越水城に在城し、下郡の段銭奉行となる。長久の子康久は長慶の後継者となる三好義継の重臣となり、織田信長の下では若江三人衆の一人となった。

そして、六月十七日には、西宮神社で行われる千句講を構成する門前寺院などに対して、千句の費用を賄う千句田二段を、長慶が新寄進として安堵する旨を、弾正忠の官途を名乗る松永久秀が伝えている（「岡本文書」『戦三』一三六）。これが現在のところ、久秀の初出史料となる。久秀が三十三歳の時であった。

十二月二十七日には、長慶が兵庫津の豪商である正直屋棰井甚左衛門尉に買得地を安堵する判物を与えたが、久秀もその副状を発給している（「棰井文書」『戦三』一四一、一四二）。その後も久秀は三好祐長と連署して、細川氏の代官である庄丹後守が甚左衛門尉に役などを催促することを禁じた（「棰井文書」『戦三』一四五）。久秀と三好祐長は、妙法院門跡の所領を保護する際にも連署状を発給していることから（「妙法院文書」『戦三』一四六）、すでに長慶の信任を得て、奉行人の地位にあったことは確実である。

また、同年八月十六日には、賀茂社領である小山・中村両郷（京都市左京区）の用水相論に際して、細川晴元の側近である三好宗三や波々伯部(ははかべ)元継(もとつぐ)と連署していた（「賀茂別雷(かもわけいかづち)神社文書」『戦三』一三七）。すなわち、久秀は長慶の家中を代表する実務派官僚の一人として、晴元より三好宗三や波々伯部元継とすでに同格と認められていたのである。

それだけではない。天文十一年十月二十六日には、同年三月に起こった木沢長政(きざわながまさ)の乱の処理のため、三好長慶が久秀を山城から大和へ攻め込ませるという噂が広がった（『多聞院日記』）。実際には翌日に長慶らは撤退したのであるが、久秀は単なる奉行ではなく、軍事的な才幹があり、この時点で多聞院英俊から、一軍の将としても認識されていたことを示している。

細川晴元の家臣団の中で、摂津半国の守護代として重きをなすようになった長慶は、天文九年末に丹波守護代格の波多野(はたの)秀忠の娘と結婚した。そうした長慶に本願寺証如も好(よしみ)を通じるため、頻繁に音信を通じるようになった。その際、証如は長慶だけではなく、有力家臣にも礼物(れいもつ)を贈っていた（『天文日記』）。その家臣とは、三好連盛(つらもり)・加地肥前守(かじひぜんのかみ)・塩田氏・友松軒・三木氏であった。特に加地氏と塩田氏は本願寺から「内者(ないじゃ)」と呼ばれており、家臣団の中核と認識されていた。加地氏や塩田氏、三木氏は阿波譜代である。天文十年前後の長慶家臣団の家格秩序では、本国である阿波出身者が上層部を占めており、久秀らのような新参で外様の摂津出身者はその下位に位置づけられ、実務にあたるという構造であった。

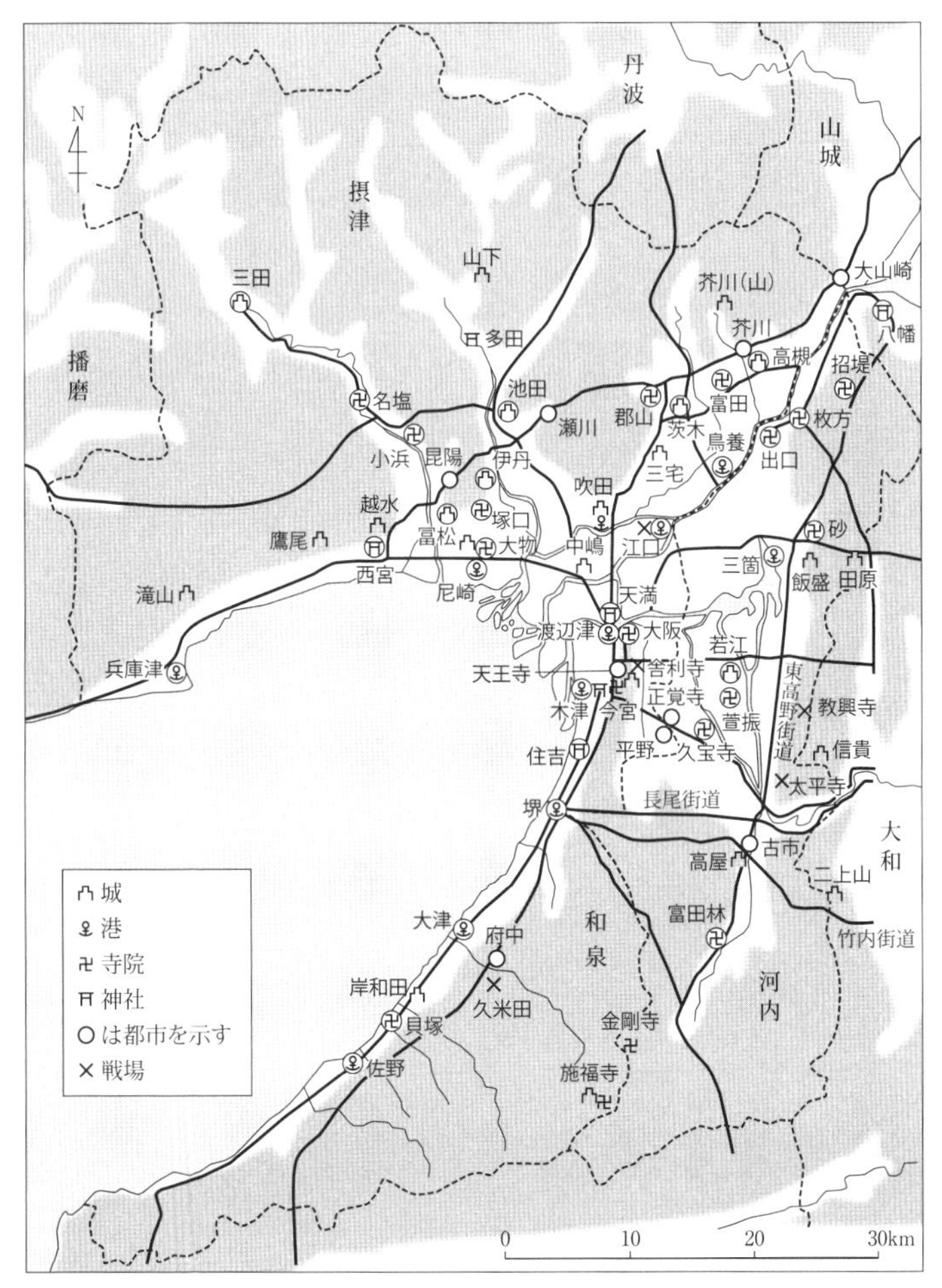

戦国期の大阪平野周辺図（天野忠幸『三好長慶』所載図を一部修正）

天文十二年に細川高国の跡目を継ぐと称して、細川京兆家の庶流である典厩(てんきゅう)家の氏綱が、槇尾山(まきおさん)施福寺(せふくじ)（大阪府和泉市）で挙兵した。氏綱の挙兵には、弟の藤賢(ふじかた)や勝国、細川一族である上野(うえの)玄蕃頭(げんばのかみ)家の細川国慶、遠州家の細川高益だけではなく、河内の畠山氏の重臣である遊佐(ゆさ)長教(ながのり)や紀伊の根来寺(ねごろじ)なども支援しており、すぐに一大勢力となった。

畿内では、細川晴元・六角定頼と細川氏綱・遊佐長教が対立し、各地で一進一退の攻防が続いた。天文十五年になると、晴元は一時的に京都を奪われたり、氏綱や長教が定頼や新将軍義輝と結んだりするという圧倒的不利な状況に陥った。そうした晴元方を支えているのは、長慶四兄弟のみという有様であった。

そんな中、天文十五年末頃に長慶は、歴代三好本宗家の官途(かんと)である「筑前守(ちくぜんのかみ)」を名乗り、実名も「範長」から「長慶」に改めた。二十五歳の長慶は、将軍義輝や細川氏綱、六角定頼の前になすすべもない細川晴元の姿を目の当たりにしていた。そうした晴元に代わり、摂津上郡や京都を奪還したのは、三好実休や安宅冬康の援軍であった。このような現況を見た長慶はついに、父の官途「筑前守」を継ぎ、曾祖父の之長や父の元長のように細川氏の偏諱(へんき)を上に、三好氏の通字「長」を下におく名を改め、「長」を上に置いて、「長慶」と名乗ったのである。これは、父の仇である晴元から独立する決意を示したことに他ならない。

まず長慶は、天文十六年七月二十一日に天王寺近郊で行われた舎利寺(しゃりじ)の戦いで、氏綱と遊佐長教を破って、その力を示した。そして、翌天文十七年には晴元・長慶方と氏綱・長教方の和睦が成立する。ところが、晴元はその戦後処理に失敗する。五月六日、晴元は摂津の有力国人である池田信正を、氏綱に味方した罪に問い、自害に追い込んだ。信正の跡は義父の三好宗三の計らいで、まだ幼少であった信正の子長正に継承されることになったが、池田家臣団の反発は強く、宗三に与同する一派が追放された。長慶はこの騒動を好機として動いた。八月十二日、晴元の側近である垪和道祐・波々伯部元継・田井長次・高畠長直・平井丹後守に対して、君側の奸であるとして宗三の誅罰を求めたのである（「後鑑所収古文書」『戦三』二〇九）。さらに、長慶は宗三について、池田家の財産や知行を押領しており、婿の信正を自害に追い込んだ首謀者として激しく非難した。

長慶は直接主家である晴元に対して挙兵するのではなく、表向きは宗三の成敗を求めることで、主家に対する謀叛という誹りを免れようとした。また、父の仇を討つといった私怨ではなく、横暴な晴元や宗三から国人の家を守るという大義名分を打ち出そうとしたのである。

これに対して、晴元は長慶の訴えを黙殺したばかりか、旧越水城主の河原林対馬守を取り立て、宗三らが籠る榎並城（大阪市城東区）に加勢させることで、長慶と敵対する姿勢を明確にした。これに激怒した長慶は、氏綱を細川京兆家の家督に立てるため、長教に相談した（『細川両家記』）。長慶は巧妙に主家への反逆者となることを回避した。その結果、長慶ら四兄弟が、氏綱・長教陣営に味方することになり、天文十八年（一五四九）五月には遊佐長教の娘（養女か）が長慶に嫁ぐことで、三好―遊佐同盟が成立した。この同盟関係が、天文・弘治年間の長慶の軍事行動の一つの基軸となっていく。

そして、六月二十四日、淀川の河川交通の要所である江口（大阪市東淀川区）で、長慶・長教連合軍が宗三・晴元連合軍と戦い、宗三を討ち取る大勝利を収めた。晴元への援軍のため、大山崎（京都府大山崎町、大阪府島本町）にまで進んでいた六角定頼は急遽、近江に引き返した。また、晴元を支持した将軍義輝は、縁戚関係にある公家の近衛一族を連れて、近江に退去した。これを追うようにして、七月九日には、長慶が細川氏綱を擁して入京を果たし、京都から地子銭を徴収した。

これにより、長慶は摂津の国主となり、首都京都を軍事的に占領した畿内最大の実力者にのし上がった。公家や寺社はさまざまな訴えや、権利の安堵を求めて、長慶のもとを訪問するようになった。そうした訴訟を長慶に取り次ぐ存在として、久秀は三好家に重きをなすようになっていく。十一月九日には狩野宣政とともに久秀は、山科言継より「内者」と呼ばれ、初めて礼物を贈られている（『言継卿記』）。こうした取次を行う存在として、後には摂津国鳥養（大阪府摂津市）の鳥養貞長が、「奏者」として加わっている（『言継卿記』）。

十二月十五日、久秀は初めて本願寺証如より礼物を贈られた（『天文日記』）。久秀は長慶と同じく三種五荷であり、塩田氏の三種三荷を上回っている。長慶の家臣として筆頭の地位にあると言えよう。また、久秀の弟の長頼（後の内藤宗勝）は細川氏綱より京都の東の玄関口である山科七郷（京都市山科区）を与えられるだけでなく、天龍寺領長井荘（京都府向日市）の下司職にも就いている。

長慶の家臣団の中核は、塩田氏や加地氏、三木氏など、かつての本国である阿波譜代から、松永氏や鳥養氏、野間氏など、新たな本国である摂津を出自とする外様に移行していった。長慶は、宗三の孫である池田長正などの有力国人には基本的に軍勢催促を行うのみで、摂津支配や長慶の取次には関与させていない。それに対して、松永氏や鳥養氏、野間氏は、約半世紀続いた細川氏の内紛の中では登場しないので、軍事的にはほとんど期待できない村落の土豪クラスの存在であったろう。三好氏内部においては、主君長慶の信任以外に何の基盤も有しない。長慶はこうした階層から、自らに絶対的に従属する側近層を育てあげた。

細川氏から自立する三好氏

天文十九年（一五五〇）二月、前将軍義晴は京都奪還のため、銀閣の裏山に中尾城（京都市左京区）の築城を開始した。中尾城は鉄砲を防ぐため、二重に壁を作り、その間に石を入れたという（『万松院殿穴太記』）。すなわち、両軍ともにすでに相当の鉄砲を使用していたようである。実際に七月十四日の戦いで、三好長逸（ながやす）・生長（なりなが）親子の軍勢で鉄砲による死者が出ている（『言継卿記』）。

五月四日に義晴は水腫のため死去したが、七月になると、将軍義輝と細川晴元、六角定頼が京都に攻め込んだ。両軍は鴨川などで戦うが、戦線が膠着したため、十一月二十日に三好長慶は松永長頼に近江の坂本（大津市）を放火させた。三好方の挟撃を恐れた将軍義輝は中尾城を自ら焼き、堅田（かただ）（大津市）に退去した。

天文二十年正月になると、幕府政所執事の伊勢貞孝（いせさだたか）をはじめ、数名の幕臣が義輝を見捨て、長慶に降った。これを見た長慶は、二月七日に久秀・長頼兄弟を近江に攻め込ませたが、瀬田山（大津市）で敗れている。逆に将軍義輝は長慶に調略を仕掛けた。三月七日、長慶が吉祥院（京都市南区）に伊勢貞孝を招き、酒宴を催していた際に放火未遂事件が起こり、放火を企てた小童（こわっぱ）をはじめ六十人余が処罰された。さらに十四日には、伊勢邸に招待された長慶が、進士賢光（しんじかたみつ）に切りかかられ負傷している（『言継卿記』『厳助往年記』）。その翌朝には、細川晴元家臣で三好宗三の子である宗渭（そうい）と香西元成（こうざいもとなり）が東山（京都市東山区）を焼き払っているので、かなり念入りに長慶暗殺が計画されていたようだ。

長慶は暗殺を免れたが、義父の遊佐長教は五月五日に暗殺されている。長教死後も畠山氏は三好氏との同盟を堅持し、家臣の丹下盛知や安見宗房を援軍として京都に派兵しているが、長慶にとって大きな同盟相手を失ったことには変わりがなかった。

七月十四日、細川晴元方の三好宗渭と香西元成は三千の兵力で京都に攻め込んだが、松永久秀と長頼の兄弟は、摂津・河内・大和より四万の軍勢を集め、これを相国寺で打ち破っている。この戦いにより、塔頭や伽藍は焼失した。弟の長頼は一軍を率いる部将として、その軍事的才能を発揮していたが、久秀もまた大軍を指揮する能力があったことが判明する。

久秀はこうした軍を指揮する一方で、同年四月二十八日には、禁裏御行水御料所内長坂口柴の公事役銭の納入が減少しているのは言語道断と、柴木商人中を叱っており（「塚本文書」『戦三』三〇七）、行政と軍事の両面を担当したが、長頼が行政に携わることはあまりなかった。

長慶と細川晴元に加担した将軍義輝の戦いは、晴元の義父で主戦派の六角定頼が天文二十一年正月二日に死去すると、家督を継承した承禎（義賢）が方針を転換し、両者を調停したことで和睦が成立した。二十八日に近江と山城の国境である逢坂（大津市）で、義輝は久秀と三好長逸に迎えられ、京都に戻った。また、晴元の長男信良は長慶の長男義興に迎えられ、相国寺に入っている。

三好一族は、三好宗三・宗渭親子など晴元に与した者の他、長慶の叔父の三好康長などは阿波にあって三好実休の補佐に当たっており、畿内で長慶を支えてきたのは長逸のみであった。当時、そうした三好一族の長老である長逸とともに、久秀は家臣団の最上位に位置していた。この二人こそが長慶を支える双璧であった。

また、この和睦は三好氏や細川氏にとって画期的なものとなった。氏綱は細川京兆家の家督として正式に認められ、三月十一日に右京大夫に叙せられた。和睦に反対する晴元は出家して「永川」と号して、若狭へ落ちていったが、氏綱の次の家督は晴元の長男の信良と定められ、長慶が養育することとなった。これにより、半世紀続いた細川氏の家督争いは終結した。

それだけでなく、氏綱と信良の二人を後見する長慶は奉公衆となり、二月二十六日に御供衆に任じられた。すなわち、長慶は細川氏の家臣ではなく、義輝の直臣として位置づけられたのである。また、四月四日には、長慶は後奈良天皇より宸筆の古今和歌集を賜った御礼に、参内して太刀と一万疋を献ずるなど、その実力は天皇も認めるところとなった。

ところが、この和睦に反対する晴元派の波多野元秀が、丹波で挙兵した。四月二十五日、長慶は五千の兵で元秀の籠城する八上城を囲んだ。しかし元秀の方が上手で、密かに摂津の芥川孫十郎や池田長正と結んでいたのである。そのことを有馬村秀より知らされた長慶は、五月二十三日に挟撃される前に撤兵し、越水城に帰城することができた。芥川氏と池田氏は細川氏の内紛で、三好氏とともに伝統的に澄元・晴元派を支持してきた。そもそも、芥川孫十郎は長慶の曾祖父之長の三男芥川長則の子で、池田長正は三好宗三の孫というように、広い意味で三好一族という関係にあった。

よって三好氏としては、元長が晴元と対立しても、他の細川一族を擁立して晴元から離反することはなかったし、長慶も父元長が謀殺されても晴元に背かなかった。天文八年のように両者が対立しても、それは一時的なものであった。

ところが、長慶は晴元の排除と氏綱の擁立を決意した。それは、半世紀に及ぶ細川氏の内紛の基本的な対立構図を破壊するものであり、三好氏の血縁を介して、澄元・晴元派に組み込まれてきた芥川氏と池田氏にとっては、受け入れられないものであった。彼らから見れば、長慶こそが裏切り者であったに違いない。

六月十四日には、久秀が大徳寺大仙院に対して、波多野氏を破り、芥川氏と池田氏だけでなく、小川式部丞まで背いたが、すでにこれらを降伏させたと連絡し、安心させている（「大仙院文書」『戦三』三三八）。実際に小川氏が降伏したのは七月下旬以降で、芥川氏は十二月であったが、京都の権門にとって、久秀は重要な情報源であり、久秀は権門への情報操作や宣伝を行っていたことを示す。

九月には、長慶が榎並（大阪市城東区）に配置した給人（きゅうにん）について、淡路から畿内に援軍として渡海した次弟安宅冬康の家臣が違乱する事件が起こった。その解決に当たった久秀は、冬康の家臣の菅若狭守に対して、「安宅方が自ら違乱を取り締まってくれて安堵した。長慶も「内証」では困っており、どのような解決を考えていたかわからないが、安宅方が長慶の意を察して違乱の停止を命じた。すなわち、長慶方の給人の所領であることは明白となった。しかしながら、さらに田地の帰属について不審な点があれば、「給人衆の帳」をご覧になり確認してほしい」と書状を送っている(「双柏文庫所蔵文書」『戦三』三四四)。すなわち、久秀は主君長慶に近侍して、その内心を常に確認でき、長慶と主従関係にある給人らの知行に関する帳面を管理する地位にあった。

十二月十九日には、摂津と河内の国境に成立した自治都市の平野(大阪市平野区)において、久秀は「平野殿」と呼ばれた氏神である杭全神社神主の坂上氏に知行を宛行い、自らの家臣の本庄加賀守と松永孫六に、その執行を命じた(「隠心帖」『戦三』三五〇、「杭全神社文書」『戦三』三五一)。後に松永孫六は丹波の八上城主となり、平野を離れたが、本庄加賀守は平野庄の代官となっている。

三好氏と細川氏の関係は大きく変化した。三好氏は晴元派の一守護代を脱し、晴元派と氏綱派を合わせた両細川氏の後見人となった。本来、長慶のこうした地位は同盟する遊佐長教らとともに築いたものであったが、長教が暗殺されたことで、長慶一強の状態がつくり出されたのである。

そうした三好氏を万事取り仕切る重臣が、一族の長老である三好長逸と、新規の出頭人である松永久秀であった。特に久秀は、長慶の内心を知り、諸権門との交渉能力を発揮するだけでなく、軍の指揮にもあたった。また、家臣の知行を記した「給人衆の帳」とは、家臣に軍役を賦課する際には必須の情報であるが、これを管理し、畿内有数の自治都市に代官を設置する。久秀は三好氏において、なくてはならない存在になりつつあった。

この時期の久秀の地位を示すものがある。久秀は天文二十年に寿像（存命中に作っておく肖像画）を作成し、京都五山の上に置かれる南禅寺の住持をかつて務めた惟高妙安に、その賛を依頼している（『翰林五鳳集』）。その一節に「桃李門中多喜色、芙蓉幕下得兵権、民歌美政帰斯主、士感殊恩服厥賢」とある。久秀の下には優れた人物が集まり、芙蓉（富士山の雅名）のように立派な長慶の下で兵権を得ている、民は久秀の仕置きが良いことを喜び、心ある武士は久秀の賢明な処置に服しているという意味になろう。こうした賛はその人物を賞賛するために美辞麗句を重ねるものであるが、久秀の威勢を垣間見ることができる。

名医の名をほしいままにした曲直瀬道三が、養生のため、性の指南書である『黄素妙論』を久秀に贈ったのは、天文二十一年正月八日のことであった。

また、天文末年頃と思われるが、久秀は、朝鮮半島北部で産出する渭原石を用いた十五世紀から十六世紀頃の朝鮮王朝の硯を、本山寺に奉納したと伝わる。この本山寺に現存する葡萄日月硯は、円形の墨堂で日を、三日月形の墨池で月を表わし、その周囲に、多産や子孫繁栄を象徴する葡萄や、「封侯」に音が通じることから出世を意味する猿（猿猴）が彫られている。寺伝や江戸時代に刊行された『摂津名所図会』には、この「葡萄硯」はかつて将軍足利義政が所蔵した東山御物であり、天文年間に東五百住に在城する久秀が、本山寺の毘沙門天（多聞天）に帰依し、霊夢を見て、武門の名誉を得たため、荘園を寄進するとともに、家宝の硯を奉納したという。

足利義輝との戦い

天文二十二年（一五五三）、閏正月一日、和睦を遵守する三好長慶は、将軍義輝に御礼のため参上した。しかし、義輝が長慶を害さんとしているとの噂が広まり、両者の関係は緊迫化した。二月になると、三好氏の大軍が東寺に陣取り、丹波方面から京都を目指す細川晴元と小競り合いを起こすようになった。将軍義輝と晴元の策謀を見抜いた長慶は二月二十六日、清水寺（京都市東山区）で義輝と会談し、義輝側近で主戦派の上野信孝以下六名から人質を徴集した。この時、長慶を支持する伊勢貞孝・松田光致・大和晴完・松田盛秀・松田光秀・

足利義輝像（京都市立芸術大学芸術資料館蔵）

結城貞胤・中沢光俊は、「殿中の御様体は余りに猥りに候の間、各申し合い、言上の趣、御同心尤も然るべく存じ候」と起請文を認め、長慶との和睦を破ろうとする上野信孝ら義輝の側近を激しく非難した（「宮内庁書陵部所蔵文書」『戦三』三五八）。また、伊勢貞孝・三好長慶・細川藤賢の三名も連署して、上野信孝ら六名を非難し、「公儀御為」にこの事について義輝と会談しようと同意の者を募り、大館輝氏・畠山上野介・細川輝経・治部大輔・朽木稙綱・伊勢因幡守・伊勢左衛門尉がこれに応じている（「大阪歴史博物館所蔵文書」『戦三』三五九）。

長慶はこの段階では、あくまで将軍義輝を否定するのではなく、細川晴元との連携を断ち切ること、義輝を惑わす君側の奸である上野信孝らを排除すること、天文二十一年の和睦を維持することを考えていた。こうした長慶の考えは、多くの幕臣も支持するところであった。

しかし、将軍義輝は上野信孝らや細川晴元を重視し、一度結んだ和睦を破綻させようとしていた。三月八日、義輝は霊山城（京都市東山区）に籠城し、十六日には晴元が挙兵したことで、和睦の破綻は決定的となった。

こうした中、三月に長慶は、将軍義輝や細川晴元、細川氏綱と同じ従四位下に昇っており、存在感を増していく。

七月三日、長慶は再び背いた芥川孫十郎を攻めるため、芥川山城の東にあり、標高も高い帯仕山に付城を築き、城を包囲した。二十八日には、晴元方の三好宗渭や香西元成が義輝に謁見するため、上野信孝らに迎えられた。公家の山科言継は、これで晴元は正式に義輝より御免されたと認識した。三十日には義輝自身が軍勢を指揮し、西院城（京都市右京区）に攻めかかった。

八月一日、長慶勢は西院城を救援するため、河内・和泉・大和・摂津・紀伊からの援軍を加え、二万五千の大軍を率いて上洛した。長慶方が霊山城を攻め、自焼に追い込むと、義輝や晴元は敗走した。京都で示威行動を行った十河一存と畠山勢を見物した山科言継は「言語道断の見事驚目」と称え、敗れた義輝らを「あさましき体たらくなり」と嘆き、上野信孝を戦犯として名指しで非難している（『言継卿記』）。義輝らは八月五日には近江の龍華（大津市）、そして朽木（滋賀県高島市）へと落ち延びていった。この際、長慶は、義輝に従う者は武家公家にかかわらず、知行を没収すると宣言したため、義輝の従者は四十人余りに減ってしまった。言継は「大樹一向無人」「御不運の至りなり」と、その凋落ぶりを記している。

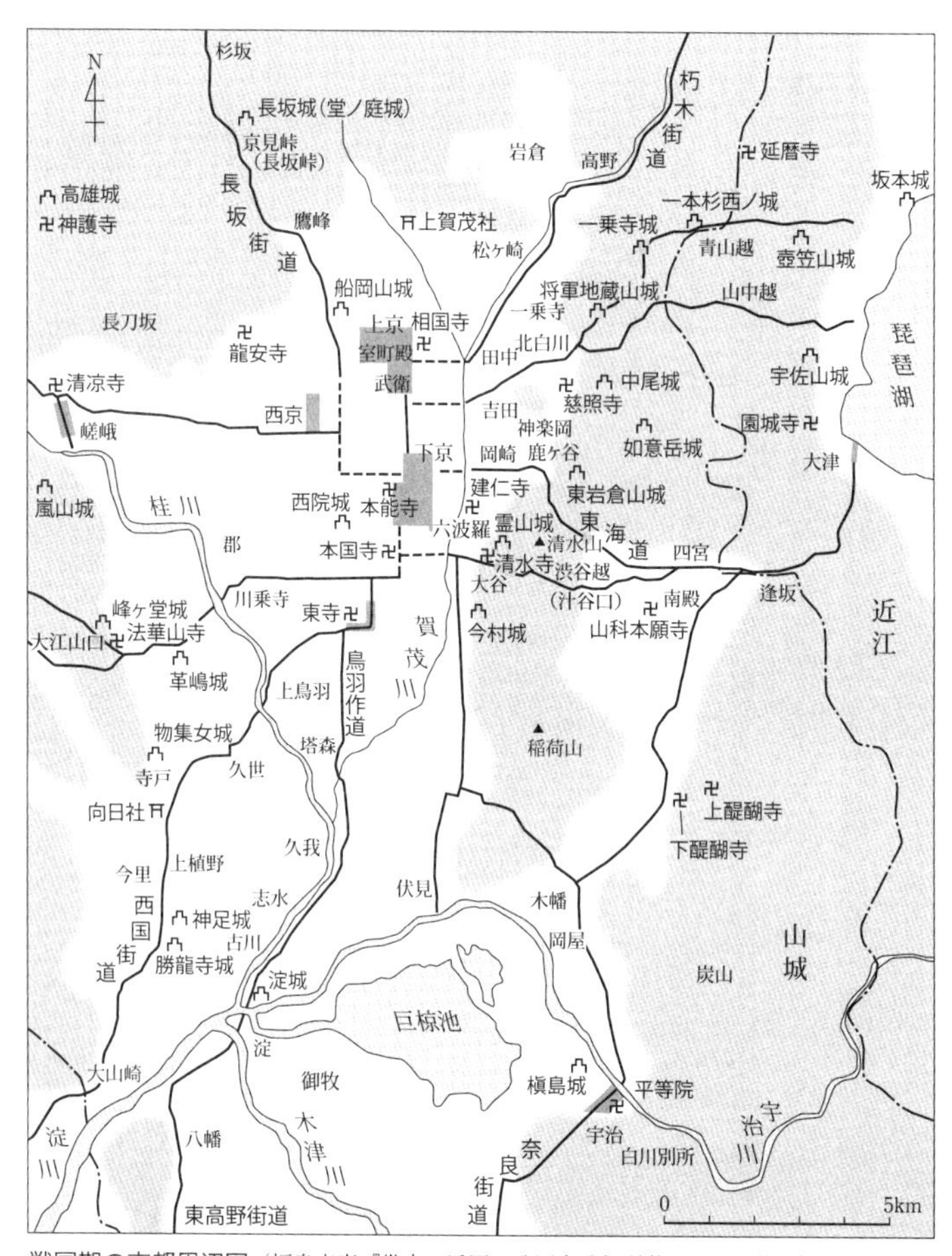

戦国期の京都周辺図（福島克彦『畿内・近国の戦国合戦』所載図を一部修正）

また、こうした戦いの最中でも、公家や寺社が長慶に保障を求める動きがあった。桂川の用水をめぐって、葉室、河島、桂上下、郡の四か郷と松尾社領の山田郷（いずれも京都市西京区）との間で相論が起こり、松尾社が長慶に訴えたのである。長慶は七月十一日にこの訴訟を受け付けた（「東文書」『戦三』三六四）。現地では、山科言継や妻の実家葉室家、叔父の中御門宣忠とともに仲裁にあたり、相論は解決したので、長慶に裁許を行わないよう言上した。しかし、時すでに遅く、長慶は山田郷に用水を認める裁許を下し、松尾社は取次の久秀に御礼の品物を納め、十八日には久秀が返礼の折紙を発給していた（「松尾大社文書」『戦三』三六六）。そのため、言継らの仲裁案は破綻してしまった。

京都やその近郊では、長慶の勝利を確信していたからこそ、長慶による訴訟や保障を求め、御礼を納めた。逆にこうした訴訟を放置すると、村々は権利の保障を求めて、義輝になびく恐れがある。久秀はこうした行政面でも、義輝との戦いを支えていたのである。

同年六月には、西岡地域において、今井用水をめぐって今里村（京都府長岡京市）と上植野村（京都府向日市）の間で相論が起こった。この時は近隣の国人らや細川信良の家臣の茨木長吉の仲裁により落着した。しかし、翌年天文二十三年（一五五四）五月に再発する。当初、長慶は前年の仲裁案に従い処理するべきと、細川氏綱家臣の多羅尾綱知に執行を命じた。しかし、両村はこれを拒否し、改めて長慶自身による裁許を求めたため、長慶は自らの家臣に実況検分を命じ、芥川山城において裁許状を下している（「能勢久嗣家文書」『戦三』三九五）。在地は氏綱による仲裁ではなく、長慶による裁許を求めており、細川氏から三好氏への支配へと移行していくことになった。

長慶は朽木に敗走する義輝や晴元を徹底的に追撃せず、討ち取ることはしなかった。この行動について、保守的であるとか、優柔不断であるとか、伝統的権威に囚われたと評価することはできない。織田信長でさえ、守護斯波義銀や将軍足利義昭を殺害することは「天道」「天命」おそろしいとして、追放にとどめている。長慶は当時の身分秩序の中で、最大限できることを行ったのである。

天文十八年の江口の戦いから、天文二十二年の京都追放まで、長慶は細川晴元を支援する将軍義輝と何度も和睦をするが、そのたびに破られ、義輝自身もほとんど在京できなかった。そして、義輝が朽木に長く在国する状況となり、京都を支配する長慶と、三好氏と同盟する畠山高政、義輝を支援する六角承禎の間で、外交交渉が行われるようになる。

天文二十四年七月三十日、久秀は六角氏の重臣である永原重興（ながはらしげおき）に対して、「義輝がたびたび三好氏に対する悪事を企て、細川晴元に一味してきた。何度も晴元を許容しないと自筆の懐紙や御内書（ごないしょ）を長慶に下されたが、それを自ら破ったので朽木に在国している有様である。恐れながら、義輝に「御天罰」が下る時節となったと考える。この上は京都の「御静謐（ごせいひつ）」は長慶が担うので、六角氏に同意してもらいたい。このことは長慶も書状で伝えていることなので、承禎に取り成しを頼みたいと長慶はおっしゃっている。そちらの様子も教えてほしい」と伝えている（「阿波国徴古雑抄所収三好松永文書」『戦三』四一三）。久秀は非常に激しく義輝の不誠実をなじり、天罰が下ったのだと理路整然と非難した。そして、京都の平和は三好氏が担うと主張し、六角氏にも義輝を見捨て、長慶に賛同することを求めた。三好氏の立場を正当化し、六角氏を切り崩そうとする大名間外交を担った久秀の面目躍如である。

八月二十日、畠山氏の重臣である安見宗房も永原重興に書状を送り（「根岸家旧蔵冑山文庫文書」）、三好氏が阿波で庇護している堺公方足利義維について、最近擁立しようとする動きはないが、もしそうした動きがあれば、六角氏と相談して将軍義輝に奉公するとする一方で、長慶の意向も気にかけている。畠山氏は、同盟する三好氏がどのようにこの事態を収めるのか、すなわち長慶が、細川政元が義稙を更迭した明応の政変のように、義輝に代えて義維を新たに将軍にしようとしているのか。それとも、義維を将軍に就ける気はなく、いずれは義輝と和睦しようとしているのかを見定められないでいた。

こうした懸念に対して、長慶は十一月七日、永原重興に対して、足利義維については六角氏の要望を受け、その通りにしたと伝えている。長慶は義維を擁立しなかった。この結果、三好氏と畠山氏の同盟は維持され、六角氏も三好氏との全面対決に踏み切ることはなかった。

畠山氏も六角氏も、三好氏が義維を擁立しない限りは、いずれ義輝と和睦し、事態は収束すると想定していたのだ。

後年、将軍義輝を支持する上杉謙信（当時は長尾景虎）は、義輝が近江在国時の天文二十二年秋に上洛するが、十一月に父為景以来の宿敵である本願寺対策から、大坂の証如と交渉する際に、その仲介役となったのが、義輝を追放していた張本人の長慶だったのである。すなわち、謙信も長慶と義輝の対立は一時的なものと考えていたのだ。

ところが、三好氏は久秀が宣言したように、義輝と和睦する気はなく、足利将軍家の一族を擁立せずに、三好氏単独で京都を支配する覚悟であった。この状態が一時的なものではなく、すでに二年も過ぎていた。これは戦国時代であっても、異常な状況であった。

義輝は天文二十一年に尼子晴久を優遇し、出雲・隠岐・伯耆・因幡・美作・備前・備中・備後の八か国の守護職に任じた。その結果、播磨・備前・美作の守護である赤松晴政を三好方に追いやる失策を犯していた。さらに、六角承禎の援助を受けることができず、三好氏包囲網を形成し、軍事的に京都を奪還することは不可能な状況となった。

逆に、長慶は畠山高政や赤松晴政との同盟を維持し、六角承禎を切り崩すことに成功した。こうした畿内近国の政治バランスの上に、長慶による足利将軍家の一族を擁立しない京都支配が進行し、三好政権が成立した。

明応の政変（一四九三年）で細川政元は足利義稙に代わり、義澄を将軍に就けた。義稙と対立した細川高国は義晴を将軍にし、義維を裏切った細川晴元は義晴と結んだ。このように足利将軍家を擁立したのは、畿内の大名だけではない。西国の大内義興は、義稙を再び将軍に就けるため上洛した。東国でも、北条氏綱・氏康親子が、足利晴氏・義氏親子を古河公方家の家督につけている。そのような北条氏に対抗する上杉謙信は、義氏の異母兄の藤氏を擁して関東に侵攻した。また、里見義弘も義氏の異母弟の藤政を擁立し、後には武田信玄や佐竹義重も加わっている。織田信長も義昭を擁立して上洛を果たし、その義昭を追放する際には息子の義尋を擁立した。その義昭は、信長との対立を決意した毛利輝元に迎えられている。

このように足利将軍家を擁立することが、当時常識であったことを踏まえれば、三好氏がいかに画期的であったか、逆に各地の大名たちにとって、いかに不気味な存在であったかがわかる。

久秀の取次と長慶の裁許

天文二十二年（一五五三）、三好長慶は将軍義輝を京都から追放すると、摂津でも芥川孫十郎を降伏させ、八月二十五日に芥川山城に入城し、本拠地を越水城から移した。越水城は摂津下郡の支配に対応する城であり、京都を支配下に置いた長慶の権威を示すのにふさわしい城ではない。それよりも管領細川高国が築城し、細川晴元が在国する際に居城とした芥川山城の方が長慶の政治的地位を示すのにふさわしい城郭であった。また、長慶の軍事行動はこの頃、京都か丹波であり、この両方に進出しやすいという地理的条件もあった。

ただ、長慶は晴元のように在京を志向しなかった。将軍を追放し、その実力を示した一方で、家格秩序が色濃く残る京都においては、長慶は従四位下の官位に昇ろうとも、十年ほど前は守護代家以下でしかなかった。それよりも芥川山城に在城し、天皇家から公家、権門寺社、村落に至るまで、安堵してほしい権利があれば、長慶の許に足を運ばせる方が効果的であったのである。

この芥川山城には、長慶をはじめ、息子の三好義興、松永久秀、石成友通（いわなりともみち）、藤岡直綱らが暮らしていたことが、芥川山城を訪れた権門の使者の御礼の対象者から判明している（『厳助往年記』『北野社家日記』）。また、人質である細川晴元の子の信良も、越水城から芥川山城に伴ってきていた（『細川両家記』）。おそらく、彼ら以外にも三好長逸や鳥養貞長、狩野宣政など、裁許の際に申次（もうしつぎ）や検使（けんし）、上使（じょうし）など実務を担う奉行人も居住したのであろう。

弘治二年（一五五六）正月一日の寅刻（とらのこく）、芥川山城で火事が発生し、義興や久秀らの「陣所数宇」が焼失した（『厳助往年記』）。そこで、久秀は十一日に醍醐寺より「金剛輪院殿御厨

三好義興像（京都大学総合博物館蔵）

子所」を芥川山城の火事の跡地に移築するなどして、城の再整備を行っていたようだ。芥川山城の山麓には、居館や城下町の遺構や地割がみつかっておらず、長慶親子や久秀ら家臣団は山上に居住したと考えられる。

そして、彼らは持ち込まれる膨大な訴訟や、京都の支配者としての政務を遂行するため、行政能力の向上を図った。『建武式目』（宮内庁書陵部所蔵、松岡文庫本）奥書によると、天文二十三年に三好長逸より写本を求められた清原枝賢は、仮名で解説を加えるとともに、「当家秘伝」を記したので、妄りに他人に見せないよう注意している。枝賢は儒教の教典を講究する明経博士であるだけでなく、神道や国文学、漢詩、さらには幕府法にも通じていた。

清原氏伝来の『中庸』の巻末識語（京都大学附属図書館・清家文庫所蔵）には、「弘治二、二月於摂州芥川城、松永弾正忠久秀発起」とある。久秀もまた、朝廷や禅寺、地方の諸大名にも儒教を講じていた清原枝賢を芥川山城に招き、施政の心構えを学んでいた。

久秀は、どのような訴訟を長慶に取り次いだのか。

天文二十四年（弘治元年、一五五五）、石清水八幡宮の社家である田中家で家督争いが起こった。当初、この相論は朽木の義輝の許に持ち込まれた。六月二十日に、義輝は西竹教清が筑前の箱崎（福岡市東区）に在国しているのを非とし、田中家家督を東竹甲清に変更するよう裁許を下した。しかし、翌弘治二年、上洛した教清は久秀に対して、筑前に在国していた事情を説明した結果、在国は後奈良天皇の命令によるもので、筥崎宮遷宮のためと判明した。このため十二月には、東竹甲清から西竹教清に家督を返還することで和談した。十二月二十六日には、この裁判を教清の勝利に導いた久秀に対して、八幡（京都府八幡市）の土倉である片岡氏が久秀に五千疋の礼銭を納め、久秀の重臣の竹内秀勝が返礼を行っている（「石清水文書」『戦三』四五七）。

久秀は幕府の誤認判決を破棄し、正当な裁許が下されるよう奔走したのである。また、実力者となった久秀自身にも、取次を行う家臣が形成されていることがわかる。

このように、幕府の裁許を三好氏が覆すのは、京都近郊だけではない。三好氏の支配が及ばない遠国の相論に対しても同様であった。山陰地方を支配した尼子晴久の居城である出雲の富田城（島根県安来市）で催された千部法華経読誦において、安来清水寺が後奈良天皇の綸旨を根拠に、鰐淵寺を差し置き、最上位の左座に座ろうとしたことで、両寺の座次相論が起こった。その背景には、尼子氏が安来清水寺を取り立て、出雲国一宮の杵築大社（現在の出雲大社）の本寺である鰐淵寺に対する統制を強めようとする宗教政策があった。

この時は座を定めずに済ませたが、天文二十四年に再燃した。鰐淵寺は比叡山の青蓮院門跡を通じて、後奈良天皇より鰐淵寺を左座とするよう命じる綸旨を獲得した。清水寺も比叡山の梶井宮門跡と結び、綸旨を得て対抗する。

このため、晴久は自らによる裁許を回避し、比叡山にこの問題を委ねることにした。鰐淵寺はまた義輝にも働きかけ、弘治二年五月二十三日付で、鰐淵寺を理運とする室町幕府奉行人連署奉書を獲得している。ところが六月になると、後奈良天皇は安来清水寺を勝訴とする女房奉書を発給した。このように裁許が分かれたことで、安来清水寺と梶井宮門跡や比叡山東塔は、尼子氏と同族の六角承禎と結び、鰐淵寺と青蓮院門跡、比叡山西塔・横川は、三好長慶を頼る事態へと発展する。

そうした中、九月二十五日に、長慶は「叡慮片手打之御裁許」と後奈良天皇の裁許を堂々と非難し、再審を求めた（「鰐淵寺文書」『戦三』四四五）。十月十三日、久秀はこうした長慶の意向を、比叡山に対して通告している（「鰐淵寺文書」『戦三』四四八）。その結果、十一月十三日に後奈良天皇の女房奉書と武家伝奏広橋国光の書状が発給され、長慶の意見通り、鰐淵寺を左座とすることに決した（「鰐淵寺文書」『戦三』参考四四）。

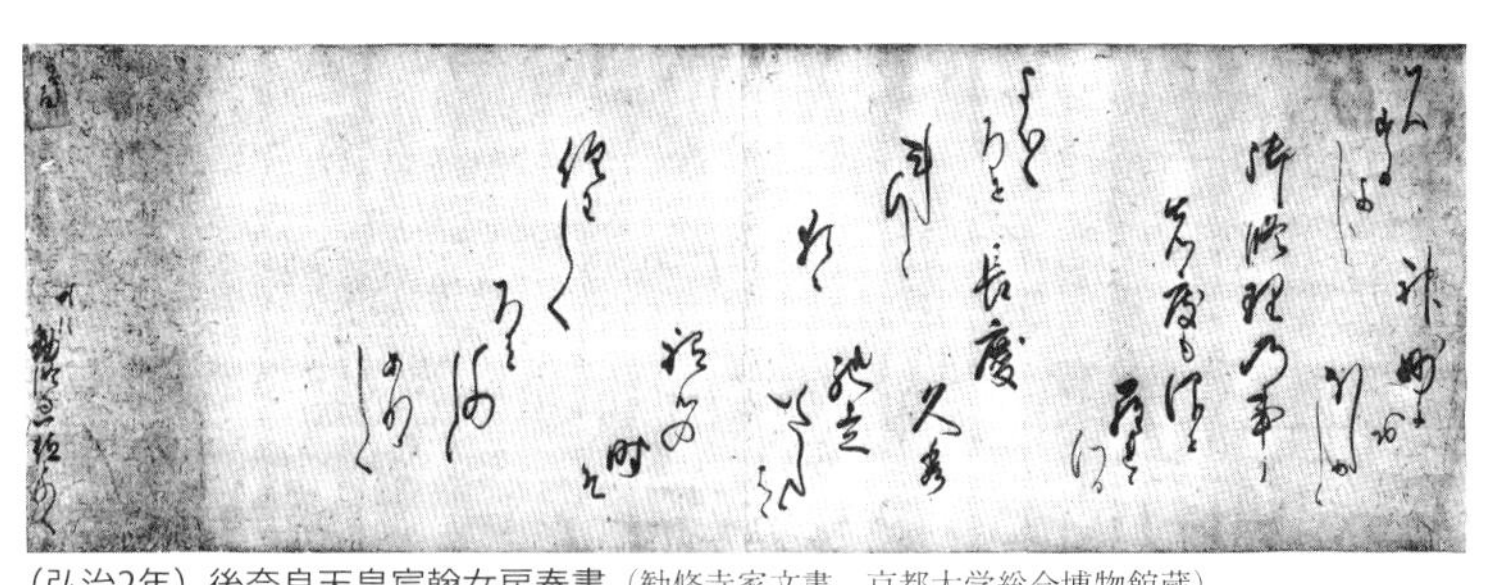
（弘治2年）後奈良天皇宸翰女房奉書（勧修寺家文書　京都大学総合博物館蔵）

長慶は直接、三好氏の支配が及ばない遠国の訴訟にも関与し、将軍や天皇が解決できなかった相論を決着させることで、その力を示したのである。そのため、長慶の取次であった久秀もまた、権門の間でその存在が認知されていく。

弘治二年八月、後奈良天皇は女房奉書を発給し、禁裏の修理を長慶と久秀にのみ命じている（「勧修寺家文書」『戦三』参考四三）。久秀は後奈良天皇までもが認識する存在、そして頼るべき存在となっていた。三好氏はこれを利用し、京都の各町から修理費用を徴収した（「京都上京文書」『戦三』四四二）。将軍不在の状況下で、天皇は三好氏を公認して関係を取り結ぼうとし、三好氏もそれを利用したのである。

翌弘治三年九月五日、後奈良天皇が死去すると、中陰（四十九日）の執行をめぐる相論が起こった。後土御門（ごつちみかど）天皇と後柏原（ごかしわばら）天皇の先例を主張する伏見の般舟三昧院（はんじゅざんまいいん）に対して、泉涌寺（せんにゅうじ）はそれ以前の旧例を主張していた。この事態に対し、正親町（おおぎまち）天皇は「ふけ（武家）」に裁許を依頼した。そこで、泉涌寺は久秀に対して、後柏原天皇の中陰の際に、次は泉涌寺で行うとする後奈良天皇の女房奉書を受けたと主張し、証拠を提出した。久秀はそれを実見し、三好長逸と堺公方足利義維の奉行人で、当時は長慶に仕えていた斎藤基速を通じて、長慶に上申している（「泉涌寺文書」『戦三』四九〇）。その結果、天皇家の菩提寺で比丘尼御所である安禅寺において、泉涌寺が中陰を行うことになった。

久秀はこうした対幕府、対朝廷といった重要案件を次々と管掌し、三好氏を支えた。本来、朝廷が頼るべき将軍義輝は、朽木在住が長期化し、朝廷に勤仕しないことが常態化していた。そうした中で、三好氏は朝廷や諸権門に対して、幕府に代わりうる存在であることを示したのである。

内藤氏を継ぐ松永長頼

天文二十二年（一五五三）八月、将軍義輝を近江に追放した三好長慶は、九月三日に松永久秀・長頼兄弟に丹波への出陣を命じた。久秀らは晴元方の波多野秀親が籠る数掛山城（京都府亀岡市）を囲んだ。しかし、十八日に香西元成や三好宗渭に背後から襲われ、長慶方の丹波守護代で、八木城（京都府南丹市）の城主である内藤国貞が戦死してしまった。長慶方は池田長正や松山重治、石成友通まで討ち死にしたとの噂が流れる程の大敗を喫した。

この時、八木城は落城の危機に瀕したが、内藤国貞の娘婿となっていた松永長頼が急遽入城し、城を守り抜いた（『細川両家記』）。長頼が国貞の娘と結婚したのはいつか、不明であるが、長慶が江口の戦いに勝利した天文十八年以降であることは間違いない。この年には、前関白九条稙通も養女を長慶の末弟十河一存に嫁がせて、三好氏と結んでいる。ただ、家格を考えると、守護代で同格の三好氏と内藤氏の婚姻が通例である。三好氏の家臣筋で、それも摂津の国人としてもほとんど知られていない松永氏に、内藤氏が娘を嫁がせたのは、長慶の権力が強大化した天文二十年か二十一年以降のことではないだろうか。

そして、十一月十五日、長慶に庇護されていた細川信良奉行人の茨木長隆は、船井郡の国人の出野氏と片山氏に対し、内藤氏の家督には、国貞と長頼の契約によって、長頼の息子の千勝（後の貞勝）を据えることを伝え、忠節を求めた（「野間建明家文書」『戦三』参考二〇）。しかし、決着がつかず、内藤氏の家中は混乱した。そこで、翌天文二十三年の三月に細川氏綱は、内藤氏の家督は、国貞が娘婿の長頼とする契約をしていたが、これでは内藤一族や年寄が納得しないであろうから、長頼と国貞の娘との間に生まれた千勝が相続するのだと説明している（「片山家文書」『戦三』参考二三）。この際、軍事的に後見する長慶や、長頼自身も書状を発給した。

その結果、長頼は千勝の後見人として八木城に在城すると、後に「内藤宗勝」と名を改め、晴元に味方する波多野氏攻めを担当する。そうした内藤氏を支援するため、長慶は四月十二日に桑田郡に出陣しいくつかの小城を攻め落とすと、六月から七月にかけても再び桑田郡に出陣するなど、軍事的圧力を加え続けた。

久秀の弟の長頼は、丹波守護代の家格である内藤氏を継承することで、八木城と桑田郡及び船井郡の知行や家臣を受け継ぎ、一国一城の主となったのである。こうした有力な家の名跡（みょうせき）を継ぐことで、その家を従えたり、有能な家臣を取り立てたりするのは、多くの戦国大名に見られる共通の方式であった。

このように、長慶が同盟する守護代家を後見する形で三好氏に従属させる方式は、和泉でも行われた。天文末年に、長慶方の和泉守護代として活躍した松浦守（まつらまもる）が死去した。この危機に際して、長慶は幼少の松浦孫八郎（当時は萬満（まんみつ））に和泉の支配を命じるとともに、その養父の松浦盛だけでなく、十河一存をも後見役とすることを伝えた（「九条文書」『戦三』一〇三四）。この書状は、十河一存の妻の実家である九条家に残されていることから、松浦孫八郎は一存の実子で、松浦氏を相続したのであろう。この時には、細川氏綱の書状は発給されず、長慶が単独で松浦氏の継嗣に介入している。

長慶が晴元に対して挙兵した際、摂津守護代の長慶をはじめ、河内守護代遊佐長教、丹波守護代内藤国貞、和泉守護代松浦守は基本的には同格で、氏綱を擁していた。しかし、長教・国貞・守が相次いで亡くなった。長教の死後も、畠山氏は長慶との同盟を堅持したことで義輝との戦いを継続できた。また、内藤氏や松浦氏の家督に介入し、自らをその後見人と位置づけることで、短期間のうちに畿内近国の細川領国を三好領国に編成することができたのである。

滝山城主の久秀と『瀧山千句』

天文二十三年（一五五四）八月十九日、有馬村秀の援軍として、三好長逸が摂津の国人を率いて播磨に侵攻した。三好長慶の代わりに指揮を執った長逸は、九月一日には東播磨八郡の守護代で三木（みき）城（兵庫県三木市）を居城とする別所村治（べっしょむらはる）方の城を七つも攻略する戦果をあげた。長逸は播磨の情勢を長慶に報告したのであろう。十月十二日に、安宅冬康の居城である淡路の洲本（すもと）城（兵庫県洲本市）に三好長慶・三好実休・安宅冬康・十河一存の四兄弟が集まり、播磨守護の赤松晴政を支援するため、播磨出兵を決定した（『細川両家記』）。

まさにその日、斎藤基速は洲本会議について、筒井順慶家臣の喜多左衛門尉に伝える中で、久秀が滝山（たきやま）城（神戸市中央区）にいるため、自分一人で返書を送るとしている（「大方家所蔵文書」）。

この頃、久秀は芥川山城に家族とともに住む一方、滝山城主の地位も得ていたのである。そして、弘治二年（一五五六）、長慶は久秀の滝山城に御成（おなり）する。御成は主君が臣下の邸宅を訪問し、饗応を受けることで、主君にとっては主従関係を世間に示す効果があり、臣下にとっては主君より絶対の信頼を受けていることを示す名誉なことであった。

この年は、細川晴元のため、非業の死を遂げた長慶の父元長の二十五回忌にあたった。長慶は、父の仇の晴元やそれを支援した義輝を京都より追放し、芥川山城を中心に摂津・山城・和泉・丹波東部・播磨東部に勢力を伸ばし、弟たちは阿波・讃岐・淡路・伊予東部を治めるに至った。この頃、京都を脅かすような義輝・晴元方の軍事行動もなく、三好氏の権力基盤は盤石となっていた。

六月十五日、長慶は久秀と堺に赴き、亡父元長の供養のため、顕本寺にて千部経を催した。一門衆がみな集まり、毎日三部七日七部頓写し、千人の僧侶が供養したという（『足利季世記』）。そして、長慶は新たに元長の菩提を営むための寺院として、大徳寺の子院であった南（なん）宗庵（しゅうあん）に、自らが帰依する大林宗套（だいりんそうとう）を開基に招き、南宗寺の建立を開始する。長慶は芥川山城で政務をとる一方、堺を三好氏全体の宗廟の地として位置づけた。

その後、長慶は七月三日に堺から尼崎へ渡海し、八日に久秀の居城である滝山城へ御成した。

七月十日、松永久秀は千句連歌と観世元忠の能によって、長慶を歓待した。この場で詠まれた千句連歌が、いわゆる『瀧山千句』（「群馬大学図書館新田文庫」）である。

松弾三筑進申されし時
七月十八日より千句　摂州
於瀧山　名所巻頭
難波霞　何船　第一
難波津の宮の言の葉おほふ霞哉　長慶
いまを春辺の浦のあさなき　松弾久秀
雁帰る波の遠山月みえて　元理

冒頭のみを右に掲げたが、難波の霞（大阪市西成区）にはじまり、住吉の雁（大阪市住吉区）、水無瀬川（大阪府島本町）、玉江の蛍（大阪府高槻市）、湊川の納涼（神戸市兵庫区）、初島の霧（尼崎市）、須磨の月（神戸市須磨区）、生田の鹿（神戸市中央区）、芦屋の霰（兵庫県芦屋市）、布引の滝（神戸市中央区）、羽束山（兵庫県三田市）など、摂津各地の名所に因んだ歌を、連

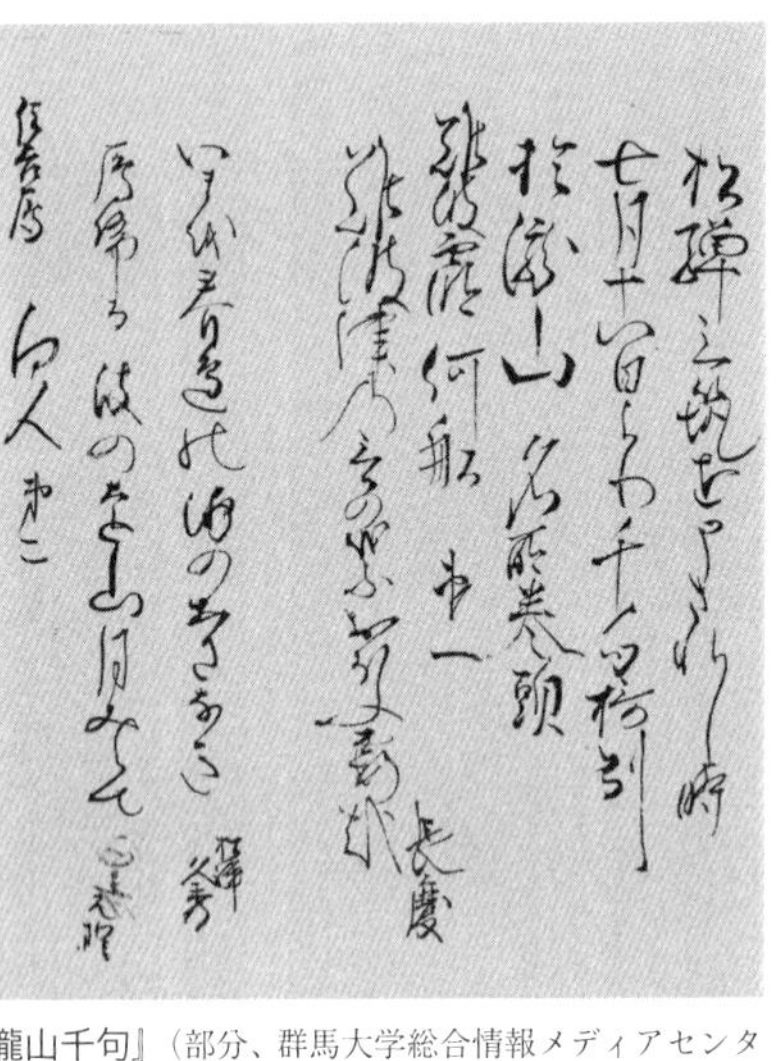

『瀧山千句』（部分、群馬大学総合情報メディアセンター図書館蔵）

歌界の第一人者である谷宗養や元理、堺の連歌壇の中心となった等恵、武野紹鷗の弟子で堺の茶人の辻玄哉、細川信良の奉行人である飯尾為清、後に松永久秀の奉行人となる半竹軒、摂津在地からは芦屋神社の範与、兵庫津の豪商棰井氏を檀那とする久遠寺の快玉、池田長正の重臣（池田四人衆）の池田正秀などで詠みあった。

久秀は長慶が愛好した連歌会を催し、当代随一の連歌師だけでなく、三好氏の本国となっていた摂津の有力者たちを動員して、摂津の名所を題材にして詠みあうことで、これらの地域が長慶の支配下にあることを言祝ぎ、忠誠を誓わせたのである。瀧山千句は単なる文化的なサロンではなく、長慶の支配を確認するための場でもあった。

世間の人々は、このような長慶の滝山城への御成について、「嘉辰令月」と称えている（『細川両家記』）。

また、この時、東寺寺僧は公文所浄忠との相論を、長慶に訴えている最中であった。天文十五年（一五四六）に起こった相論は長期化していたため、東寺寺僧は安井宗運に礼銭を支払い、相論の与力をしてもらう契約を結んでいた。そこで、宗運は久秀との細かな交渉や、久秀がいつどこに出かけるか、どこで会うことができるかといった情報の提供から、音信の時期や内容の相談までを行った。さらに、長慶から勝訴の裁許を得るために、論理の組み立てや証拠揃えを寺僧と行い、それらを久秀に申し入れ、長慶へ披露させることを目的としていた。そして、宗運は勝訴の報酬として、さらに五百貫の礼銭を受け取ることになっていたのである。そのため、長慶と久秀が芥川山城を離れ、堺や滝山城に滞在した期間のうち、六月十六日・二十三日・二十九日・七月六日・八日・九日・十日と立て続けに、東寺へ久秀の動向を知らせていた（「東寺百合文書」）。その結果、東寺は十二月二十三日に長慶より勝訴の裁許状を獲得することができた（「東寺百合文書」『戦三』四五四）。

　松永久秀と三好長逸は、権門からのほぼすべての相論を長慶に取り次いでおり、権門の使者だけでなく、こうした相論を勝訴に導くため与力の契約をした者も、その周辺に多くいたのであろう。

　安井宗運が七月十日付で東寺の宝厳院祐重に送った書状には、久秀に面会を求める使者が、滝山城を訪問する際の注意事項が述べられている（「東寺百合文書」『戦三』参考四二）。まず、滝山城の周辺には宿がないので、妙蔵寺という山上の寺院に宿泊するように勧めている。山上と山下の行き来は不便であったようだ。次に、銭を使える場所がないので、持参しても不便であること、妙蔵寺以外では燃料の薪や水が手に入らないので、飯米を持参することを促している。そして、最重要事項として、妙蔵寺の僧侶を仲介とし、久秀に取り次いでもらうと、久秀からの返事も早いと教えている。こうした久秀への取次を行う存在として、本庄孫三郎や加成通綱（かなりみちつな）の名も挙げている。

妙蔵寺の住持が久秀の信頼を得て、取次を行っていることが、宗運に指摘されている。後述するが、永禄七年（一五六四）、堺に住んでいた久秀の母が法華宗寺院を歓待した際には、この妙蔵寺と松永孫六が摂津五百住から丹波八上に移した妙福寺が取り仕切っていることから、おそらく、久秀が檀那であった本国寺末の法華宗の僧侶であろう。

久秀は基本的には芥川山城に在城し、永禄二年（一五五九）からは大和に移るが、滝山城とその周辺は松永氏自身の私領として残されたようだ。後に久秀と三好三人衆が決裂し内戦状態となった一か月後の永禄八年十二月十五日に、喜多定行・松永彦一・柴石方吉（しばいしまさよし）・犬伏頼在（いぬぶせよりあり）・松山広勝が連署し、小平野庄（こひらのしょう）（神戸市兵庫区）に対して、年貢や人夫を三人衆方にではなく、滝山城に納めるよう命じている（「平野協議会保管文書」『戦三』一二一八）。彼らは「細川両家記」では「多喜山衆」と呼ばれている。彼らが城番として在城し、周辺の所領を支配していたようだ。

こうした滝山城主としての地位の他に、久秀が長慶より与えられたのは、下郡の広域支配権であった。長慶が越水城より芥川山城に居城を移した天文二十二年（一五五三）八月以降と推測される九月二十一日に、久秀が政所執事の伊勢貞孝に送った返書がある（「蜷川家文書」『戦三』一七九二）。それによると、貞孝は等持院領の野間庄友行名（兵庫県伊丹市）について、何らかの要求（おそらく等持院への返還であろう）を、久秀に対して行った。しかし、久秀は長慶より「下郡一職」を申し付けられている身であるが、長慶が給人（野間長久であろう）を設置しているので、要求には応じられないとしており、自分も貞孝を疎略にする気はないが、どうにもならないと巧妙に拒否した。

このように、久秀は摂津下郡の広域支配権を与えられていたが、長慶との給人としての主従関係がそれに優先したし、西宮と芦屋荘の境目相論については、長慶が裁許状を発給している（「西宮神社文書」『戦三』四一七）。下郡のうちに知行を持つ池田氏や伊丹氏に対する軍勢催促を行ったのも、久秀ではなく長慶である。同様に、下郡内で段銭催促を行っているのは、久秀ではなく、長慶の家臣の野間長久であるので、久秀の「下郡一職」という広域支配権もかなり限定されたものであった。しかし、半国規模の地域支配に携わっているのは、後の大和支配にも繫がる点で、他の長慶の家臣とは違う久秀の大きな特徴であった。

三好本宗家の家臣団

三好氏の領国は、近畿と四国にまたがり形成されていった。天文末年に主家細川氏の領国を自らの領国に再編すると、永禄初年には日本海方面や南近畿へ拡大していった。

近畿地方の支配を担当するのが三好本宗家で、長慶から嫡男の義興、養子の義継（十河一存の長男）と受け継がれていった。当主が直轄したのは摂津と山城で、後に河内北部が入り、さらに京都や堺・尼崎・西宮・兵庫津が含まれている。松永久秀が滝山城に入り、領国の西辺の守りを務めたが、後に大和に多聞山城（奈良市）を築くと、今度は東辺の守りを担った。久秀の弟の内藤宗勝は、丹波の八木城を拠点に波多野氏と戦い、丹波の支配を任された。そして、若狭や丹後への進出を目論んでいた。十河一存は岸和田城（大阪府岸和田市）を居城として、南辺の守りを託された。安宅冬康は淡路水軍を統括し、大阪湾の港町に進出するとともに、一存の死後は岸和田城も守った。そして、当主を支える重臣は三好長逸と松永久秀であった。

四国地方の支配を担当するのは、別家として新たに立てられた阿波三好家で、実休から嫡男の長治、その弟の存保に継承されていった。当主が直轄したのは、阿波北部や讃岐東部、後には河内南部であった。四国・中国方面の抑えとなり、近畿地方では本宗家の支えとなるのが役割であった。そして、当主を支えたのが三好康長と篠原長房である。長房は実休の死去後に分国法である「新加制式」を定め、阿波の混乱を収めたことで知られる。

こうした三好氏の領国の周縁部には、三好氏に味方する国人が多く存在した。摂津の有馬村秀や播磨の別所村治、若狭の逸見経貴が三好氏の軍事行動に従った。また、江戸時代の系図では、長慶の妹ないし娘を娶った縁戚とされる有持・一宮・海部・大西氏などが阿波の西部や南部に存在した。伊予東部の石川通清は、軍記物『予章記』では長慶の娘聟とされる。また、大和東部の宇陀郡から伊勢に勢力を持つ秋山藤次郎は、『勢州軍記』において、三好氏の婿とされている。

三好本宗家の家臣団であるが、長慶は父元長とともにその重臣をも失い、引き継ぐことはできなかった。音信などにみる家格秩序上は阿波譜代が存在したが、越水城主としての長慶を支えたのは、松永久秀など摂津を出自とする新参の外様であった。長慶が細川晴元から自立した天文十八年（一五四九）頃、阿波譜代と摂津新参の関係が逆転したことは先に述べた。

そして、晴元の排除や氏綱の擁立の中で、三好一族は三好宗三・宗渭親子が長慶に強硬に敵対し、池田長正と芥川孫十郎の向背は定まらなかった。その結果、彼らは長慶の権力中枢に入ることはできなかった。一貫して長慶を支え続けた一族は、三好長逸・生長親子であった。長逸は久秀より十年遅れて、江口の戦いの後、天文十九年から長慶の副状を発給するようになった（「醍醐寺文書」『戦三』二九〇）。そのため、本願寺証如は長逸より先に久秀の方へ音信を送るようになっている。長逸は、細川氏綱の家臣の多羅尾綱知に対して、自身を「代々長慶申次」と称している（「賀茂別雷神社文書」『戦三』三六一）。天文二十三年の今井用水相論においては、裁許のための評定衆（ひょうじょうしゅう）として、細川信良の奉行人である飯尾為清、細川氏綱の奉行人である茨木長隆、堺公方足利義維の奉行人である斎藤基速、阿波譜代の塩田左馬頭、三好長逸が挙げられている（「能勢久嗣家文書」『戦三』三九五）。ところが、同時期の他の相論裁許を見ても、現われるのは長逸と斎藤基速、そして久秀のみであった。

弘治二年（一五五六）から永禄二年（一五五九）に及ぶ禁裏鍛冶職の相論（「京都東山御文庫所蔵地下文書」『戦三』四三八）は、長逸が単独で管掌しているが、前述した弘治二年の石清水八幡宮田中家の家督争いや、弘治三年の後奈良天皇の中陰をめぐる相論、また東寺公文所をめぐる相論などでは、長逸と久秀がともに取次を行っている。久秀と長逸に権門の取次が集中していくとともに、京都では長逸と松永兄弟が、丹波では松永兄弟、播磨では長逸というように、長逸と松永兄弟のみが長慶の代わりに軍勢を率いて出陣できる存在であった。

こうして、三好一族を代表する長逸と、主君による新規登用の代表である久秀の地位が突出していった。

久秀と同様、畿内で新たに取り立てられた者に、石成友通や鳥養貞長、野間長久・康久などがいる。

友通の出自も久秀と同じく不明な点が多いが、永正十三年（一五一六）の室町幕府奉行人連署奉書によると、下司の「岩成」が東寺領の西九条を押領しているので（「東寺百合文書」）、荘園代官であった可能性が高い。また、享禄元年（一五二八）に三好元長の家臣であった塩田胤光が、山城国の正覚院分を石成氏に与え、現地に入部する旨を東寺に通知している（「東寺百合文書」『戦三』一〇〇）。元長が石成氏を家臣としたようであるが、友通が長慶の家臣として現われるのは、天文十九年（一五五〇）十二月五日、北野社の大工職の相論においてで、大工の弁慶次郎左衛門について照会を受けているのが初見である（「佛教大学図書館所蔵文書」『戦三』二一〇四）。

その翌年には、堺の茶人である天王寺屋津田宗達の茶会に出席しているので（『天王寺屋津田宗達茶湯日記自会記』）、茶湯に対する造詣も深かったようだ。友通は長慶への取次を行っていたので（「北野天満宮所蔵天文二十二年目代秀世諸色帳」）、久秀とともに芥川山城に詰めていた（「北野社家日記」）。また、寺町通以・米村治清・北瓦長盛とともに、三島江・柱本（大阪府高槻市）の堤に関して連署状を発給するなど、奉行衆の一人としても活動している（「葉間家文書」『戦三』一六七一）。そして、永禄元年（一五五八）より一軍を率いて将軍義輝と戦うなど、軍事的な役割も担うようになった。永禄八年には、三好長逸や三好宗渭とともに、三好三人衆を形成することになる。

　このようにして見ると、友通は出自の低さだけでなく、茶湯の腕前、長慶への取次や奉行、一軍を率いての働きなど、かなり久秀との共通性がうかがえる。

　鳥養貞長は、久秀の出身地の可能性が高い五百住に程近い、淀川中流の川港である鳥養（大阪府摂津市）を拠点とする。貞長の初見は、天文十六年（一五四七）閏七月八日付の三好長慶の書状であって、長慶への音信を取り扱っていた（「早稲田大学図書館所蔵諸家文書」『戦三』一九七）。その後も長慶への取次や奉行として務め（「清和院町文書」『戦三』三五六）、故実に詳しい伊勢貞助と調整し、文書の作成などを行った（「雑々聞検書」『戦三』六九九など）。三好長逸とも連署状を発給し（「蔵集軒文書」『戦三』一六九三）、後には長慶の嫡男義興の奉行人として活躍していく。

　同じ一族で長慶に仕えた鳥養宗慶が、阿波守護細川成之（しげゆき）の右筆（ゆうひつ）である飯尾常房より書を学んだ能筆家として知られたように、貞長も音信の取り扱いや文書の作成に才能を発揮した。

　貞長が三好義興の側近としても重きをなしたように、義興の死後、長慶の三弟十河一存の長子でありながら、長慶の養子となった義継の奉行人となり、その軍事力を代表する存在となったのが野間康久であった。後述するが、康久は永禄十二年、信長の重臣佐久間信盛や柴田勝家、久秀の重臣竹内秀勝とともに、三好三人衆から摂津や河内を奪還する役割を果たす（「本興寺文書」『戦三』一四四一など）。野間氏は摂津国人の伊丹氏の与力で（「細川両家記」）、前述したように、康久の父の長久が長慶に取り立てられ段銭奉行を務め、越水衆の一人となった。

久秀や友通とともに、芥川山城に在城した藤岡直綱は、淀（京都市伏見区）に城を構える藤岡氏の出自と考えられる。藤岡氏は石清水八幡宮の神人の身分を有してさまざまな権益を獲得する一方で、十五世紀末に摂津下郡の郡代であった薬師寺長盛の「物書（ものかき）」を務めた。

このように松永氏・石成氏・鳥養氏・野間氏・藤岡氏を見ていくと、京都近郊には文書行政に熟達した中小領主層が存在し、それが幕府や守護、荘園領主の支配を下支えしていたことがわかる。彼らは、武家の家格秩序の外側に存在していたが、長慶はこうした階層に着目し、登用していったのである。

常識と秩序を揺るがす家臣団編成

三好本宗家の家臣団は、他の戦国大名の家臣団と比べると大きな違いが見えてくる。一つは、北条氏に見る大石氏照や藤田氏邦、毛利氏に見る吉川元春や小早川隆景のように、他家の養子となった当主の子弟たちが、取次として他の大名と外交や折衝にあたることがほとんどないことである。彼らは当主を支え、家の重要政策の決定に携わる存在であるはずだが、三好実休や安宅冬康、十河一存にそのような形跡はほとんど見えない。かろうじて彼らが会合を催したのは、前述の播磨出兵の他、永禄元年(一五五八)の将軍足利義輝との戦いと永禄三年の畠山氏との戦いの時ぐらいである(『細川両家記』)。四国地方においては、実休が別家を立てたが、近畿地方においては長慶の地位が突出し、三好長逸と松永久秀以外の一門・宿老層が存在しないという構造であった。

こうした構造は、他の戦国大名にほとんど見られない政策、すなわち領国の拡大や政治課題の変化に伴い、次々と居城を移転していくことを可能にした。長慶と同じ時期に領国を拡大していた武田信玄を例にとると、甲府(甲府市)ではなく、海運も利用できる駿府(静岡市)へ居城を移す選択もありえたがそうはしなかった。また、毛利元就も吉田郡山城(広島県安芸高田市)から居城を動かさなかった。広島城(広島市)に移るのは、毛利輝元が豊臣秀吉に服属してからである。主家の居城の周辺に存在し、権力の中枢を構成する一門・宿老層を無視して、居城を移すことは困難であったであろう。それに対して、居城を積極的に移した織田信長は、尾張統一の戦いで、一門を粛清し、譜代家臣を抑えることに成功していた。

また、三河岡崎（愛知県岡崎市）から遠江浜松（静岡県浜松市）に居城を移した徳川家康は、三河一向一揆との戦いを通じて、反抗的な松平一族や譜代家臣に対して、優越的な地位を確立していた。

さらに、家臣の登用の仕方も特徴的である。戦国大名のそれぞれの家において、家格秩序は存在していた。そこで、低い身分の家臣を登用したり、新たに取り立てる際には、大名の一門や有力家臣の名跡を継がせたり、大名の苗字自体を与えていた。武田氏においては、教来石信春に馬場姓、工藤昌秀に内藤姓、真田昌幸に武藤姓を与えている。上杉氏では樋口兼続に直江家を継がせた。畿内では荒木村重が池田姓を、黒田如水が小寺姓を主家から拝領している。こうした改姓は織田氏にも見える。木下秀吉が羽柴姓に改めたことは有名だが、明智光秀は惟任姓、丹羽長秀は惟住姓、塙直政は原田姓、細川藤孝は長岡姓と改めた。有力家臣の姓を継ぐのではなく、織田家中とはまったく関係のない姓にしたのは、従来の家格秩序を棚上げして、新たな家格秩序をつくりだそうとしたためであろう。

それに対して、三好氏の松永久秀・石成友通・鳥養貞長・藤岡直綱をはじめとして家臣は誰も、三好姓は元より、阿波譜代の塩田や加地、市原といった譜代家臣の姓も継いでいない。元からの姓のまま、出世を重ねていくのだ。長慶の家臣の登用の仕方や家臣団の編成のあり方は、自ら三好氏内部の家格秩序を破壊し、下剋上を促進していくものであったのだ。

第二章　幕府秩序との葛藤

永禄改元に従わない将軍義輝

三好長慶が、将軍足利義輝を近江朽木に追放して四年半が過ぎた弘治四年（一五五八）二月二十八日、朝廷は前年の正親町天皇の践祚（せんそ）を理由として、永禄元年と年号を改めた。

改元は本来、天皇大権に属するが、鎌倉時代より武家が関与しており、室町・戦国時代には将軍への依存が進み、その主導性が強まっていった。ただ将軍の執奏による改元は、その正統性を示すことになるため、関東の足利持氏（もちうじ）や足利成氏（しげうじ）、応仁の乱の西軍、堺公方足利義維、古河公方足利義氏など、将軍と敵対する勢力は、しばしば改元に従わなかった。特に将軍義政より後は、改元すること自体が、自らが将軍であることを証明する有効な手段と考えられた。例えば、義維と対立し京都を退去した義晴が、近江から享禄と天文の改元を執奏したように、不安定な将軍代替わりや幕府分裂時の将軍の執奏による改元は、将軍継承の正統性や、幕府の権威の補強として機能していた。しかし、義輝が朽木に没落すると、弘治と永禄の改元は、将軍からの執奏も費用負担もなく行われる異常事態となった。

五月七日に義輝はようやく武家伝奏の広橋国光や関白の近衛前久（このえさきひさ）を通じて、改元御礼として太刀と五百疋を進上した。しかし、銘のない太刀や千疋以下の進上は前代未聞で、万里小（までのこう）

路惟房は朽木に没落しているためかと嘆き、あまりの遅延ぶりに無礼と怒っている（『惟房公記』）。それに対して、五月九日に儒学者の清原枝賢が、改元に関する何らかの要件を伝える三好長慶への返書を惟房の屋敷に持参していることから、費用負担などの相談が行われていたようだ。

義輝は正式には改元が伝えられなかったため、改元の御礼を行った後も、永禄の年号を用いず、弘治の年号を使い続けた。惟房は広橋国光の懈怠が原因だと考えていたが、そうではあるまい。改元は天皇大権に属す国家の重大事である。義晴が義輝と同様、近江に在国していた時でも、朝廷は義晴に改元を相談していた。将軍が在国しているために、通告されても費用が負担できず、改元が延引となることはあっても、改元に関する事項を伝えること自体が懈怠されるということはあり得ない。

また、国光の妹保子は、後宮女房として後奈良天皇に出仕した後、正親町天皇には仕えず、松永久秀に嫁いでいる。すなわち、国光は久秀の義兄にあたる人物であった。

こうした状況を踏まえると、朝廷は意図的に改元を義輝に伝えなかったのであり、武家伝奏による手続き上の不備に矮小化できない。すなわち、朝廷は三年前の弘治改元においても費用を負担しなかった将軍を見限ったのだ。

このような朝廷の意図を察したからこそ義輝は、将軍の権威が失墜した状況に危機感を抱き、怒るとともに、四年半ぶりに京都奪還のための軍事行動を再開し、三月十三日には下龍華（大津市）、五月三日には三千の兵を率いて坂本の本誓寺に進んだ。

　実際、改元の費用は発議した者が負担するため、費用を負担できない朝廷の発議による改元は減少していく。室町期の改元はおよそ五～六年毎に行われたが、応仁の乱の最中の文明年間が十九年、明応の政変が起こった明応年間が十年、細川氏の内紛が激化した永正年間が十八年も続き、幕府が混乱し費用が負担できなくなると、改元が行われなくなっていく。一向一揆や法華一揆が蜂起し、長慶と義輝が対立した天文年間は二十四年も続いた。

　その義輝が京都から没落していた間の弘治改元と永禄改元については、将軍による費用負担が確認されない。ただ、永禄改元に伴う陣儀には八人もの公家が参仕している。室町期の改元陣儀二十三回のうち、七名を超えたのはわずか六回のみであるので、多い部類に属していた。また、朝廷では永禄改元の陣儀執行を、「天下一統朝儀再興之嘉瑞、珍重々々」と好意的にとらえており、費用の不足を嘆く様子はない（『資定卿改元定記』）。費用負担に苦しむ朝廷が、将軍義輝が支出しない中で弘治・永禄と短期間の内に二度も改元を行い、特に永禄改元にあたっては、陣義が盛大であったのはなぜか。第四章で後述するが、義輝が京都に還った中で迎えた辛酉年（一五六一）や甲子年（一五六四）は、慣習上必ず改元すべきであるが、義輝の懈怠によって行えていないことから、朝廷は自主的に費用を調達すべき手段をいまだ確立できていなかったことがわかる。こうした状況を踏まえると、永禄改元にあたって、三好氏による何らかの費用負担があったと考えるのが自然であろう。

室町時代には、将軍に敵対する勢力が旧年号を使い続けたことがあったが、将軍自身が旧年号を使い続け、天皇大権に服さないという異常な事態はなかった。

そもそも、年号は中国にはじまり、アジアの国々が用いている。皇帝や王が定める年号は、その国の政治的主権の所在を広く明示する装置であった。そのため、中国皇帝の冊封を受けた朝鮮などでは、中国の年号を用いている。また、皇帝の支配を否定する反乱や独立を企図する勢力は、当然ながら皇帝と異なる年号を用いた。

このような性格を持つ年号を、将軍義輝が使用しなかったことの意味は大きい。太政大臣となった義満以降、足利将軍家は公家社会にも君臨した。そして、公武一体で改元にあたってきた。しかし、そうした慣習を無視し、弘治改元の執奏も費用負担もしなかった将軍義輝は、朝廷から見放された。そうすると、義輝は自らの怠慢を棚に上げて、天皇大権を否定し永禄改元に従わなかった。公武一体は失われたのだ。

正親町天皇や三好氏が永禄年号を、室町幕府が弘治年号を並立して使用する状況は、室町の秩序からの転換点と評価すべきであろう。三好氏は単に軍事力で、足利将軍を首都京都から追放していただけではない。永禄改元は、室町幕府がその正統性を損なった一つの指標であり、武家政権として絶対的な存在ではなくなっていく象徴的な出来事であった。

永禄改元の影響

永禄元年(一五五八)三月に挙兵した将軍義輝に備えるため、久秀は、五月十二日に勧修寺晴秀を通じて、京都の警固に支障がない旨を正親町天皇に奏上した。三好勢は長慶・義興親子をはじめ、久秀と内藤宗勝の兄弟、三好長逸、伊勢貞孝らが続々と京都に集結した。長慶は西岡の国人に対しても、家臣の松山重治の指揮下に属して出陣するよう命じている(「京都市個人蔵文書」『戦三』五一四)。十九日には松永兄弟と三好長逸が、一万五千の兵力で京都を打ち廻る示威行動を行った(『惟房卿記』)。六月には石成友通が一軍を率いて将軍地蔵山(京都市左京区)に陣取り、久秀と長逸は如意嶽や白川口(京都市左京区)で義輝と戦った。しかし、その後は小競り合いに終始するようになる。

そうした最中、久秀は閏六月九日、幕府奉公衆であった結城忠正(国縁、進斎)を介して、朝廷より鶴を賜ったので、二十四日に返礼として千疋を献上している。しかし十四日には、朝廷は義輝にも音信を遣わしており、双方を天秤にかける行動をとっていた。

義輝や細川晴元は、紀伊の粉河寺や根来寺、丹波の蘆田忠家・荻野直正・波多野元秀を糾合しようとしていた。ところが、義輝が頼みとする近江の六角承禎は、長慶が京都から地子銭を徴収しようとした際に妨害しなかったことから、和睦を模索していることが明らかになった。また九月十三日までに、長く晴元を支えてきた三好宗渭が長慶に降り、石成友通と軍事行動をともにしていた（『兼右卿記』）。

一方、長慶も難しい局面を迎えていた。その前年、畿内を制した長慶と、旧大内氏領国のうち周防と長門を平定した毛利元就は、それをお互いに称えあっていた（「長府毛利文書」『戦三』四八五）。ところが、東国の諸大名は一か月ほどで改元する中、毛利氏は結局一年余りも改元に従っておらず、両者の関係は悪化する。

それ以上に深刻であったのは、それまで同盟し、義輝との戦いにはたびたび援軍を京都へ派遣していた畠山氏が、この時は出兵しなかったのである。かつて細川氏綱に与した畠山政国は義輝が近江に没落したのを機に、将軍との戦いに不満を持ち、紀伊に退去している。それを踏まえると、畠山氏は長慶が義維を擁立するかどうかにこだわったように、永禄改元のような将軍義輝の存在を明確に否定する動きに同調できなかったのであろう。このため、長慶も京都での戦争にのみ注力する訳にはいかない状況となっていた。

こうした状況下で、長慶と義輝の間で和睦に向けた交渉が行われていた。九月になると、長慶四兄弟と義興が尼崎で会談を催しているので、三好氏内部で和睦に向けた意思統一が成されたのであろう。義輝は細川晴元や六角承禎を介して、長慶と協議中であることを関東の北条氏康に伝えていることから、東国においても関心が高かったようだ（「尊経閣文庫所蔵文書」『戦三』参考四七）。さらに、長慶は伊勢貞孝を通じて、六角承禎と若狭の武田義統（よしむね）にも和睦交渉を行っている（「雑々聞検書」『戦三』五四〇）。

和睦交渉と連動するように、義輝も九月二十四日に「永禄元年」と記した幕府奉行人連署奉書を発給し（「大通寺文書」）、改元に従う意思を示した。交渉は、戦いの直接の原因となった改元問題が解消したことにより進展し、十一月二十七日に和睦が成立した。これを受けて、十二月十八日には、久秀も長慶とともに芥川山城に帰城したのである（『細川両家記』）。

各地の下剋上と将軍

永禄二年（一五五九）、還京を果たした将軍義輝は、出雲の尼子晴久や安芸の毛利元就・隆元親子に上洛を催促した。両者は承諾するが、実際には交戦中のため、上洛しなかった。このように、義輝は他の大名にも上洛を促していたのであろうか。二月から四月にかけて、尾張の織田信長、美濃の一色義龍（当時は斎藤高政）、越後の上杉謙信（当時は長尾景虎）が上洛した。

彼らは、どのような大名なのであろうか。

まず、尼子氏は元々出雲守護代であったが、経久の時に出雲守護の京極吉童子丸に取って代わり、山陰地方に勢力を広げた。そして、天文二十一年（一五五二）、孫の晴久が義輝より正式に中国地方で八か国の守護職に任じられた。言わば、晴久にとって、義輝は下剋上を公認してくれた存在であった。

そうした尼子氏と戦っていた毛利氏は、室町初期より西国一の大大名であった大内氏の領国を併呑したばかりであった。大内氏は義興の時に足利義稙を復位させるなど、精強を誇った。しかし、天文二十年に大内義隆は、陶晴賢や内藤興盛・杉重矩ら有力家臣が共謀し、毛利元就をはじめとする安芸国人や石見国人と連携して起こした反乱によって討たれてしまった（「右田毛利家文書」）。晴賢らに大内氏を滅ぼすつもりはなく、義隆を廃して、その子の義尊（よしたか）を擁立する計画であった。しかし、義尊も自害してしまったため、義隆の猶子で、大友宗麟（そうりん）の弟である大内義長を新たな当主に迎えた。晴賢らの行動は乱暴であったが、主家である大内氏を維持しており、室町期の家格秩序を遵守するものであった。むしろ、天文二十四年の厳島（いつくしま）の戦いで陶晴賢を討ち、弘治三年（一五五七）に大内義長を自害に追い込んで、大内氏を滅ぼした毛利元就の方が下剋上と呼ぶにふさわしい。

織田信長は二つの尾張守護代の織田家のうち、大和守家の下の三奉行家に生まれた。そし

織田信長像（京都報恩寺蔵、写真提供：馬の博物館）

て、激しい一族間の争いを勝ち抜き、尾張守護の斯波義銀を擁立して国主とした。ところが、弘治三年（一五五七）ないし四年（永禄元年）頃に、斯波義銀を今川義元に通じたとして国外に追放し、永禄二年初頭にはもう一つの守護代家である織田伊勢守も追放した。信長もまた、守護と守護代に対する下剋上を成し遂げたばかりであった。

美濃では、京都妙覚寺の僧であった長井新左衛門尉が美濃守護の土岐氏に仕官し、その子の斎藤道三が天文十九年頃に、土岐頼芸を国外に追放した。ところが、下剋上を成し遂げた道三自身が、弘治二年に息子の高政に討たれてしまった。

越後の長尾景虎は、守護代長尾為景の次男に生まれたが、天文十七年に守護上杉定実の調停により、兄の晴景に代わって守護代の座に就いた。天文十九年、後見だった定実が死去し越後守護家が断絶すると、景虎は上洛して、将軍義輝より白傘袋（しろかさぶくろ）・毛氈鞍覆（もうせんくらおおい）の許可を受け、将軍の権威を背景に事実上の越後守護となった。天文二十一年には、北条氏康に敗れた関東管領上杉憲政が景虎を頼っている。

これに、畿内と四国で細川氏に代わって台頭した三好長慶を加えると、天文末年から弘治年間は、畿内近国だけでなく、西国においても、東国においても、全国的に下剋上の時代であったと言えよう。

永禄二年に義輝が上洛を呼びかけたり、上洛してきたりした大名は、伝統的な守護家ではなく、こうした下剋上によって国主となったばかりで、立場が不安定な者たちであった。彼らは領国支配の安定を図るため、将軍による公認を求め、幕府の秩序に位置づけられることを望んでいた。ただ、義輝は近江在国中にも大名間の紛争調停や偏諱授与、守護職の補任（ぶにん）などを行っているので、それらのためだけに、わざわざ上洛する必要があったとは考えにくい。ところが、諸大名がよって立つべき将軍の権威が、永禄改元によって崩壊しかねない事態となった。彼らは、それを大きな危機と受けとめたからこそ、短期間に続々と上洛するという異常な状況が生み出された。彼らは、長慶と義輝の和睦により、将軍を中心とする政治秩序がひとまず存続することになったことについて義輝に祝意を示し、義輝より三好氏征伐を命じられたのである（「長岡市立科学博物館所蔵河田文書」『戦三』参考九三）。

また、斎藤高政は相伴衆（しょうばんしゅう）に任じられるだけでなく、義の偏諱や幕府四職（ししき）の一つである一色氏への改姓が許され、姓名ともに一色義龍と改めた。義龍は自分だけでなく、家臣たちにも一色氏の家臣の苗字に改姓させている。長尾景虎は関東管領への就任と、上杉憲政から山内上杉家の家督相続を譲与されることが認められた。こうして、将軍の権威と家格秩序は維持されていった。

前述したように、三好長慶は義輝を近江に追放していた時期から、上杉謙信や毛利元就と友好関係にあった。ところが、互いに領国が接するなどの緊張関係がないにもかかわらず、室町幕府の秩序の危機に際しては、謙信も元就も義輝との関係を選択したのである。

長慶が将軍義輝と和睦した背景には、京都やその近郊の戦況があったのではない。長慶が足利将軍家を擁せず、恒常的に京都を支配し続けたことと、正親町天皇が将軍を無視して永禄改元を行ったこと、そこに将軍権威の失墜を危惧し、幕府存亡の危機と認識した下剋上組の諸大名の反発があったのである。

義輝による幕府秩序の再編と三好氏

永禄二年（一五五九）、織田信長、一色義龍、上杉謙信といった新興の大名の支持を確認した将軍義輝は、伝統的な大名も含めた秩序の再編に着手する。甲斐だけでなく、信濃の大部分を支配下に収めた武田信玄の嫡子義信を、細川氏・畠山氏・斯波氏に准ずる准三管領とした。さらに東北では、足利一門である斯波氏の末裔の大崎氏に代わり、伊達晴宗を奥州探題に任命した。九州でも足利一門の渋川氏に代えて、大友宗麟を九州探題に補任した。幕府初期より、足利一門で独占されてきた管領や探題職に、一門ではない、その地域の有力大名を初めて登用したのだ。さらに、義輝は姉か妹を若狭の武田義統に嫁がせているが、将軍家の女が大名に嫁ぐことも初めてのことであった。

義輝は、各地の下剋上状況を積極的に容認し、幕府の秩序に彼らを新たに位置づけることで、その再建を図った。しかし、それは一方で、実力さえあれば家格の壁を超えることができることを、将軍自らが認めたことになる。結果的に足利一門を軽視し、将軍を中心とする家格秩序を自ら否定しかねない危険な判断であった。

また、義輝は各地域の個別事情にまったく配慮していなかった。尼子晴久の優遇が赤松晴政を三好方に追いやった経験もあるのに、義輝は、足利藤氏を擁して鎌倉府再興を図る上杉謙信を支援する一方で、謙信と対立し足利義氏を立てる北条氏康や、氏康と三国同盟を結ぶ武田信玄の息子義信に栄典を付与している。

九州の場合を見てみよう。義輝は十一月九日、大友宗麟を九州探題に任命する御内書を発給した（「大友家文書録」『戦三』参考五七）。その際、義輝は九州探題とともに周防・長門・

豊前・筑前の守護であった大内氏の家督までも宗麟に与えている。そして、幕府料所からの運上を求めたが、こうした交渉を担っていたのは、堺の豪商で茶人でもある若狭屋宗可と松永久秀であった。交渉の成立に伴い、宗可とともに、義輝の母や妻の実家である近衛一門の大覚寺義俊や久我晴通が「茶湯一見」のため、豊後に下向している。茶会の場で、さらに綿密な交渉が行われるのであろう。

この宗可は、久秀とともに茶会を行うだけでなく、三好氏と伊予河野氏との外交においても、久秀の意向を河野氏の重臣の来島村上通康に伝えており（「東京大学史料編纂所所蔵村上文書」『戦三』六八三）、三好氏の政商とも言うべき立場にあった。堺の豪商で茶人を大名間外交に重用したことは、後に千利休らが登用される道を開いた。

こうしたことを踏まえると、義輝の対大友氏外交は、義輝の地方有力大名の取り込みという意向だけで動いている訳ではないことがわかる。当時、三好氏と毛利氏は備讃海峡を挟んで領国を接していたが、長慶の長弟実休が反三好勢力である香川氏を討つために讃岐へ出兵したため、両者の緊張は高まっていた。義輝としては、大友氏には九州探題職だけで充分であると考えていたのだが、義輝を利用して元就を牽制しようと考えた長慶は、久秀や宗可を介して義輝に工作を仕掛け、当時、元就が支配していた旧大内氏領国について、あえて大友宗麟に大内氏家督を与え、支配すべき由緒があることを示した、というわけである。その結果、大義名分を得た宗麟は元就との戦争を開始する。これによって、長慶は一兵も損ずることなく、毛利氏を封じ込むことに成功し、漁夫（ぎょふ）の利を得ることができたのである。慌てた義輝が毛利氏と大友氏の和睦を斡旋するが、なかなか進展せず、成立するのは永禄七年のことであった。

永禄元年末の長慶と義輝の和睦以降、三好氏は足利将軍家を表向き擁する形になった。京都に返り咲いた義輝は、積極的に諸大名との外交に乗り出す。しかし、それは義輝の思惑通りにはいかなかった。長慶が久秀を介して、義輝と大友宗麟の間を調停することによって、三好氏の戦略のために利用する側面もあったのである。義輝は尼子晴久と毛利元就・隆元に上洛を命じ、両者は承諾するも、戦乱を理由に領国を離れられないでいた。実際に織田信長、一色義龍、上杉謙信が上洛したのを見た義輝は、西国の大名も上洛させることができると思ったのであろう。その下準備を進めるつもりが、長慶や久秀によって、逆に宗麟と元就の戦争を引き起こしてしまったのである。久秀は三好氏において、諸大名との外交を担当してきたが、対将軍外交にも大きな役割を果たしていく。

また、義輝が武田信玄や上杉謙信、一色義龍を優遇したのに対して、長慶は信玄に信濃を追われた小笠原長時・貞慶父子を、三好氏と同じ源義光を祖先とする一族として養い、久秀は斎藤道三・義龍親子に美濃を奪われた土岐頼芸・頼次親子を匿（かくま）い、頼次を家臣に加えている。隙あらば、義輝の外交を覆そうとしていたのである。

楠復姓問題に関わる久秀

三好長慶と将軍義輝の和睦が表面上に過ぎないことは、徐々に明らかになっていく。

久秀には大饗正虎（おおあえまさとら）という家臣がいた。正虎は、後醍醐（ごだいご）天皇に従って、千早（ちはや）・赤阪（大阪府千早赤阪村）に立てこもり、鎌倉幕府を倒すのに絶大な功績があった楠木正成（くすのきまさしげ）の末裔と称していた。しかし、建武の新政はやがて破綻する。正成は後醍醐天皇に味方して足利尊氏と戦い、湊川（みなとがわ）（神戸市兵庫区）の戦いで自害した。その子の正行（まさつら）も、後村上（ごむらかみ）天皇に忠義を尽くし、四條畷（しじょうなわて）（大阪府大東市、四條畷市）の戦いで討ち死にした。このように楠木一族は南朝（なんちょう）から見れば忠臣であるが、北朝（ほくちょう）や室町幕府からすると朝敵に過ぎなかった。そのため、正虎は当初、北朝を憚（はばか）り、楠木一族である和田（みきた）氏の本貫地（ほんがんち）である河内国の大饗（堺市美原区）に因んで、大饗長左衛門尉と名乗っていたという。

久秀は正虎が朝敵の汚名を晴らし、再び楠姓を名乗りたいという望みを持っていることを知り、楠氏の勅免（ちょくめん）を北朝の正親町天皇に執奏した。その結果、永禄二年（一五五九）十一月二十日、正親町天皇は正成を正式に赦免するという綸旨を発給した。これを受け、久秀も同

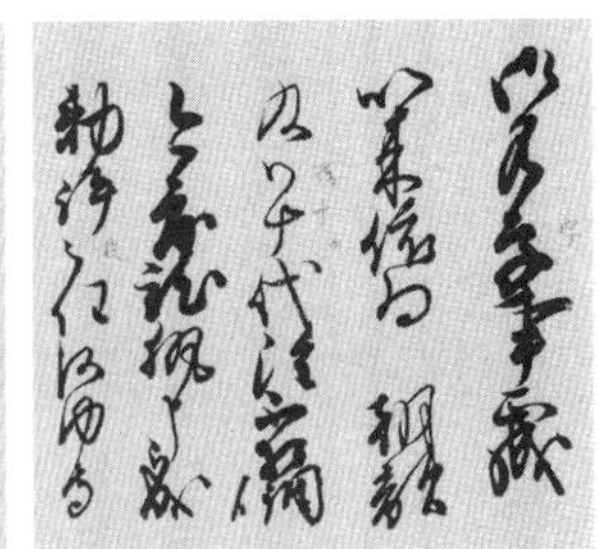
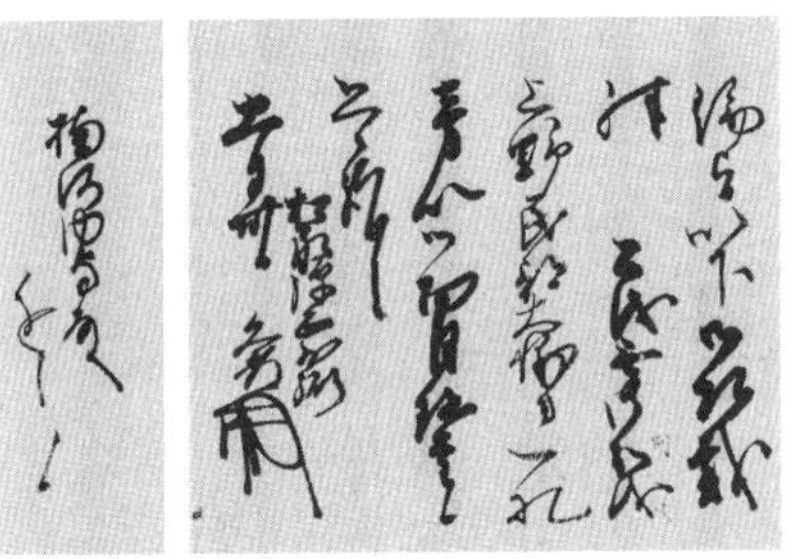

（永禄2年）11月30日付楠正虎宛松永久秀書状（楠文書　東京大学史料編纂所所蔵影写本）

月三十日に、楠復姓が勅許により許されたばかりではなく、正成と同じく河内守に任ずる旨の綸旨まで頂戴したこと、将軍義輝も異議を差し挟めず、側近で反三好派の上野信孝からも承認を取っており、面目を施したと、正虎に伝えている（「楠文書」『戦三』五七三）。

　これまでの北朝の天皇であれば、南朝の臣を赦免する勅許など認めなかったであろう。しかし、将軍在任のほとんどの期間において、京都を不在にし、朝廷に勤仕しない将軍義輝に不信感を抱く正親町天皇であったからこそ、久秀の執奏は成功した。

　これは、久秀の家臣思いの逸話を示すものではないだろう。正虎は自身が備前出身と称しており、本当に正成の末裔であったかも不明である。しかし、正虎がそのように称していたことが重要であり、三好氏の執奏により、南朝の臣が北朝の天皇により勅免され、幕府もそれを承認したことが重要なのだ。

特に楠木正成は、戦国時代に流布した『太平記』において、わずか七百の兵で足利尊氏が率いる五十万の兵を足止めし、敗れたのちは七度生まれ変わって朝敵足利氏を討つことを誓って自害したことで、非常に人気が高い。そうした楠氏が赦免されたことは、南北朝の統一以後も、後南朝の問題でたびたび苦しめられ、応仁の乱においては西軍が南朝の末裔を擁立した記憶を持つ幕府にとって、望ましいものではなかったはずだ。

そうした南朝から北朝を守護することこそ、幕府の存在理由であり、正統性でもあった。ところが、守護されているはずの正親町天皇が、南朝の臣の名誉回復を行ったということは、足利氏の将軍としての正統性を失わせかねない危険性を孕んでいた。つまりは、足利氏をすでに憚る必要がないことを示したことになる。長慶や久秀の真の目的は、ここにあったのであろう。

すなわち、長慶と義輝は和睦したといっても、それは表面的なものに過ぎなかった。長慶は永禄改元に続き、足利氏の権威や正統性、その家格秩序、諸大名との関係を崩壊させるための準備を続けていたのである。

三好氏への栄典授与

三好氏と将軍足利義輝は表面上、友好関係を模索する。永禄二年（一五五九）十二月十八日には政所執事伊勢貞孝が、長慶の嫡子である義興（当時は孫次郎）に、将軍義輝が自筆で「義」の偏諱を授与する旨、檀紙に認めたことを伝えている（『雑々聞検書』）。これにより、「義長」（後に義興）と名乗りを改めた。また、奥州探題伊達晴宗の嫡子輝宗、関東管領上杉謙信（当時は政虎、後に輝虎）、毛利元就の嫡孫輝元のように、将軍の実名の下の字ではなく、通字である「義」字を下したことに、公家の吉田兼右は家格秩序をまったく無視した行為で、「末世の故なり」と嘆いている（『兼右卿記』）。

長慶はすでに天文二十二年（一五五三）、将軍義輝や細川氏綱と同じ従四位下に進んでいるが、義輝は永禄二年末に四位相当の幕府の役職である相伴衆に任じることや、官職を修理大夫に進めることを約束した。これには、室町幕府草創以来の守護家である大友宗麟などが激しく反発している。つまり、将軍義輝は三好氏に対して、従来の家格秩序を自ら壊し、公家や大名の激しい反発を無視してまでも、破格の厚遇をせざるを得なくなったのである。

永禄三年正月十六日、長慶は正親町天皇の即位式の警固のため、芥川山城から上洛した。二十一日に正親町天皇の口宣案により、長慶を修理大夫に、義興を筑前守に正式に任官した。これにより、長慶は二十五日に即位費用として百貫文を納め、二十七日の即位式の警固の任に就いた。正親町天皇はこれに満足し、長慶・義興父子を松の庭で謁見し、天盃を与え、御剣を下賜した（『雑々聞検書』『お湯殿の上の日記』『言継卿記』）。

元長、長慶と歴代当主の官途であった筑前守に正式に任官した義興は、長慶より事実上の家督を譲られたようだ。これ以後、長慶は直状（判物）による裁許は行わず、義興がそれらを発給するようになっていく。

二月一日には、義興と松永久秀が義輝の直臣格である御供衆に加えられ、四日には久秀が正式に弾正少弼に任じられた（『雑々聞検書』）。幕府のこの対応も、各地の武士に衝撃を与えた。上杉謙信の関東侵攻が迫る中、北条氏康は武蔵岩付城主（埼玉県さいたま市）の太田資正を懐柔するため、古河公方の相伴衆へ推挙することを約束した十月九日付の起請文で、久秀が御供衆に就任したことについて、国家を治めるためにはやむをえぬことで、関東においても批判してはならないと、関東の領主たちの不満をなだめている（「歴代古案」『戦三』参考六四）。三好氏だけではなく、松永久秀までも幕府の家格秩序を乱す異例の出世を遂げた人物として、全国で認識されるようになったのである。

第三章　大和の領国化

一体化する河内と大和

永禄二年（一五五九）、松永久秀は三好長慶の命を受け、大和へ侵攻する。当時の大和はどのような状況だったのだろうか。

室町時代の大和は守護不設置の国で、興福寺の宗教的支配を前提とする「神国」として位置づけられてきた。大和国内の国人は、興福寺の僧侶である衆徒と、春日社に仕える国民として編成されてきた。具体的には、興福寺一乗院方衆徒の筆頭が筒井氏、同じく大乗院方衆徒の筆頭が古市氏、春日社国民の筆頭が越智氏である。その中でも、幕府との結びつきが強い筒井氏と、南朝や後南朝に与する越智氏が激しく争っていた。

ただ、大和が独立、不偏不党の国であったかというと、そうではない。十五世紀中期の大和永享の乱など国内で争乱が発生すると、筒井氏対越智氏の対立に発展していったため、将軍足利義教は河内・紀伊の守護で管領の畠山持国を派遣し、これを抑え込んだ。こうした中で畠山氏の勢力は、大和に拡大する。持国死後に起こった畠山氏の家督争いでは、筒井順永や成身院光宣らが畠山政長に味方し、越智家栄や古市澄胤らが畠山義就を支えた。

政長と義就の対立にそれぞれ細川勝元と山名宗全が加わったことで、応仁の乱が勃発するが、乱の終了後も両者の争いは決着した訳ではなく、政長を正式な河内守護とする幕府に対し、義就は河内と大和を実効支配するに至った。このように、河内と大和は事実上、一体化しつつあった。

明応二年（一四九三）の明応の政変において、政長は細川政元に討たれ、義就の子基家は政元と結んだ。ところが、足利義稙が力を盛り返すと、政長の子尚順や筒井氏が復権を果たす。明応六年には畠山尚順が万歳氏の所領を没収し、自らの家臣に与えるまでになった。その後も尚順は、片岡氏や吐田氏の所領も接収していく。衆徒や国人の所領が畠山氏に奪われることは、興福寺の衰退に直結する。興福寺は大きな危機感を抱いていた。細川政元もこうした状況を放置しておけず、明応八年に赤沢朝経（沢蔵軒宗益）を大和へ派遣した。朝経は信濃小笠原氏の一族とされるが、その出自は不明な点が多く、鷹狩の才が認められて取り立てられたという。大和の国人は古市澄胤を除き、一揆を結び対抗しようとしたが、延暦寺を焼いた赤沢朝経は強兵で、興福寺にも攻撃を加えて乱暴狼藉を行った後、家臣を興福寺領に派遣し、直接支配下においた。

永正二年（一五〇五）、朝経に対抗するため、南北朝期より敵対関係にある筒井氏と越智氏が婚姻関係を結ぶと、他の国人も起請文に連判して一揆を形成した。しかし、翌永正三年に朝経は大和に攻め込み、一揆を破ると奈良を焼いている。朝経は永正四年に丹後で戦死したが、同年には養子の赤沢長経、享禄元年（一五二八）には柳本賢治と、細川氏家臣の大和侵攻が相次いだ。興福寺の衆徒の中から二十名が選ばれて組織された衆中（官符衆徒、官務衆徒）の中で、さらに全体を統括する有力な者一人ないし数名を棟梁と呼ぶが、永正十四年（一五一七）頃に、筒井順興がこの棟梁の地位を古市氏から奪還した。そして、大永元年（一五二一）には筒井氏・越智氏・箸尾氏・十市氏という四大国人の間で再び一揆が形成される。細川氏という国外勢力の侵略に対して、筒井氏対越智氏という南北朝期後半から大和を規定してきた基本的な政治秩序は克服されようとしていた。

そうした大和に新たに進出してきたのが、義就流畠山氏の内衆出身でありながら、細川晴元の内衆として、享禄年間から天文初年にかけて、急速に勢力を拡大させてきた木沢長政であった。長政は、享禄三年（一五三〇）以前に飯盛城（大阪府大東市、四條畷市）を居城とし、晴元と連携すると、義就流の畠山義堯や長慶の父三好元長を滅ぼし、権勢を得ていった。河内においては政長流畠山氏の守護代である遊佐長教とともに半国支配体制をとり、山城では峰ヶ堂城（峯城、京都市西京区）を拠点に下山城五郡を治めた。また、天文初年より筒井氏を介して大和へ介入し、天文五年（一五三六）には河内と大和の国境に信貴山城（奈良県平群町）を築くと、飯盛城には守護の畠山在氏と父の木沢浮泛を置き、自らは居城を移した。翌年には一揆を結んで抵抗した報復に、大和一国へ段米を賦課する（「法隆寺文書」）。また、春日社領などを押領する一方で、興福寺の求めに応じて戒重氏を成敗するなど（「春日大社文書」）、大和への拡大を図っている。

長政は二上山城（奈良県葛城市、大阪府太子町）や、笠置山城（京都府笠置町）などを大和の周縁部に次々と築城し、かつての赤沢朝経を超える地域を支配下に置いた。こうして長政は、本願寺証如から大和の「守護」と呼ばれ、晴元を介することなく将軍足利義晴とも直接関係を結び、守護並みの待遇を受けている。しかし、天文十一年に細川晴元や三好長慶の支援を受けた遊佐長教と太平寺（大阪府柏原市）で戦って敗れ、討ち死にした。

台頭する安見宗房

木沢長政の死去後、大和をまとめあげたのが、筒井順慶の父順昭であった。順昭は天文十三年（一五四四）に長政から離反した柳生氏を降した後、かつて一揆を結んだ越智氏や十市氏、箸尾氏をも服属させていき、大和をほぼ平定する。一方、この時に河内をまとめたのが遊佐長教で、三好長慶や筒井順昭とともに細川氏綱を擁立し、晴元を打倒することに成功する。ところが、天文十九年に順昭が死去し、翌天文二十年には長教が暗殺された。

満一歳で父の跡を継いだ順慶（当時は藤勝）は、当初三好氏と連携する道を選んだ。天文二十三年八月には、順慶は和泉で戦っている三好氏に援軍を送っており、長慶より謝意を伝えられている（「赤木康夫氏旧蔵文書」『戦三』三八七）。順慶はまた、弘治三年（一五五七）十一月に久秀や斎藤基速に対して、丹波平定を祝した（「町田礼助氏所蔵文書」『戦三』四九四）。

長教を失った畠山氏の家臣団は、私部城主（大阪府交野市）とも、大和国人の越智氏の中間の出身ともされる安見宗房と、浄土真宗の萱振寺内町（大阪府八尾市）に基盤を置く萱振賢継に分裂した。そのため、長慶は長教の婿として仲裁に入り、宗房の息子野尻宗泰と賢継の娘を結婚させることで和解させた（「興福寺大般若経（良尊一筆経）奥書」）。

しかし、天文二十一年に宗房は長慶の仲裁を破って、賢継を飯盛城に招いて暗殺するという強硬手段にでた。このため、同年に家督に就いた畠山高政と宗房の関係は、当初から波乱含みであった。ただその後も、畠山氏は三好氏との同盟を維持し、宗房らをたびたび援軍として派兵する。

そうした中、宗房は自らと同じく守護畠山氏や守護代遊佐氏の家臣ではなく、外様の国人で、畠山氏に服属して「城州上三郡守護代」（「賀茂別雷神社文書」）となった大和鷹山城（奈良県生駒市）の城主鷹山弘頼も暗殺し、畠山氏家臣団内部での地位を上昇させていく。三好氏が細川氏に代わったように、畠山氏においても下剋上は進んでいた。そうした宗房と高政の不和は、弘治三年（一五五七）正月に表面化した（『厳助往年記』）。

同弘治三年、筒井家内部で内紛が起こると、筒井順政に追われた順慶が、十二月二十六日に宗房の飯盛城に逃れたのである（『弘治三年之記（祐磯記）』）。順慶は高政ではなく、真の実力者である宗房を頼った。

順慶は翌永禄元年（一五五八）二月二十一日に、宗房の後見を受けて筒井城に復帰し、ともに春日社に社参した。三月には春日社に石灯籠を寄進している。十一月十九日には宗房が取り持ったのであろうか、河内守護代の遊佐氏の娘婿となっている（『享禄天文之記』）。同年には順政と宗房が東大寺法華堂・中門堂の堂衆と学侶の仲裁を行っていることから、安見宗房は筒井家中の実力者である順政と結び、順慶の後見として、大和に勢力を伸ばすことに成功したのがわかる。宗房は木沢長政と同様、大和への進出を果たし、順慶も宗房の後見を得て、筒井氏内における自らの地位を確立しようとした。しかし、こうした順慶の親安見氏路線に反対であったのであろう、重臣の福住宗職が出家するなど、筒井氏に分裂の兆しが芽生えていた。

宗房は高政の単なる家臣に収まらず、筒井氏の後見として、独自に大和も従えるに至ったのである。こうした宗房と高政の関係は相当悪化したらしく、永禄元年に将軍義輝が挙兵し京都奪還を企てた際には、畠山氏はそれまでのように三好方として援軍を送ることはできなかった。そして、同年十一月三十日、高政が高屋城（大阪府羽曳野市）を退去して、堺へ逃れるという事件が発生した（『細川両家記』）。

このため、高政は永禄二年になると、長慶の協力を得て、大和の十市遠勝（とおかつ）にも軍勢催促を行い、宗房を排除して河内を奪還することを計画した（「國學院大學所蔵畠山雄三郎氏旧蔵文書」『戦三』参考五二）。

安見・筒井攻め

永禄二年（一五五九）、三好長慶は、畠山高政とその重臣の安見宗房の内紛に介入する。長慶にとって畠山氏は、細川晴元から独立し、将軍足利義輝と戦う上で重要な同盟相手であった。

逆に将軍義輝は、長慶と宗房の間で戦争が起こる状況を危惧しており、長慶の出陣前に紀伊の根来寺が出陣したら、両者の合戦は回避できるのではないかと考えていた（『醍醐寺文書』）。実際に、根来寺は長慶の三弟である十河一存や松浦氏が守る和泉に出陣したので、長慶は河内ではなく、和泉の救援に向かっている（『細川両家記』）。

こうした状況を踏まえると、永禄元年に長慶と義輝が戦っていた際に、畠山氏が長慶へ援軍を出さなかったのは、宗房の意向であったろう。

態勢を立て直すために摂津へ退いた長慶は、摂津・丹波・播磨の三か国から二万の兵力を集め、六月二十六日には守口（大阪府守口市）から河内へ攻め込み、八月一日には高屋城を攻略して、高政を迎えた。

大和には、前年の将軍義輝との京都攻防戦において、一軍を率いる部将に成長した松山重治や石成友通などが、六月に二万の兵力を率いて攻め込んだ（「一因違四奥書」）。同月付で長慶が法隆寺（「法隆寺文書」『戦三』五五九）、今村慶満が東大寺（「東大寺文書」『戦三』五六〇）、七月には長慶も東大寺に禁制を発給している（「東大寺文書」『戦三』五六二）。

筒井順慶像（伝香寺蔵）

高政を復帰させた長慶は、芥川山城に帰ったが、久秀を大将とする三好勢は、摂津国人の伊丹氏や池田氏を率いて（『細川両家記』『享禄天文之記』）、八月六日に大和に入国すると、わずか一日で筒井城（奈良県大和郡山市）を攻略し、筒井順慶を椿尾上城（奈良市）に追った。筒井城跡からは、久秀方が使用した鉄砲玉が複数出土している。九日には松山重治が井戸城（奈良県天理市）を攻める一方、久秀は平群谷（同平群町）を焼いて南下し、万歳城（同大和高田市）を攻め、十四日には二上山に陣取り、十六日には筒井氏に与した十市氏を破っている。（『享禄天文之記』）。

従来、久秀の大和侵攻のみが注目されてきた。ところが、実際は三好勢の総力を挙げた大和攻めであったのである。この時、大和国内では、赤沢朝経や木沢長政が侵攻した時のように、国人が一揆を結んで久秀に敵対するような動きは起きていない。むしろ、越智氏が久秀方として参陣していた。それだけではなく、戌亥脇衆・超昇寺氏・宝来氏・郡山辰巳氏などの筒井与党が、順慶を裏切って久秀の軍勢を引き入れており、山中衆をはじめ山田氏・多田氏・福住氏・古市氏も久秀に味方した（「大乗院家奉行方引付」）。宗房と結んで勢力拡大を図った筒井氏に対する反発から、多くの離反者が出ていたのである。

この時、大和に入った三好勢は、十月十二日まで筒井城に在城し、その後、河内へ戻り、飯盛城の安見宗房と戦いを繰り広げている（「一因違四奥書」）。

久秀の大和侵攻は、従来梟雄とされる久秀の欲深さ、個人的な野心としてしか理解されてこなかったが、そうではなく、安見宗房を孤立させるために、その与党である筒井順慶を討伐しようとした三好氏の戦略の一環であった。こうした三好氏の動きに、宗房の力を背景に権力基盤を強化しようとする順慶に反発する多くの家臣団、そして大和国人が同調した。反

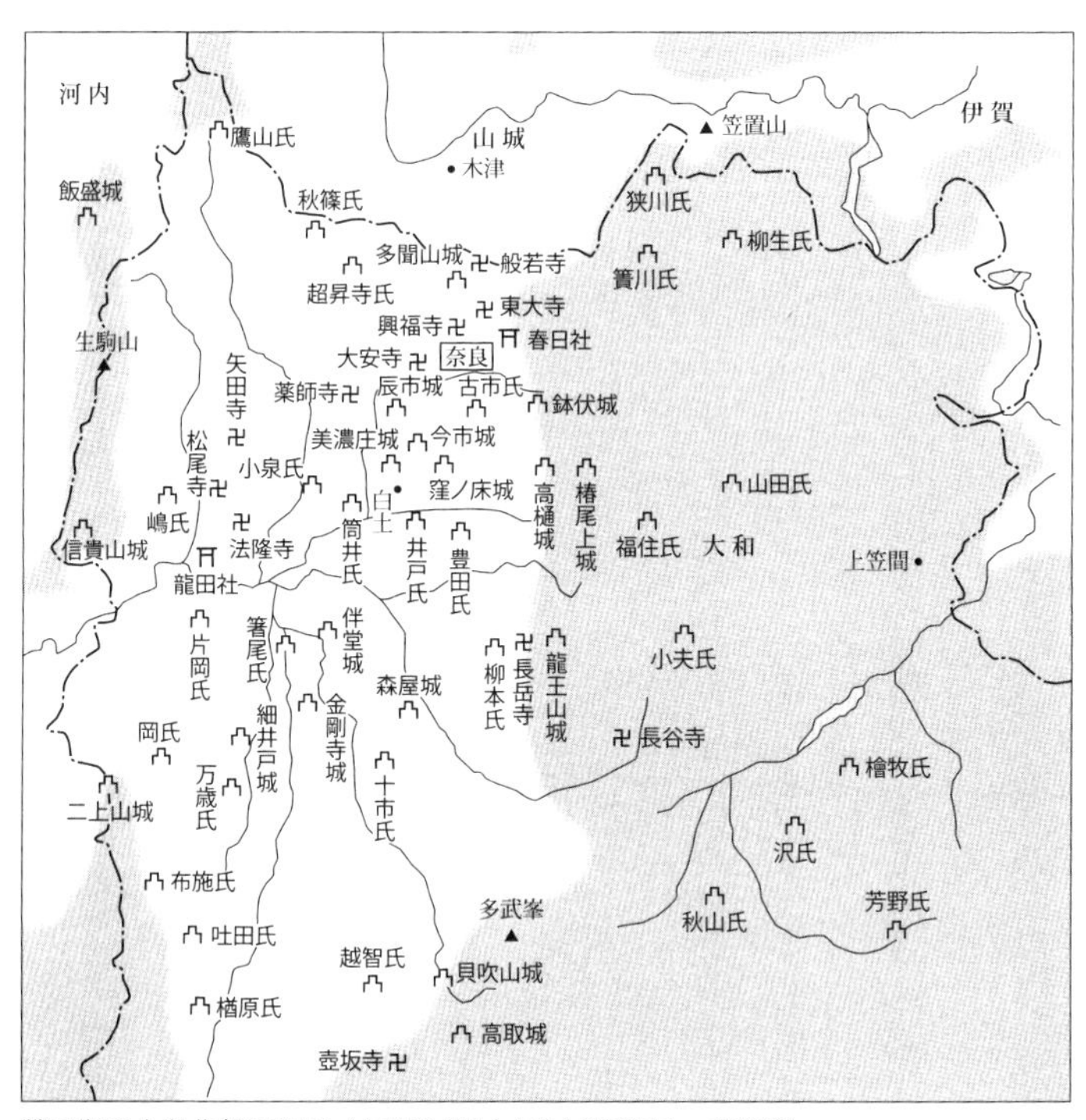

戦国期の大和北部周辺図（金松誠『松永久秀』所載図を一部修正）

安見や反筒井という、三好氏を受容する一定の素地があったのである。

十月二日、久秀は春日社に社参したが、御供として中坊讃岐守（なかのぼうさぬきのかみ）などが従い、御神楽料十二貫と神馬を献じている（『享禄天文之記』）。中坊氏は官符衆徒沙汰衆で、独自の武力を持ち、事実上の奈良代官の地位にあって、国外勢力との折衝にあたってきた。久秀はそうした中坊氏を従え、春日社に参ることで、宗房や順慶を凌ぐその勢威を、大和に示したのである。筒井氏に圧迫されていた越智氏や箸尾氏も相次いで、春日社に社参した。

すなわち、永禄二年の大和の戦いは、侵略者の松永久秀と大和を守護する筒井順慶の戦いという単純な構図ではなく、三好氏対安見氏という畿内全体を巻き込む戦争の一環であった。

領国拡大戦争に踏み出す

三好長慶の力を背景に、畠山高政は高屋城への帰城を果たした。しかし、それは必然的に畠山氏が三好氏の下に置かれることを意味した。また、永禄二年(一五五九)十一月二十一日、将軍義輝は日置庄(堺市東区)の年貢について、伊勢氏の所領なので京都に送るよう高政に意見せよと、長慶に命じている(「雑々聞検書」『戦三』五七二)。義輝は安見宗房を失った高政が河内を自力で支配できるとは考えていなかったので、長慶に命じたのである。こうした状態は高政にとっても、望ましいものではなかった。

永禄三年正月十六日、長慶は正親町天皇の即位式の警固のため、芥川山城から上洛した。ところが二十日になって、南方の畠山氏の情勢が不穏であるので、即位式を延期して下国すると言い出した(『言継卿記』)。結局、即位式はつつがなく挙行され、長慶は警固の大任を果たしたので、満足した正親町天皇は、長慶・義興父子を謁見し、天盃を与え、御剣を下賜するなど、三好氏を官軍に位置づけた。長慶は、永禄改元に従わなかった将軍義輝と同様に、高政や宗房を巧妙に朝敵に仕立て上げていった。

同年五月、高政は長慶に無断で宗房との和睦に踏み切った。長慶もこうした高政の動きを察知していたようで、同月に淡路の洲本で、三好実休や安宅冬康と会議を行っている。そして、高政と宗房の和睦が明らかになると、即座に河内への出兵を決断した（『細川両家記』）。六月二十九日、三好勢は河内中部に進んで、飯盛城の安見宗房と高屋城の畠山高政を分断した。八月六日には、実休が石川郡に進んで、畠山方の一揆を掃討した。長慶は飯盛城に向かい、十四日に堀溝（大阪府寝屋川市）で池田長正が安見宗房を破っている。また、大和では久秀が十二日に井戸城を攻略した。

こうした作戦行動とともに、長慶は将軍義輝を利用した外交も行っていた。八月十五日、長慶は伊勢貞孝に、義輝から紀伊の湯河直光に対して、三好方に味方することを命じる御内書を出させるように迫った（「雑々諸札」『戦三』六五七、六五八）。湯河直光は畠山宮内少輔家を継いでいたが、もともとは将軍直臣の奉公衆であった。このため、長慶は畠山方の戦力を削ごうとしたのであろう。

戦争は南近畿だけではなかった。六月八日、若狭に逼塞していた丹波の牢人が若狭武田氏の軍勢とともに野々村（京都府美山町）に侵攻するという出来事が起こっている。前年の永禄二年十二月二十一日、内藤宗勝は天文末年に波多野元秀から離反し服属していた波多野次郎に、八上城西の法光山に構えた「相城」での戦いの戦功を賞し、知行を与えているので（「波多野家文書」『戦三』五七四）、この頃までに丹波における反三好方の旗頭であった波多野元秀の八上城は落ち、松永孫六が入城し、丹波平定が成し遂げられていたのであろう。若狭に逃れた丹波牢人は元秀与党であったと思われる。

また若狭では、永禄元年以来続く武田信豊・義統親子の内紛もあり、その家臣団も一枚岩ではなかった。自立しようとする武田氏家臣の逸見経貴が、宗勝に加勢したこともあり、宗勝は丹波牢人を破った（「大成寺文書」）。そして、宗勝は丹波において自ら編成した「天田郡御馬廻衆（おうままわりしゅう）」に対して、六月十四日にこの勝利を伝え、牢人を掃討するため若狭へ出陣するので参陣を命じるなど、反転攻勢に出ようとした（「夜久文書」『戦三』六二一）。宗勝は同日にも若狭に入国し、さらに丹後の田辺（京都府舞鶴市）へ向かう予定であったが、南近畿の合戦にも備えねばならず、出陣は遅れた。

九月に宗勝は丹後の金剛心院（京都府宮津市）へ禁制を発給するなど（「金剛心院文書」『戦三』六七〇）、若狭や丹後で軍事行動を繰り返した。このため若狭では内紛が激化し、逸見氏には宗勝の他、同じ武田氏家臣の粟屋氏が味方し、一方で武田氏には越前の朝倉義景が加勢するなど、国外の勢力も介入するところとなり、両勢力の戦いは永禄四年夏まで続いた。

さらに、長慶は近江の六角承禎・義弼（よしすけ）親子の不和につけこみ、七月には出兵する動きも示していた（「春日匠氏所蔵文書」）。しかし、十月に細川晴元が近江坂本で挙兵すると、比叡山延暦寺と六角承禎に対し、長慶に味方して、晴元を討伐するよう命じる御内書を発給することを義輝に求めた（「雑々諸札」『戦三』六七一～六七三）。

十月になると、南近畿における三好氏の勝利は決定的になってきた。九日に久秀は河内中部の渋川郡に対して、小郡代（しょうぐんだい）は長井孫四郎とすることを伝えている（「灯心文庫」『戦三』六七五）。もはや高政に宗房の追放を迫るのではなく、河内を直接三好氏の支配下に置くことを示したのである。

十二日には、山城の木幡（こばた）（京都府宇治市）や鳥羽（京都市伏見区）に攻め入った晴元の家臣の香西氏・波多野氏・埴和（はが）氏・木沢氏を内藤宗勝が討ち取り、十五日には畠山氏の援軍として紀伊より駆け付けた根来寺を、実休が破った。これにより、援軍はすべて潰えた。二十四日に高政は高屋城を、二十七日には宗房が飯盛城を開城し、堺に退去したという。

長慶は十一月十三日に、かつて河内・大和・山城に勢力を伸ばした木沢長政や、安見宗房の居城であった飯盛城に入城し、新たな居城と定めると、細川氏が築城した芥川山城には嫡子義興を、歴代畠山氏の居城であった高屋城には長弟実休を配した。自らよりも格下の存在を両管領家に由緒を持つ城郭に置くことで、自らはその上に立つ存在であることを明示したのである。また、入城直後から、久秀が明経博士の清原枝賢を介して、縁戚で唯一神道の継承者である吉田兼右に、三好氏の祖先である新羅三郎源義光が神前で元服した園城寺（三井寺、大津市）の新羅善神堂の勧請について問い合わせ、十九日に回答を得ている（『兼右卿記』）。長慶や久秀は三好氏の氏神を奉じて、飯盛城の聖地化を推し進めた。これは当時、多くの大名が八幡太郎源義家の末流である足利将軍家に連なろうとした動きに対して、一線を画するものであった。

こうした河内の情勢は大和へも伝わった。久秀は兵を差し向けて攻め落とすのではなく、交渉により城の明け渡しを迫った。十一月十三日に万歳城は和睦に応じて、久秀方に転じた。十八日には長谷寺（奈良県桜井市）の廊坊氏が退去し、二十四日には沢城（同宇陀市）と檜牧城（同宇陀市）も開城した（『細川両家記』）。

宇陀郡の国人である沢太菊（房満か）は、同じ郡内の秋山氏や芳野氏と一揆を結び、伊勢の北畠氏に従っていたが、彼らの援軍は間に合わなかったようだ。久秀の与力として大和攻めに従っていた今村慶満と結城忠正が太菊との交渉を担当した。十一月二十三日の連署状によると（「沢氏古文書」『戦三』六九三）、退城にあたって、長慶と久秀を恃む旨了承し、疎略に扱わないと応じている。そして、このような三好氏と沢氏の間を取り持ったのが、越智家増であった。

長慶や久秀は、南北朝期以来続く幕府―政長流（高政）―筒井氏と、南朝―義就流―越智氏という対立構図を利用して、大和を平定したのである。久秀は前年に「国中（大和盆地）」と「東山内（大和高原）」を制圧していたが、久秀の勢力は伊勢や伊賀に隣接する宇陀郡にまで及んだ。

沢氏とともに宇陀郡の国人であり、伊勢の北畠氏に従ってきた秋山藤次郎は、三好氏の婿と称して（『勢州軍記』）、三好氏に与同する動きを示していた。すなわち、三好氏の軍事行動は大和で留まるのか、さらに東への拡大を意図しているのか、不明な状況であった。このため、北畠氏は久秀や松山重治が伊勢へ攻め込むという風聞があるとして、多数の城を築き、迎撃態勢を整えている（『年代和歌抄上』）。また、伊賀では惣国一揆の掟書として、伊賀の土豪らが三好氏の家臣になることを禁止することを申し合わせている（「山中文書」）。

このように三好氏は、急激な領国拡張戦争に踏み出した。畠山氏の家督継承戦争に始まり、応仁の乱や明応の政変を経て、畿内近国も戦乱の時代に突入した。しかし、細川氏が山城を、畠山氏が大和を勢力下に収めようとする動向以外は、基本的には守護職を持つ国の中での家督争いであり、大名が守護職を持たない国を永続的に支配しようとする動きはなかった。ところが、永禄三年の三好氏の戦争は、そうした支配の由緒のない国々への領国拡大であり、将軍足利一族を擁立せずに京都を支配したのと同様に、河内への侵攻やその支配にあたっても、政長流の高政と対抗する義就流の畠山一族を擁することなどしなかった。それまでの畿内の戦争とは、かなり異質であったのだ。

また、武田氏が信濃、尼子氏が中国地方八か国、毛利氏が山陽六か国の守護職を得たように、新たに獲得した領国を支配するための正統性として、守護職を獲得しておくことは、当時よくあった。しかし、三好氏の場合、こうした動向も見られない。この状況に畿内の人々は大きな衝撃を受けている。三宝院義堯（さんぽういんぎぎょう）に仮名書きの書状をおくった「かう」という女性は、長慶が河内・大和・根来・若狭へ同時に侵攻したのを見て、「きんこく（近国）のぬし（主）にハなり候ハんかくこと（覚悟）きこへ候」とその野心に驚愕した。そして、松永久秀についても、「松（松永久秀）もしなとハ、こんしやう（今生）からもをに（鬼）にもなり候へかし」と、その猛勢に恐れをなしていたのである（「醍醐寺文書」『戦三』参考六五）。

主家並みの待遇

戦国時代において「天下」は、必ずしも全国を意味しない。日葡辞書などにおいては、京都を中心とする畿内近国、すなわち現在における首都圏という意味合いの方が強かった。そうした意味合いにおいては、守護職などによらず、細川・畠山両管領家の領国の大部分を支配下に置いた三好長慶は、戦国時代最初の「天下人」であり、江戸時代初期に成立した『甲陽軍鑑』や『当代記』においても「天下を知る」と記されている。

永禄四年（一五六一）初頭、三好氏は再び多くの栄典を授与されている。天文二十二年（一五五三）に長慶が、永禄三年九月十五日に三好長逸がすでに従四位下に叙せられていたが、この年の正月二十八日に、三好義興（源義長）と松永久秀（藤原久秀）がともに従四位下に叙せられた（「雑々聞検書」『戦三』七〇五、七〇六）。

義興は正月二十四日に相伴衆になると、長慶・義興親子と久秀が、二月一日から三日にかけて、義輝より「御紋（桐紋）」を拝領した（「雑々聞検書」『戦三』七〇七〜九）。桐御紋はもともと天皇家の紋の一つであったが、後醍醐天皇が鎌倉幕府を倒すのに抜群の功績があった足利尊氏に下賜し、それ以後、足利将軍家の紋となっていた。こうした桐御紋の使用許可は、北条氏康や一色義龍、朝倉孝景、尼子晴久、毛利元就、大友宗麟など新興の有力戦国大名が任命された相伴衆という格式を上回る最高の栄誉であり、足利将軍家に準ずる家格に就いたことを示す証明となった。このため、長慶や久秀の後は織田信長や豊臣秀吉も「天下人」であることの証明として、桐御紋を拝領し、用いている。さらに二月三日には、義興には浅葱色の「御肩衣・御袴」が、久秀には茶色のそれが下賜された。

ただ、永禄段階においては、桐御紋は足利一門、すなわち源氏に限られるため、二月四日に久秀を改めて「源久秀」として、従四位下に叙する口宣案を与えられた（「雑々聞検書」『戦三』七一〇）。

久秀はまた、二月十日には塗輿（ぬりごし）の使用を免許されたが（「雑々聞検書」『戦三』七一二）、おそらく長慶や義興も免許されていたのであろう。永禄二年には上杉謙信も免許されており、管領・相伴衆に准ずる格式であった。

久秀と三好長逸はともに取次や軍代として活躍し、久秀は摂津下郡や大和といった広域支配を担い、長逸は三好一族の長老として、卓越した地位を築きあげてきた。そうした三好氏内部だけの問題ではない。久秀と長逸は、主君の三好長慶や、将軍義輝、細川氏綱と同じ従四位下に叙せられている。さらに、久秀は御供衆に任じられ、将軍直臣の格を手に入れた。そして、桐御紋や塗輿といった特権までもが主家と同時に認められたのである。

すなわち、久秀は朝廷と幕府の双方から、主君と同等の待遇を受けたことが、極めて異例なのである。久秀にみる下剋上の特徴とは、主君をないがしろにしたり、傀儡化（かいらいか）したりすることではない。それはいつの時代でも起こっている。特筆すべきは、将軍を頂点とする家格秩序が存在し、全国の戦国大名がそれに服している中で、出自がほとんどわからない身分から、自分一代で主家と同格、さらには将軍一門に准ずる地位を、朝廷からも幕府からも公認されたことなのだ。

この年、義興と久秀は、二月に北野経王堂（「阿弥陀寺文書」『戦三』七一七、七一八）、七月に大徳寺諸塔頭同門前（「大徳寺文書」『戦三』七六九、七七〇）、十二月に誓願寺諸塔頭へと揃って禁制を発給した。諸寺社は前年に三好氏当主代々の官途である筑前守に任官し、家督を継承した義興だけでなく、久秀の禁制も求めていた。また、十二月四日付で義興が、十二月日付で久秀が大山崎（京都府大山崎町、大阪府島本町）に対して、三好方で幕府政所執事の伊勢貞孝が発給した前月の室町幕府奉行人奉書を遵守し、徳政免除の特権を安堵したが（「離宮八幡宮文書」『戦三』七九三、七九六）、この時に発給された両者の直状を比較すると、久秀の方がひと回り大きい。こうしたことを踏まえると、久秀は諸権門から義興の後見人とみなされ、久秀自身もそのように振る舞っていたことがわかる。

閏三月には、越前の朝倉義景が将軍義輝より、「三好親子ならびに松永と諸事相談すべし」との御内書を受けた（「竹内文平氏所蔵文書」『戦三』参考六七）。また、竹内季治は洛中酒麹役をめぐる相論について、義輝が義興と久秀に申し届けるよう命じたことを、伊勢貞孝に伝えている（「北野天満宮文書」『戦三』参考七八）。将軍義輝も久秀を義興の後見人として認めていたのである。

各地の下剋上は、伊勢氏綱が鎌倉幕府執権の北条姓を名乗り、斎藤高政が四職の一つ一色姓に改姓したり、長尾景虎が関東管領山内(やまのうち)上杉家の家督を継承したりするなど、高い家格の名跡を継ぐという形で進んできた。これにより、家格自体の秩序は変わることなく、維持されてきた。ところが、長慶や久秀はそうした名家を継ぐのではなく、三好家や松永家自体の家格上昇を図ったが故に、公家や諸大名から激しい反発が起こったのだ。それを踏まえると、幕府の権威や秩序に包摂されたと評価するのは正しくない。

また、尼子晴久や武田信玄、毛利隆元が守護家、伊達晴宗や大友宗麟が探題家としての格式を調えたのに対し、長慶や久秀はこうした支配の正統性を利用したり、必要としたりすることもなかったのである。

幕府の影響が小さい遠国ではなく、その膝元である畿内から、幕府の家格秩序を崩壊させる下剋上が進んでいたのである。

三好義興邸への御成

永禄四年（一五六一）三月三十日、三好義興は鹿苑寺(ろくおんじ)で将軍義輝から酒を振る舞われたことへの返礼として、幕臣からの要請により、御成を請うことになった。実際には永禄元年以来続く三好氏への度重なる栄典付与に対する返礼であったろう。義興は急遽、立売(たちうり)（京都市上京区）に屋敷を構え、三月三十日に義輝を迎えた（『三好筑前守義長朝臣亭江御成之記』『三好亭御成記』）。

そもそも御成とは、主君が家臣の邸宅に赴き、接待を受けることで、主従関係の結束の固さを示すものである。将軍が、本来は陪臣であった三好氏に御成することは極めて異例な出来事であった。しかし、義輝としては、細川・畠山両管領家を超える畿内の覇者に成長した三好氏との君臣関係を、改めて世間に示すことを目的としていたのであろう。一方の三好氏も、盛大な饗宴を執り行うことで勢力を誇示するだけでなく、公家や諸大名の猛反発を受けている状況下で、義輝との親密な関係を示すことは一定の意味があった。

ただ、御成を請い、屋敷を構えたのは、永禄三年に三好氏歴代当主の官途であった筑前守に正式に任官し、事実上の家督の地位にあった義興であり、三好氏の最高権力者で大御所的な地位にあった長慶ではなかった。長慶は、細川氏綱や相伴衆の公家衆とともに参加するものの、直接的に義輝との関係をつくることを嫌ったのであろう。この御成において、久秀は三好氏家臣として接待役をこなすだけでなく、将軍の御供衆としても振る舞っており、三好氏と将軍を繋ぐ重要な役割を果たしていた。

対将軍外交を担い、幕府に出仕していたのは義興と久秀であった。その効果はすぐに現われる。武田信玄に追放された信濃守護小笠原長時・貞慶親子は、天文二十一年（一五五二）

以来、同族の長慶の許に身を寄せ、復帰に向けて運動していた。それが御成直後の閏三月四日に、義輝は上杉謙信に長時の帰国に尽力するよう命じている（「上杉家文書」）。長時も帰国が叶ったら、芥川山城の近くにある本山寺に二千疋の土地を寄進すると祈念し、貞慶は自身が信濃に出陣すると述べている（「本山寺文書」『戦三』参考六八、六九文書）。

三好氏は、大内氏の家督を餌にして大友氏を動かし、毛利氏を牽制したように、信濃復帰を目論む小笠原氏を介して、上杉氏を監視させたのである。

教興寺の戦い

閏三月二十八日、久秀とともに長慶の裁許を支えてきた斎藤基速が死去した。その一か月後の四月二十三日には、長慶の三弟で根来寺に備えて和泉を守っていた十河一存が死去する。一存の死については、久秀との不和が原因とする逸話がある（『足利季世記』）。一存が葦毛（あしげ）の馬に乗って有馬温泉（神戸市北区）へ湯治に向かおうとした際、久秀が有馬権現は葦毛の馬を好まないと意見したが、両者は日頃から仲が悪かったため、一存はこれを無視した結果、落馬して死去したとする。ただ、一存の死去を永禄三年十二月のこととしており、日にちが合わない。また、両者の不和を示す一次史料はなく、久秀梟雄説ができて以後の捏造と言わざるをえない。

この一存の死去は、反三好勢力を活気づけた。畠山氏と六角氏が手を結んだのである。長慶は、六角氏らに擁立される可能性のあった細川晴元を、普門寺（大阪府高槻市）に幽閉した。このため、承禎は晴元の次男晴之を擁して、六月に挙兵した。長慶は畠山氏と六角氏に対抗するため、七月二十三日、前年と同じく義輝から紀伊の湯河直光へ三好方に味方するよう命じさせた（「雑々書札」『戦三』参考七七）。しかし、京都の東山まで進出した六角氏に呼応する牢人衆が大和で挙兵したため、久秀は二十四日に多聞山衆・井手衆・龍王衆を率いて出陣している（「大森洪太郎氏所蔵文書」『戦三』七六七）。

八月になると、義興と久秀が京都で六角氏に対峙した。そのため、園城寺は今村慶満や義興付きの奉行人である奈良長高を通じて、義興の禁制を得ようとし（「園城寺文書」『戦三』七七五）、清水寺も楠正虎を介して、禁制を求めている（「成就院文書」『戦三』七六八、七七一、七七六）。また、九月十七日には、義興が弘治三年（一五五七）の長慶の先例に任せ、東寺の公文所の相論を裁許した（「東寺百合文書」『戦三』七八七）。すなわち、京都の権門は三好氏が優勢であると見ていたのであろう。実際、十一月二十四日には、義興と久秀が六角氏の重臣である永原安芸守を討ちとっている。

それに対して、和泉方面で畠山氏や根来寺に対処していたのは、三好実休と安宅冬康であった。久秀は翌永禄五年二月十七日、大和の国人である布施左京亮に、実休らが和田（大阪府和泉市）の砦を攻略したことを伝えており（「出雲熊野神社文書」『戦三』八〇三）、三好氏は畠山氏と六角氏の挟撃に対して、攻勢に転じていた。ところが、三月五日の久米田（大阪府岸和田市）の戦いで、畠山高政・湯河直光・根来寺の連合軍と戦いになり、実休が戦死する大敗北を喫した。勝ちに乗じた高政は、高屋城の奪還を果たした。

六角氏の大攻勢が予想される中、義興と久秀は即座に京都を放棄することを決め、将軍義輝とその母慶寿院（近衛尚通の娘）を石清水八幡宮（京都府八幡市）に立ち退かせ、石成友通を警固にあたらせた。七日には三好勢と入れ替わって、六角勢が入京した。

十二日には久秀が柳生宗厳に対して、新城の多聞山城に加勢に入ったことを喜び、淀城（京都市伏見区）や勝龍寺城（京都府長岡京市）の守りを固めた上で、自らは鳥養（大阪府摂津市）に陣を布いたと伝え、「よわもの（弱者）共」が敵に城を明け渡しても、即座に討ち果たすので、安心してほしいと強がっている（「柳生文書」『戦三』八一〇）。

義興もまた、堺にいる実休の遺臣吉成信長に、弔い合戦の覚悟を伝え（「妙国寺文書」『戦三』八一二）、戦線の立て直しを図っていた。

しかし、河内の真観寺（大阪府八尾市）や摂津の本興寺（兵庫県尼崎市）は、根来寺の大伝法院惣分老若中の快秀より禁制を獲得するなど、三好氏の支配地域に動揺は広がり、岸和田城も放棄され、長慶が飯盛城に籠城するまでに追い詰められた。

五月十日、阿波に退去していた三好康長ら実休の遺臣が態勢を立て直し、尼崎に着陣した。これを知った義興と久秀、長逸、松山重治、池田長正は六角氏への備えを捨て、康長らと合流した。そして、飯盛城の後巻となって、五月十九日から二十日にかけて行われた教興寺（大阪府八尾市）の戦いで畠山・根来寺連合軍を打ち破った。

幕臣の大館晴光が越前の朝倉氏や能登の畠山氏に、教興寺における戦いの詳細を伝えている（「大館記」『戦三』参考八〇）。それによると、飯盛城を囲んでいた根来寺と義興・康長勢の間で戦いが始まったが、三好方を離反し、畠山方に属していた一部の松浦勢が崩れたのを機に、籠城していた長慶勢が城を打って出て、挟み撃ちにしたため、湯河直光が討ち死にし、畠山方は崩壊した。高政は大和の宇智郡へ敗走し、安見宗房は大坂寺内町へ、宗房の息子の野尻宗泰は鷹山谷（奈良県生駒市）へ、薬師寺弼長は東国へ逃走した。

それだけではなく、将軍義輝の伯父である大覚寺義俊もまた越前へ逃れるため、政所執事の伊勢貞孝・貞良親子らとともに、近江の坂本へ逃れている点に注意せねばなるまい。

勝利した三好方は開陣して、義興は芥川山城へ帰城し、久秀は大和へ向かった。久秀は畠山氏に味方して挙兵した鷹山・十市・筒井・吐田・宝来などの諸城を掃討した（「南部文書」『戦三』八二〇）。六角氏も近江に退去した。六角氏が戦わずに敗走した背景には、教興寺の敗戦だけでなく、三好義興が美濃の一色義龍の子龍興と同盟に向けた交渉を行っていたこともあった（「古簡雑纂」『戦三』参考八二）。六角氏に代わり、義興と久秀が入京すると、朝廷は二十六日に戦勝を祝して礼物を下賜したので、七月九日、返礼として太刀などを朝廷に献上した。

八月には、坂本に逃れた伊勢貞孝・貞良父子が柳本氏や薬師寺氏とともに挙兵し、山城の杉坂（京都市北区）に籠城したので、久秀は九月十二日にこれを攻め、貞孝らを討ちとっている（『長享年後畿内兵乱記』）。

教興寺の戦いの勝利によって、長慶の河内・大和支配は揺るぎないものとなった。それ以上に、この戦いの本質は、三好氏の本当の敵が畠山高政や安見宗房などではなく、将軍義輝であったことが明らかとなったことにある。義輝の伯父大覚寺義俊や将軍に属する奉公衆、伊勢親子が畠山方に加わっていた。そもそも、将軍義輝は長慶と対立した安見宗房を気にかけていたし、宗房も教興寺の戦いで義輝を擁する長慶と戦って敗れたにもかかわらず、後年、その義輝が三好氏に討たれた時に、義輝は「天下諸侍御主」であったとし、上杉氏に弔い合戦を呼びかけている（「河田文書」『戦三』参考九三）。両者が変わらず通じていても何らおかしくはない。同じく六角承禎も、三好義興に対して意趣はあるが、義輝には一切別儀なしと称していた（「河野文書」）。そもそも長慶は、細川晴元の残党や畠山氏との戦いで、将軍義輝に御内書を発給させて、六角承禎や湯河直光を味方につけようと調略してきたが、その甲斐なく、承禎や直光は逆に長慶に敵対し、三好氏を苦しめていた。

義輝は長慶に利用されていたのではなく、義輝こそが安見宗房・根来寺・六角承禎・湯河直光の結節点となり、長慶包囲網を形成していたことが判明したのだ。永禄元年の和睦以来、曲がりなりにも続いてきた三好氏と将軍義輝の友好関係は、転換点を迎えようとしていた。

多聞山城の築城

教興寺の戦いに勝利した松永久秀は大和に帰り、畠山氏に味方して挙兵した者を討ち、大和を平定した。

それより前、永禄二年（一五五九）に大和へ攻め込んだ久秀は、その後、河内攻めに転じ、翌永禄三年四月五日、再び大和に入国すると、西の京（奈良市）の籠徳院（ろうとくいん）を宿所とした（『享禄天文之記』）。そして、大和を軍事的に制圧した十一月に、かつて河内北部や大和西部を支配下に収めた木沢長政が築いた信貴山城に入城する。本願寺証如から大和の守護と称された長政は、家臣なども山上に居住させて、信貴山城を大和支配の政庁として位置づけ（『天文日記』）、反抗的な国人の知行だけでなく、興福寺の知行までも没収し、大和の支配を進めた。

信貴山城図（大方豊氏蔵、写真提供：公益財団法人郡山城史跡・柳沢文庫保存会）

久秀は、そのような木沢長政と同様の立場で臨むことを示したのである。

そして永禄四年、久秀は事実上の守護として、大和を支配してきた興福寺膝下の奈良へ進出する。久秀は、奈良の北端の佐保丘陵、すなわち聖武天皇の眠る佐保山南陵、光明皇后の佐保山東陵、東大寺戒壇院末寺の眉間寺があった眉間寺山、そして、善称寺山に着目する。この地は奈良だけでなく、大和盆地をも眼下に収めることができる戦略上の要地で、永正四年（一五〇七）には細川政元の命を受けて侵攻した赤沢長経らが陣取った場所でもあった。

久秀は眉間寺を破却し、築城を開始したとされてきたが（『二条寺主家記抜萃』）、永禄六年に久秀の家臣の塩冶慶定が「新眉間寺」に石塔を立てるため土地を寄進しているので（「東大寺文書」）、眉間寺は佐保山南陵に移築されたのであろう。

久秀は新城の築城を開始するが、それは眉間寺山城ではなく、新たに「多聞」と名づけた。その意図は、城の守護神として自らが信仰する多聞天（毘沙門天）を祀ったためとされている。確かに、久秀の生誕地である摂津国島上郡には、日本最初の毘沙門天安置の霊場とされる神峯山寺（高槻市）や、日本三大毘沙門天の一つで、久秀が朝鮮の硯を寄進した本山寺がある。また、信貴山にある朝護孫子寺の本尊は毘沙門天であり、繋がりは深い。こうした点を踏まえると、久秀自身が毘沙門天を信仰していた可能性は高い。そうした個人的な信仰だけでなく、多聞山城が奈良の北方に位置し、毘沙門天が北方を守護する仏法守護の神将であることから、久秀は奈良の守護者であると自任していたことになろう。

また、久秀の家臣には、先祖と称する楠木正成を多聞天の申し子、多聞兵衛尉と記した願文を信貴山朝護孫子寺に捧げた楠正虎がいた（「猶村家文書」）。久秀は正虎の意を受け、当時朝敵とされていた正成の勅免を得ていた。戦国時代には『太平記』が広く流布し、江戸時代初期には正成が知謀に優れた軍略家であるだけでなく、理想的な指導者、明君、仁君として定着していくことから、久秀は自身を正成のような明君になぞらえて、奈良に臨もうとしたのではないだろうか。『続応仁後記』でも、久秀が最初に城主となった滝山城は代々、楠氏の居城であり、正成らの墳墓が残っていたとし、殊更に久秀と正成が結びつけられている。

六月には、京都の有徳人（豪商）である大森兼継が、久秀から畳百帖の調達を命じられたため、東寺宝厳院に助力を得ようとしている（「東寺百合文書」『戦三』参考七六）。同月には、城の塀の柱の用木として、花山から杉を七十本余りも切った（『享禄天文之記』）。こうした築城工事の準備と並行して城の使用を開始したようで、永禄五年二月に山城南部や大和で戦う折には、多聞山城より出撃している。

そして、八月十二日午前八時頃より、奈良中の住民が見物する中で棟上が挙行された（「享禄天文之記」）。

大和に侵入した外来勢力、すなわち応仁の乱の原因となった畠山義就と畠山政長をはじめとする両畠山氏や、明応の政変で将軍足利義稙を更迭した細川政元の重臣赤沢朝経（沢蔵軒宗益）、二上山城・信貴山城・飯盛城を築いた木沢長政、後に大和郡山城に入城した関白豊臣秀吉の弟である大納言豊臣秀長はいずれも、奈良に城郭を構えることはなかった。あからさまに興福寺に対峙するようなことは避けたのである。

また、大和の国内勢力では、大和永享の乱の後、筒井氏と越智氏の二大勢力が争う中で、越智方の古市胤仙が文安元年（一四四四）に官符衆徒棟梁・奈良中雑務検断職となった際に、大乗院の境内に鬼薗山城を築いた。しかし、翌年には落城し、その後も幾度かの戦乱によって、長享二年（一四八八）に廃城となっている。

こうした状況下で築かれた多聞山城は、久秀が奈良の新しい支配者であること、興福寺の上位に君臨する存在であることを示すねらいがあった。

この多聞山城には、「四階ヤクラ」（『多聞院日記』）や「高矢倉」（「岐阜市歴史博物館所蔵文書」）と呼ばれた事実上の天主をはじめ、「主殿」（「聚光院文書」）、「本丸」（『多聞院日記』）、「カリヤ（仮屋）」（『多聞院日記』）、「ロウ（牢）」（『多聞院日記』）、「座敷」（『二条宴乗記』）、「楊貴妃の間」（『中書家久公御上京日記』）、茶室として「北向　六畳敷」や「北向　四畳半」（『松屋会記』）があった。また、石も使用していた（『多聞院日記』）。

一五六五年、京都にいた宣教師アルメイダは、多聞山城にいた久秀の家臣のキリシタンを訪問した際、そのキリシタンの申し出で城内を見学し、イエズス会に報告している（『フロイス日本史』）。それによると、久秀は山を切り崩して、その山間に幾多の塔や堡塁、平地を造り、多数の井戸を設けさせた。そして、裕福で大身にして、最も信頼している家臣らを呼び集め、城内に家屋を建てさせるために敷地を分割したとしており、家臣団が集住している様子を記す。家臣らは豪華で高価な家屋を建てたが、それにはヨーロッパ風の多くの上階や立派な蔵を伴っていた。城の外観は、白壁と指二本の厚さの黒瓦によって統一され、そうした瓦は四〜五百年ももったという。内装はすべて杉を使用し、その芳香は見物者を喜ばせた。また、廊下の壁は日本と中国の古い歴史物語を描いたもの（襖絵か）で飾られ、柱には塗金や彫刻が施されていた。庭園と樹木にも技巧が凝らされ、京都と比較してもすべてにおいて優れているので、日本中から多くの者が見物に来たという。

同年二月には、多聞山城を「日本中で最良最美の城の一つ」（『フロイス日本史』）と評したアルメイダと同様に、多聞山城を訪問した公家の吉田兼右も「華麗で耳目を驚かす」と感想を記している（『兼右卿記』）。京都を知る二人が驚嘆していることからも、多聞山城は当時の人から見て、画期的な城であったのだろう。

日本側の史料に見える四階櫓や高矢倉が、アルメイダのいう塔に相当するのであろう。また、久秀が永禄五年十月二十八日に家臣の自斎（じさい）と勝雲斎周椿（しょううんさいしゅうちん）へ、築城の指示や大和における戦闘を伝えた書状が残されている（「柳生文書」『戦三』八六二）。それは十七か条にも及ぶが、久秀は周椿より寺郷から二百貫を受け取った旨を聞き、その処理に長慶の連歌会に出席していた半竹軒を当たらせていることや、家臣となった柳生宗厳や与力の松山重治が戦っていること、近々河内より援軍が大和へ討ち入ることなどを記している。それに加えて、会所や主殿に用いる赤銅の引手など調度品の準備のため、京都で金属加工を営む太阿弥（体阿弥）を多聞に下している。また、室町幕府の御用絵師であった狩野氏（松栄か永徳）を派遣し、作成を急がせた。こうした内装については、落天井を天気の良い時に運ぶこと、あるいは、違い棚について指示したのに大工が間違えていることを指摘するなど、細部までこだわりを示している。茶室の仕様であろうか、「物をかさり候道具」についても、自分の指示通りに、大工に申し付けよと命じている。また「くりの座敷」も設けられた。

軍事面についても、詰丸の井戸では水が絶えず出ていると報告を受けるが、さらに深く掘るよう指示し、西丸では水が出ないと報告を受けると、いかほどまでも掘れと命じるなど用心を払っている。瓦屋根もすべて葺いているかどうか尋ねていた。

多聞山城の築城については、畳の運搬を京都の大森氏に命じていたが、この書状では、他にも堺の今井氏や、枚方（大阪府枚方市）の有徳人も動員しようとしていた。

久秀は井戸を深く掘らせ、寺院の転用瓦ではなく、多聞山城の専用の瓦を葺き、四階櫓を築くなど城郭としての作事だけでなく、会所・主殿・庭園を詰丸（本丸）に備えた伝統的な将軍御所も踏襲していた。その上、装飾や調度品にも注意を払い、普請中も周椿らに中間報告をさせて、細かく修正を指示していた。その結果、アルメイダや吉田兼右を驚嘆させる城をつくりあげることになったのである。

後に、織田信長が安土城に多聞山城の高矢倉を移築するよう命じ（「岐阜市歴史博物館所蔵文書」）、多聞山城内の装飾を担当した太阿弥と狩野氏を動員したのも（『信長公記』）、信長自身が多聞山城を高く評価していたためであろう。

信長は、久秀のように直接奈良に対峙する道を選ばず、室町時代と同様、衆徒の筒井氏を取り立て、大和一国の支配拠点は奈良を離れて、大和郡山城を新たに築く。豊臣秀吉は大和に豊臣一門を配置すると、文禄三年（一五九四）にはその大和郡山城を破却し、多聞山城を再建しようとした（『多聞院日記』『古蹟文徴』）。結局再建はならなかったが、秀吉は多聞山城こそ大和支配の象徴と認識していたのだ。

この多聞山城に集住した家臣とは誰であろうか。久秀の近臣としては、義兄で武家伝奏の広橋国光や、明経博士の清原枝賢、幕府奉公衆の結城忠正らが、茶会記にも現われる重臣としては、竹内秀勝や瓦林秀重などがいる。この他には、赤塚家清、海老名家秀、塩冶慶定、河那部秀安、喜多重政、楠正虎、四手井家武、松岡秀孝、渡辺重といった奉行人も多聞山城にいたであろう。大和の国人では、柳生氏、井戸氏、十市氏、秦楽寺氏、布施氏が人質を提出している。

多聞山城のような新城の築城は、三好氏にとって初めての事例であった。多聞山城は、そういった意味では異質な城のように見える。また、こうした城を築かなかった長慶に対する、久秀の下剋上と考えられることもある。しかし、久秀の大和侵攻は久秀単独で成しえたのではなく、松山重治や今村慶満など長慶の家臣が与力として、久秀を支えていた。築城にあたって寺郷より徴収した費用についても、長慶の家臣であった半竹軒が処理している。

このように、三好氏が総体として久秀を支援している状況から、多聞山城を位置づけるべきであろう。すなわち、三好氏が初めて直面した一国規模の宗教権門である興福寺や、奈良を強く意識したものであったということだ。久秀は、それまでの武家を上回る豪壮な建造物を有する興福寺に対峙するにあたって、寺社の建築を圧倒する、武家による〝魅せる〟城郭を築く必要があったのである。久秀のそうした目論見は成功した。赤沢朝経の侵攻には興福寺の六方衆だけでなく、郷民までもが抵抗したのに対し、多聞山城の棟上には奈良中より住民が見物に訪れたのである。

また、天正三年（一五七五）に多聞山城を見物した薩摩の島津家久は、「楊貴妃の間」より生駒山地（奈良県生駒市）、秋篠・西大寺（奈良市）、立田山（奈良県三郷町、大阪府柏原市）、二上山、当麻寺（奈良県葛城市）、天香具山（同橿原市）、飛鳥川、多武峯（同桜井市）・吉野（同吉野町）、長谷・三輪（同桜井市）、布留山・石上（同天理市）、高円寺・羽易山（奈良市）などを見渡している（『中書家久公御上京日記』）。多聞山城は膝下の南都奈良だけでなく、大和一国に〝魅せる〟ための城でもあり、久秀はそれらの地域の人々から仰がれる存在になろうとしたのだ。

興福寺との関係

永禄五年（一五六二）八月十二日に多聞山城の棟上が行われた。同月、久秀は「和州惣国」と木津（京都府木津川市）・狛（同）・賀茂（同）・瓶原（同）・笠置（京都府笠置町）・当尾（京都府木津川市）・和束（京都府和束町）を対象に徳政令を発布した（「享禄天文之記」『戦三』八四八、『興福寺旧記』『尋憲記』）。

戦国時代の大和では、官符衆徒の古市氏や筒井氏が戦乱や天災を契機に、旧借破棄や質物返還を主な内容とした徳政令を発令していた。それらに対して、畠山氏に勝利して大和に帰ってきた久秀が、多聞山城の棟上と一体的に進めた徳政令は、大和の新しい支配者として君臨することを示す「代替わり徳政」であった。

久秀は、春日大明神へ進上される御供銭や米銭、それらに伴う利子について破棄するとし、興福寺が蔵元として貸し付けたものであっても例外ではないとする。対象地域に大和だけでなく、山城南部が含まれるのは、興福寺領が存在し、その経済活動が及んでいたためであろう。また徳政令の対象となるのは、質物は十か月以内、土地の売却や質入は七か年とするなど期限を定め、土地については興福寺の知行を除外した。国人らが賦課する臨時課役などの未進分も、利子を取るものは破棄する一方で、代官が立て替えていたものは除外した。また、頼母子（融通による金銭の調達）を破棄の対象とした。さらに、債権者が借書を処理し、貸借関係の破棄を確認する「裏札」と呼ばれる行為を十月中旬から行うことや、久秀に敵対した筒井氏など牢人衆の借銭は、徳政令の対象外とすることを定めている。

久秀の徳政令は、大乗院からの反発を無視し、学侶が交渉してきた頼母子についても破棄の対象とするなど、強圧的に進められ、極楽坊に制札を立てて周知徹底を図った。久秀は、自らが興福寺に対して優越するだけでなく、国人らの経済活動にまで介入していく姿勢を示したのである。これに対して春日社は、納められるべき料足については徳政令を適用除外にすることを定め、法隆寺は旧来の頼母子だけはなんとか維持するよう動き、利子を取らない本銭返しにするなど、諸寺社はあわただしく対応に迫られた。

そして、十一月十二日より、久秀自らが施主となり、近衛稙家・前久父子を願主として、春日社七ヶ夜陪従神楽を興行した。七ヶ夜陪従神楽は春日若宮おん祭のように毎年ではなく、不定期に行われるものであるが、有力な国人にとっては権威の象徴であった。鎌倉時代に山林枯稿が生じた際、神慮を慰める際に藤原氏の氏長者が奉納したことに始まり、室町時代は足利将軍によって興行されてきた。応仁の乱により途絶えた後は、越智家栄が再興し、筒井氏や十市氏ら有力国人が摂関家を招き、催すようになった。莫大な出費を伴うことから、山林枯稿に関係なく、有力国人が自らの力を示し、大和の支配者たることを示す象徴となり、外部勢力として大和を占領した細川政元の家臣赤沢朝経も施主となって催している。また、直近では天文二十三年（一五五四）に筒井順慶が行っていた。

七ヶ夜陪従神楽もまた、多聞山城の棟上、徳政令に続く久秀の大和平定宣言の一環と位置づけられる。久秀は三百六十四貫余りの費用を、塩冶慶定や半竹軒を通じて下行した（「大東文書」）。近衛稙家・前久父子ら公家衆が奈良を訪問し、神楽執行に必要な諸道具を半竹軒と調えながら進められた。

こうした久秀に対して、興福寺も大和の支配者であることを認めていくようになる。同年八月には、興福寺の中で雑務に関する検断権を有する官符衆徒中沙汰衆が、会所目代の二条堯乗、公文目代の多聞院盛舜、通目代の福智院尊舜が前年より色代を未進しているため、久秀より催促使を派遣するよう、衆中の一人ながら当時、実質的に奈良支配を行っていた中坊藤松を通じて訴えた（「一乗院文書」『戦三』八四二、八四三）。興福寺は徳政令で圧迫を加える久秀に対して、寺院内部の問題の解決を求めたのである。

久秀は日代らからも意見を聴取し対処しようとしたが、問題はなかなか解決しなかった。そこで、翌永禄六年十二月になると、官符衆徒中沙汰衆は、久秀は衆徒中の棟梁である「官務」を仰せつかっているのだと、久秀の軍事力を背景に未進分を強制的に徴収しようとしている（「一乗院文書」『戦三』九五五）。久秀は単なる大和の侵略者ではなく、興福寺の雑務検断権を持つ衆徒中の棟梁という、正統性を獲得したのである。

興福寺はこの後も、「官符松永少弼」（『春日社頭御神事日記』永禄十二年条）、「官符松永山城守」（『春日社司祐金記』元亀三年条）と、久秀を棟梁とする認識を捨てなかった。これは、十六世紀前半より棟梁を独占してきた筒井氏にとっては、決して許せないことであったろう。久秀と順慶が不倶戴天の敵となっていく要因の一つであった。

多聞山城の茶会

名茶器を多数保有した数奇者（すきしゃ）として名高い久秀であるが、確実な史料で茶会に参加したことがわかるのは、正式に弾正少弼に任官した直後の永禄三年（一五六〇）二月十六日、堺の津田宗達に招かれての茶会である（『天王寺屋津田宗達茶湯日記自会記』）。主君の長慶はほとんど茶会に参加した記録はないが、長慶の長弟実休は、千利休の高弟である山上宗二から武家で唯一の数奇者と高く評価されていたし（『山上宗二記』）、長慶と敵対し討たれた三好宗三は、久秀が所有する付藻茄子（九十九髪茄子）という唐物茶入の元の持ち主でもあった。

二月二十五日には久秀が宗達を招いているが、その時には付藻茄子を披露している。

久秀が大和に居城を定めた後の永禄四年正月十七日には、奈良の鉢屋紹佐の茶会に、久秀、真斎、奈良の豪商の松屋久政、堺の豪商で久秀とともに豊後大友氏や伊予河野氏との外交を担った若狭屋宗可が客として参加した。

そして久秀は、棟上を終えて初めて迎えた新年の永禄六年（一五六三）正月十一日に、多聞山城において茶会を催した（『松屋茶会記』）。

この時、久秀は北向きの六畳敷を使用した。主人は久秀で、客は興福寺の塔頭である成福院や、当代随一の名医で将軍や大名らを診察した曲直瀬道三、松屋久政、若狭屋宗可、久秀の一番の重臣である竹内秀勝の六人が参加した。曲直瀬道三は富士茄子・野洲井茶碗・紹鷗花入を、松屋久政は徐熙の「白鷺図」など松屋三名物を、若狭屋宗可は国司茄子といった名物を所持する茶人たちでもあった。

久秀は床に長盆を置き、足利将軍家から村田珠光、三好宗三と受け継がれてきた付藻茄子の茶入と、珠光の弟子の松本珠報が所持した松本天目を配した。こうした道具組は後に千家の一子相伝となったという。屏風の内に台子四組、すなわち、餌畚水指、足利義満の杓立、天下一の合子、そして、奈良の町人の四聖坊宗助から受け継いだ平蜘蛛の釜を配した。床には玉澗（玉礀）の瀟湘八景のうち「煙寺晩鐘」を掛けた。

瀟湘八景とは、中国の瀟水と湘水という河川が合流して洞庭湖に注ぎ込む一帯の風光明媚な地を画題とした山水画で、宋の時代に多く描かれ、日本や朝鮮の水墨画に大きな影響を与えた。もともとは一巻の巻物であったが、日本で八枚に仕立て直されている。中でも宋末元初の禅僧である牧谿の画は、中国では忘れ去られた一方で、日本では愛好・崇拝されていく。その牧谿が描いたとされる「煙寺晩鐘」（国宝、畠山記念館）は、「道有」の館蔵印があり、足利義満の愛蔵品であったが、その後、松永久秀、織田信長、徳川家康、紀州徳川家、加賀前田家に伝わったという由緒を持つ。

玉澗もまた南宋の天台僧で、牧谿と同様に日

付藻茄子［大名物　唐物茄子茶入］（制作年代：13～14世紀、高7.1cm、胴径7.4cm、底径3.0cm　静嘉堂文庫美術館蔵　静嘉堂文庫美術館イメージアーカイブ／DNPartcom）

本で愛好され、雪舟(せっしゅう)らの水墨画に大きな影響を与えた。山上宗二は、牧谿より玉澗を高く評価している。玉澗の瀟湘八景は足利義政によって分断され、掛物(かけもの)に改められたが、玉澗の「煙寺晩鐘」は現存せず、「遠浦帰帆」「山市晴嵐」「洞庭秋月」が伝わるのみである。

そして、茶頭の宗可が、宇治の名茶師森氏の銘茶「別儀(べちぎ)」を点(た)てた。「別儀」は濃茶(こいちゃ)の品質で、その茶銘は、村田珠光の弟子の筆屋(ふでや)が茶会の際に、銘茶「無上」の中から、品質の良い茶葉だけを選び、客に供したところ、その美味に驚いた客に茶銘(ちゃめい)を尋ねられ、別儀(特別なもの)と答えたことに由来するという。また、常のものと別に蒸させたため、良い茶の代名詞とされたともいう。

その後、主客六人が絵の近くによって、道三が中心となり玉澗の自賛を相読みに読んだ。本膳料理は三の膳で、酒は十五世紀末より登場する摂津の平野(ひらの)で作られた酒で、豊臣秀吉が奈良の僧坊酒や、伊豆の江川、加賀の菊酒と並び愛飲したことで知られる平野酒であった。また、平野は久秀が天文末年より代官を配した地でもあった。

この後も、同年十一月五日・六日に多聞山城で久秀は茶会を催し、津田宗達、堺の豪商今井宗久、若狭屋宗可、竹内秀勝が参加した。この時、宗達は吉野紙百束を与えられている。

永禄八年正月二十九日には多聞山城の北向四畳半の茶室を用い、若狭屋宗可が茶頭を務めた。参加者は久秀、堺の津田宗達、松江隆仙、千利休、そして松屋久政であった。

このような国宝級の文物に囲まれた茶会を催すことで、久秀は堺や奈良の豪商たちの心を捉えていく。多聞山城はそうした文化装置としても機能したのである。

こうして久秀は、筒井氏を追うだけでなく、興福寺にも自らの支配を認めさせるために、あらゆる手段を使い、宗教都市奈良を支配するにふさわしい権力であることを示していった。

三好長慶の連歌にたびたび参加していた連歌師の元理は、そのような奈良の新たな支配者である松永久秀に贈るため、相国寺住持九十一世を務めた仁如集堯を訪問し、奈良図が描かれた扇絵に賛を求めている。

そこで、仁如は「蔵教初開是奈良、地呼鹿野鹿多翔、妙中妙処無高下、塔在山頭橋在岡」としたためた。すなわち、日本の仏法の蔵経は初め奈良に開かれた。その奈良は常陸の鹿島から神鹿を呼び、多く駆けまわっている。仏法の妙を得た妙なる地に高下はない。塔は山頂にあり、橋は岡にかかっているという意味である。仁如は前半で東大寺や興福寺、春日社の情景を描き、後半でそうした平城京以来の大寺院と禅の世界を対置させ、事物はただあるがままにあるという禅問答によって締めくくっている。また、鹿や塔、橋は春日社や興福寺、東大寺と具体的に重なる。

十五世紀中葉から十六世紀前半にかけて、春日社周辺は名所風俗図扇面の画題として取り上げられた。賛からすると、東大寺他の寺院も描かれた可能性はある。このような扇が、かつて久秀自らの寿像に賛を求めた惟高妙安の法弟である仁如によって再び賛が記され、それが、久秀が長慶の摂津支配を称えるために催した瀧山千句に参加した連歌師の元理から、久秀に贈られたことは、三者の風雅な交わりや教養の深さだけではなく、元理や仁如が久秀の奈良支配を言祝ぐ意味があったと見るべきであろう。

久秀の家臣団

松永久秀は三好長慶の重臣として、権門や大名の取次を行うだけでなく、朝廷や幕府との外交交渉を担い、さらに大和を支配することとなった。膨大な職務をこなすため、久秀の下には、久秀自身の家臣団が形成されていく。その際、村落上層程度の出自であった久秀には譜代の家臣など存在せず、多くの人材を外部に求めなければならなかった。

久秀の筆頭家老とも位置づけられるのが、多聞山城の茶会にも臨席していた竹内秀勝である。秀勝の兄は、公家の久我家の家司（けいし）を務め、久我荘預所（あずかりどころ）でもあり、自身の官位も正三位（しょうさんみ）に昇った竹内季治であった。久秀は法華宗の本国寺の檀那であったが、季治も熱烈な法華宗の信者として知られており、後に久秀の娘は季治の子の長治に嫁いでいる（『系図纂要』）。

もともと、秀勝は長慶に仕え、摂津の沢上江（かすがえ）（大阪市都島区）の代官をしていたが、弘治二年（一五五六）の石清水八幡宮の社家の家督をめぐる相論では、久秀の取次となっている。京都近郊の荘園を経営できる実務能力や、公家社会への人脈が期待されていたであろう。やがて、久秀の裁許に影響を及ぼしうる存在となり、大和においては久秀の軍代としてたびたび出陣し、対外的には織田信長との交渉も担うことになる。永禄十一年（一五六八）には興福寺の官符衆徒沙汰衆で、事実上の奈良代官の地位にあり、木沢長政など国外勢力との折衝にあたってきた中坊氏の藤松を婿に迎えるなど（『多聞院日記』）、久秀の家臣団の中核となっていった。

多聞山城で自らが主人となり、松屋久政や鉢屋紹佐を招いて茶会を催した人物に、瓦林秀重がいる（『松屋茶会記』）。秀重は摂津の瓦林（兵庫県西宮市）出身の国人で、久秀の奉行人となった。秀重の同族には、越水衆の一人の瓦林三河守や、長慶の後継者となる三好義継の奉行人を務めた瓦林長房などがいる。

久秀は四手井（しでのい）家保（いえやす）・家武・家綱や海老名家秀など、弟長頼（内藤宗勝）の所領であった山科（京都市山科区）の村落上層からも登用している。また近郊にある深草（京都市伏見区）の赤塚家清や醍醐（京都市伏見区）の重見（しげみ）摠雲（そううん）、一乗寺（京都市左京区）の渡辺重も家臣化している。四手井氏や海老名氏、赤塚氏はそれぞれ「家」を実名に用いていることから、在地の一揆的結合を取り込んだと言えよう。竹内秀勝だけではなく、四手井氏は小塩荘（おじおしょう）（京都市長岡京市）、赤塚氏は木幡口関（京都市伏見区）の代官を務めるなど実務能力に長けていた。

久秀の出身地である摂津の五百住の周辺からは、高槻の入江志摩守しか登用された者がおらず、妻保子の実家である広橋家からの登用も管見の限り、確認できない。ただ、摂津からは他に、高山荘（大阪府豊能町）の高山飛騨守や勝尾寺（大阪府箕面市）の棟別銭の徴収にあたった水尾為盛などがいる。

その他にも、父が細川高国の弟晴国の奉行人であった赤木兵部丞や、奉公衆で政所執事伊勢貞孝の使者として三好氏と交流があった結城忠正、幕府奉行人の出身と考えられる松田一兵衛尉など行政能力に秀でた者もいた。

畿内以外からの登用もあった。前述したように、大饗から楠への復姓を願い出た楠正虎は、姉は宇喜多氏家臣の猶村氏に嫁いでいるように備前出身で、久秀が滝山城主の段階で仕えた（『楠長諳九州下向記』）。正虎は天文二十二年（一五五三）に信貴山朝護孫子寺に初めて参詣し、先祖と称する正成の供養を行い、自身の武運長久を祈願している（「猶村家文書」）。飯尾流の能筆家でもあった正虎は、清水寺が久秀に禁制を求めた際、その取次にあたったり（「成就院文書」『戦三』七六八、七七一、七七六）、奉行人を務めたりするだけでなく、洛中の烏丸にも邸宅を持っており、子の正辰の室に山科言経の妻の妹を迎えるなど、公家社会とも関係を有していた。後に織田信長の右筆となったことでも知られる。

大和平定以後は、伊勢国大平生庄（三重県松阪市）の惣社天王社官の好岡大炊頭などが奉行人として加わっている。

他にも、各地で下剋上が進行した結果、国を追われて畿内に亡命してきた者もいた。三好長慶の許には同族の小笠原長時・貞慶親子がいたが、久秀の許には斎藤道三に美濃を追放された土岐頼芸・頼次親子がいた。頼芸は諸国を流浪するが、頼次は松永氏に仕えた（『二条宴乗記』）。尾張では、弘治末年に斯波義銀・吉良義安・石橋忠義といった足利一門が織田信長と争って敗れ、国外に追放された。そのうち、日本随一の弓の名手であり、多数の門弟を抱えていた石橋忠義が、久秀に仕えている（『フロイス日本史』）。

変わったところでは、京都出身の三谷氏が、久秀滅亡後に薩摩の山川港（鹿児島県指宿市）の代官となっている。儒学者の藤原惺窩が明国に渡るため、三谷氏の屋敷に宿泊しているので（『南航日記残簡』）、久秀の家臣時代に体得した貿易の知識で、その滅亡後は島津氏に仕えることができたのであろう。

久秀の家臣団には、竹内秀勝、瓦林秀重、山口秀勝、河那部秀安、松岡秀孝といった「秀」の字を実名に持つ者が多い。これは久秀が寄せ集めの家臣たちを、偏諱によって編成しようとしたものであろう。

久秀は小身の身から三好氏の重臣、そして、大和国主にまで出世を遂げる一方、譜代家臣を持っていなかった。そのため、より多くの人材を欲していた。摂津や京都近郊では中小領主であっても、荘園の代官や幕府・守護の奉行人などを務める実務能力を持った者が登用される、大きな好機が到来していたのである。また、畿内に亡命してきた足利一門や守護から、室町時代の秩序では朝敵とされ、排除されてきた楠氏まで、久秀は家格を超越し、登用の門戸を解放していたのだ。

家臣団の配置

久秀はこれらの家臣団を各地に配していった。

天文二十一年には、堺に並ぶ自治都市である平野に本庄加賀守を代官として任じた。また、自らが初めて城主となった滝山城には、本庄孫三郎や加成通綱を置いていたが、大和に転じた後も喜多定行・松永彦一・柴石方吉・犬伏頼在・松山広勝に守らせている。定行の同族と考えられる喜多左衛門尉は、多聞山城で茶会の準備を行っている。松山広勝は後述する松山重治の一族であろう。

永禄二年(一五五九)八月、安見宗房に与する筒井順慶を攻めるため、久秀は大和に入国すると、十一月に信貴山城に入城した。

十二月二十一日には、水尾為盛を筒井城に在城させている（『兼右卿記』）。筒井城は大阪平野と奈良を結ぶ亀ノ瀬越奈良街道と吉野街道が交差する要所にあり、「筒井市」（『多聞院日記』）が存在するなど経済的に重要な拠点であった。

永禄三年、久秀は反三好勢力を一掃し、大和の東端である宇陀郡を制圧した。宇陀三人衆の一角である沢氏を追放すると、久秀は高山飛騨守に沢城を与えた。沢城の北の宿場町である榛原は、伊賀へ向かう初瀬街道（青越伊勢街道）と伊勢神宮への参詣道である伊勢本街道の分岐点にあたる交通の要所であった。大和は山に囲まれた国で他国に通じる街道は限定される。奈良からその外港である山城の木津への街道に対しては多聞山城が、奈良から堺や大坂に向かう街道には信貴山城が置かれた。両城は久秀が直轄したが、伊賀・伊勢に向かう出入口の沢城に高山飛騨守が配された点からすると、飛騨守は久秀から松永一族並みの信頼を得ていたことがわかる。

高山飛騨守は後に改宗し、ダリオという洗礼名を名乗るが、その子がキリシタン大名や千利休の高弟として有名な右近ジュストである。飛騨守は改宗したためか、宣教師からは非常に好感の持てる人物であるという評価を受けている（『フロイス日本史』）。はなはだ勇敢な武士で戦術に長けており、武器の扱いに非常に巧みで、馬術や鷹狩だけでなく弦楽にも優れていたという。日本の宗教事情に通じ、久秀の家臣として、交渉によって大和国人を服属させたと、フロイスは記している。

沢城は、伊賀に逃れた沢氏に対して厳重な警戒をとっており、三百の兵が常駐していた。飛騨守は、摂津から妻や子供たちを伴って沢城に入るが、半数の百五十名を改宗させており、城内の砦には教会や礼拝所を設けた。

永禄四年には、筒井方として戦っていた十市遠勝が久秀に降伏した。その後、娘のおなへが多聞山城に人質として差し出されている（『多聞院日記』）。遠勝自身はたびたび離反を繰り返したため、久秀はこれを追放し、石橋忠義を妻子とともに十市城（奈良県橿原市）に配置している。忠義は高山飛騨守の勧めでキリスト教に改宗した。

河内・大和の国境の城を拠点としていた木沢長政の段階とは異なり、久秀の力は大和に浸透していく。南都奈良を直轄する新城の多聞山城と、「西山内（平群郡）」の信貴山城を松永氏が管轄し、「東山内（大和北東部）」では柳生城（奈良市）の柳生宗厳を取り立てた。「国中」では大和を代表する有力国人である筒井氏と十市氏を追放し、その居城を接収すると、摂津から連れてきた家臣の水尾氏や尾張から亡命してきた石橋氏を、城主として派遣した。伊勢国司に従属する宇陀三人衆を破ると、沢城には摂津の高山氏を配置した。

永禄六年正月二十七日、久秀は多武峯に攻め入って敗れ、四月二十日には筒井順慶に信貴山城を奪われる失態を犯したが（『享禄天文之記』）、翌五月二十四日には信貴山城を攻め、筒井方の小黒氏などを寝返らせて、奪還に成功した。七月には敵対した越智氏を追って高取城（奈良県高取町）を攻略した。大和南部への進出は阻止されたが、大和北部の支配体制は、永禄六年頃には確立されたのである。

久秀の客分と与力

多聞山城棟上の翌年の永禄六年（一五六三）、儒教の教典を講究する明経道を家学とし明経博士であった清原枝賢が、京都から久秀の許に身を寄せている。枝賢は神道家の吉田兼倶の実子であり、その祖父は名儒として有名な宣賢であった。宣賢には枝賢の父業賢、吉田家を継いだ兼右、細川藤孝の母智慶院などの子供たちがいた。このため、枝賢は儒教だけではなく、神道や国文学、漢詩、さらには幕府法にも通じており、深い知識があった。枝賢は『中庸』や『古文孝経』を朝廷だけでなく、能登の畠山義総や、越前の朝倉孝景・義景親子に招かれて講じるなど諸大名と交流があり、久秀の発起によって、芥川山城や滝山城にも招かれたことがあった。

枝賢は久秀の家族とも交わりが深く、久秀の弟の内藤宗勝から、丹波支配の範とするべく、武家の大法である鎌倉幕府が定めた御成敗式目（貞永式目）の注釈書を求められ、一子相伝の奥義であるが断れないとして、遣わしている（『貞永式目抄』陽明文庫）。同様に久秀の嫡子久通も、室町幕府の建武式目の写本を枝賢に求めた（『建武式目』国立国会図書館支部上野図書館）。三好長逸より建武式目の写本を求められた際には、当家秘伝のため他人に見せないよう注意している（『建武式目』宮内庁書陵部松岡文庫本）。これらが現存したおかげで、現代のわれわれは建武式目を知ることができるのだ。

このような武家の法令だけではなく、枝賢は、祖父宣賢が堺の豪商の阿佐井野（あさいの）氏とともに出版した『天文版論語』を用いて、久秀の家臣である楠正虎・正種兄弟に講じており、これは後に法華宗寺院の妙覚寺に贈られている（『天文版論語』慶應義塾図書館）。枝賢と正虎は親密な師弟関係にあり、枝賢は正虎の依頼により「楠氏系図」を作成し、正虎自身も枝賢と同様に『建武式目』の写本を作成するまでの教養を身に着けた。枝賢は、久秀の家族や家臣団だけでなく、三好氏家臣団に大きな影響を与えた人物であった。

その後、永禄八年には武家伝奏で妻の兄でもある広橋国光も、多聞山城に在城するようになるが（『兼右卿記』）、彼らは久秀の客分として位置づけられよう。

一方、久秀が永禄二年に大和に侵攻して以来、与力として久秀を助けてきたのが、今村慶満と松山重治であった。

今村氏は、京都の東南にあたる柳原（やなぎはら）（京都市下京区）や法性寺（ほっしょうじ）（同東山区）を拠点とする土豪で、十六世紀初期より、細川政元の内衆で山城下守護代となった香西(こうざい)元長の配下として現われる。東福寺やその隣郷において金融業を営む中で、東山汁谷口(しるたにくち)の塩合物(しおあいもの)や高荷などの諸商売を行う問屋や馬借(ばしゃく)を経営し、大坂本願寺の荷物や参詣衆に関する運送を独占的に取り扱う権利を得て、山科へも拡大していった。

細川氏の内紛の中で、今村政次は細川晴元に仕えたが、今村慶満は伏見（京都市伏見区）の津田経長や西院(さいいん)（同右京区）の小泉秀清など流通に関与したと思われる土豪とともに、細川氏綱方の細川国慶に与した。国慶が天文十六年（一五四七）に討ち死にすると、慶満などの家臣は氏綱に仕えた後、三好長慶に受け継がれた。

慶満は、山科言継の禁裏御領所内蔵寮(くらりょう)陸路河上四方八口率分所(りつぶんじょ)などを押領する一方で（『言継卿記』）、将軍義輝との戦いで活躍した。永禄二年には三好長慶とともに東大寺に禁制を発給しているので（「東大寺文書」『戦三』五五九、五六〇）、独立した軍事力として認識されていたことがわかる。また、その軍事力だけではなく、結城忠正とともに沢城の明け渡し交渉を行うなど（「沢氏古文書」『戦三』六九三）、大和平定に尽力している。

久秀が大和支配の担当となると、慶満もそのまま久秀の取次となった。フロイスは「霜台(そうだい)（松永久秀）の家には今村殿という一貴人がいた。彼はロレンソ修道士が、なにか霜台のところで教会のことで用事をせねばならなかった際には、霜台のところへ連れて行ったり、伴(バ)

天連の用件や書状を彼に取り次いだりするのを常としていた」と記している（『フロイス日本史』）。

大和国内においても、竹内秀勝が額安寺（奈良県大和郡山市）の明識坊に対して、今村慶満を派遣するとしており（「額安寺文書」『戦三』八三〇）、久秀の大和支配を支えていることがうかがえる。慶満の死後、息子の一慶が久秀の下で活動した形跡は見られず、今村氏は江戸時代には柳原庄の庄屋となった。

松山重治の出身は、堺とも（『和泉名所図会』）、本願寺の番士（『太閤記』）ともいわれ、確かなことは不明であるが、三好長慶にとって外様であったことは間違いない。天文末年に播磨の大野原方が、三好氏に敵対した摂津の有馬郡牢人衆を許容するという事件が発生した際、滝山城の松永久秀と松山重治がともに、清水寺（兵庫県加東市）に対して大野原方の預物や牢人衆を匿ってないか尋問している（「清水寺文書」『戦三』三三四〜三三六）。もともとは久秀と同輩であったようだが、権門との取次など行政面よりも軍事面に才能があったようで、永禄元年以降、朽木より上洛を図る将軍義輝との戦いや、大和筒井氏との戦い、河内教興寺の戦い、大和多武峯との戦いで軍功を立てている。

久秀の与力として大和に所領を得たようであるが（『二条宴乗記』）、重治自身は三好長慶の葬礼が営まれた河内の真観寺を「聚光院殿（三好長慶）墓所」として、陣取や竹木の伐採を禁じており（「真観寺文書」『戦三』二〇八五）、長慶の直臣であるという意識を持ち続けていた。

久秀は長慶より、摂津下郡一職という広域支配権を与えられていた。そうした摂津下郡の有力な国人であった伊丹氏も、久秀の大和入国に際して従軍している（「東大寺文書」）。その後、大和に在国した軍勢もあったようで、久秀の嫡子久通が、将軍義輝を討つために上洛した際、伊丹忠親の弟である玄哉（げんさい）が従軍している（『言継卿記』）。

久秀の大和平定やその後の支配において、このような与力の存在は不可欠であった。しかし、与力はそのまま久秀の家臣となっていった訳ではない。今村慶満の子一慶の活動は大和では見られない。松山重治は長慶が主君だと認識していた。沢城の高山飛騨守も、後には摂津へ帰国している。

そもそも、竹内秀勝や瓦林秀重は、もともと主君の三好長慶の家臣であったり、同族が長慶に仕えるなど、三好氏との関係を強く有していた。秀勝の兄季治は、親三好派の公家であったし、秀勝自身ももともと長慶の家臣であった。他にも、相論裁許の際、長慶の「上使」を務めた中村高続は職務を怠り、久秀の許に身を寄せている。長慶の連歌会に何度も出席していた半竹軒や、長慶より偏諱を受けたと考えられる塩治慶定は、久秀の家臣として、多聞山城築城や七ヶ夜陪従神楽の費用調達にあたっている。また、瓦林氏以外にも、加成氏は友綱と光長が長慶に、通綱が久秀に仕えている。結城忠正は久秀に、その息子の結城左衛門尉は長慶に仕えていた。久秀の家臣団は、長慶の家臣団と密接な関係を有しながら形成されてきた。

もともと、家臣団を有しない松永久秀が重臣へと出世し、大和一国を支配していくにあたって、長慶が直臣やその一族を久秀に配したり、与力を付けたりするなど大きく関与していた。こうした点を踏まえると、久秀は長慶が創出した三好政権下の大名として位置づけられよう。このように、主君が片腕とも頼む家臣を重臣へと取り立て、大きな知行を与える際、自らの直臣や与力を配して、その重臣の家臣団を創設することは、織田信長が柴田勝家に対して、豊臣秀吉も蒲生氏郷に、徳川家康は井伊直政に行っており、他の大名家でも数多く見られる。

柳生宗厳

松永久秀が大和入国後に家臣化したのは、久秀に与した反筒井派の国人たちではなく、むしろ筒井氏の家臣たちであった。筒井氏の奉行人であった喜多氏からは、喜多重政が久秀の奉行人に登用されている。さらには、筒井氏に服属していた柳生宗厳も取り立てられた。

柳生氏は、天文十三年（一五四四）に筒井順昭に柳生城を攻め落とされて以降、筒井氏に

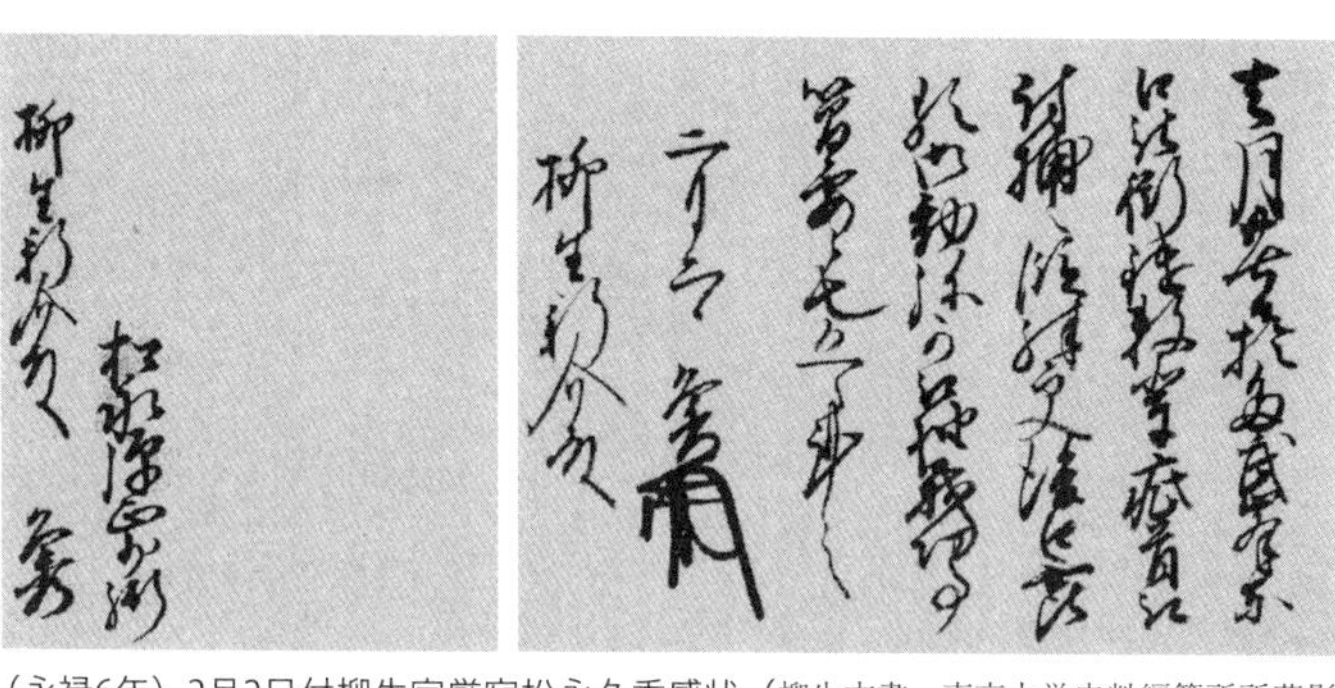

（永禄6年）2月2日付柳生宗厳宛松永久秀感状（柳生文書　東京大学史料編纂所所蔵影写本）

従属を余儀なくされていた（『多聞院日記』）。柳生家厳（いえとし）・宗厳親子は、筒井順慶の軍勢催促に応じ、吐山（はやま）（奈良市）の戦いに参戦している（「柳生文書」）。しかし、久秀らが永禄二年（一五五九）に大和に入国すると、宗厳は旗幟（きし）を鮮明にしていなかったようで、筒井氏は七月十日に白土（しらつち）（奈良県大和郡山市）を与えるから味方するよう誘っている（「柳生文書」）。

結局、宗厳は筒井氏から離反し、久秀に仕えた。永禄五年（一五六二）三月に三好実休が討ち死にし、五月の教興寺の戦いに勝利するまで、三好氏は非常に苦しい状況にあった。そうした状況下で、久秀は宗厳が離反しないよう、新たに築城した多聞山城や淀城、勝龍寺城は堅固であるので安心せよ、宗厳の馳走（ちそう）は頼もしい、畠山高政や安見宗房には手間をかけるまでもなく勝利できる、四国からの援軍が尼崎に到着したので反転攻勢に移るなど、軍事情勢を続けざまに伝えて励ました（「柳生文書」

『戦三』八一〇、八一二、八一三、八一九）。

そうした中で、宗厳は久秀の信用を獲得していったようである。「柳生文書」には、宗厳宛以外にも、久秀が多聞山城の築城に関する細かな指示書など、家臣の勝雲斎周椿や竹内秀勝に宛てた書状（「柳生文書」『戦三』八六二、一二九四、一八一四）や、主君長慶・義興親子の重臣や側近である三好長逸、石成友通、寺町通昭（てらまちみちあき）に対して、伊賀衆の動向や多武峯との戦いなど、大和における戦況を報告した書状（「柳生文書」『戦三』八六六、八六九、八七二）が残る。これは、宗厳が久秀の側近となり、取次として、その書状を相手に伝達し内容とともに久秀の意を披露した後、柳生家で保管したため、残されたのであろう。特に、永禄六年に三好義興が病床に伏した際、石成友通からその症状を伝えられた久秀は、気も心も消え入りそうだと弱気を吐露したり、隠蔽するよう意見したりするなどの返書を友通に認めている（「柳生文書」『戦三』八九三、八九四）。すなわち、宗厳は義興の危篤という機密情報を知っており、書面には記されない久秀の考えを友通に伝えているのだ。宗厳は久秀にとって、最も気を許せる家臣となっていた。

多武峯の戦いは、勅命講和を図るほどの敗北であったが、久秀は正月二十九日に敵の大将の首を取った半竹軒や松山重治とともに、宗厳を比類なき働きと賞賛して、長逸や友通らに報告し、二月二日に感状（かんじょう）を与えると、六月十六日には直状（判物）で白土や上笠間（奈良県

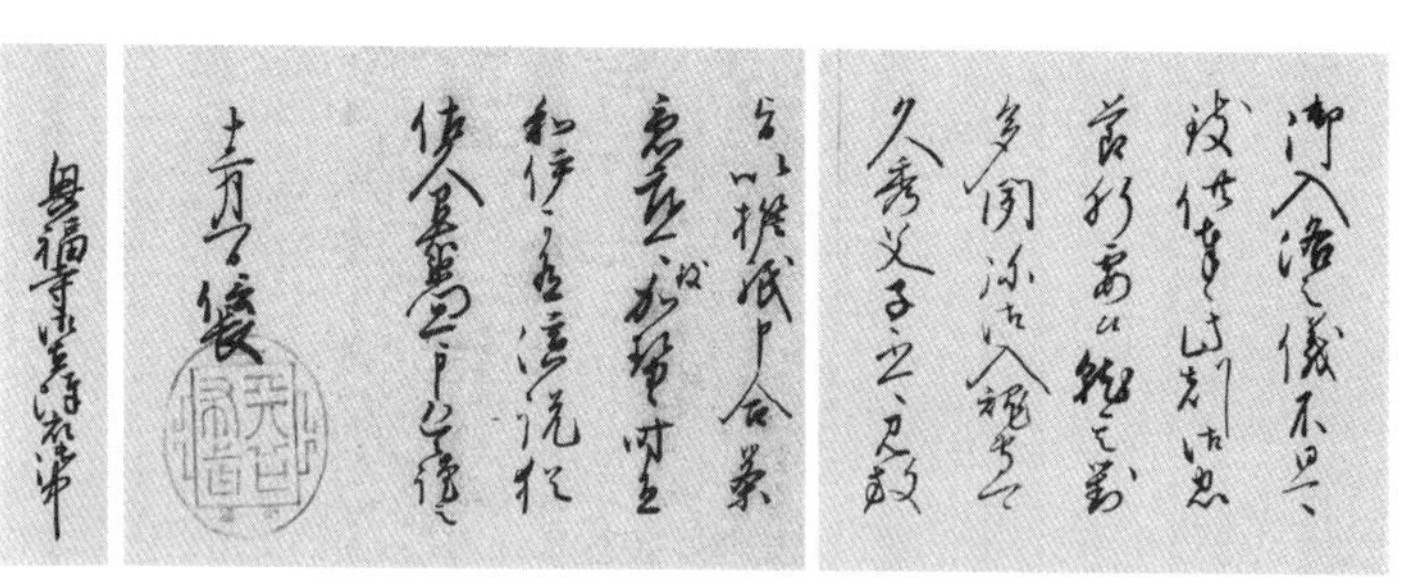

（永禄10年）12月1日付興福寺御在陣衆御中宛織田信長朱印状（柳生文書　東京大学史料編纂所所蔵影写本）

宇陀市）の替地として秋篠分（奈良市）を与え（「柳生文書」『戦三』八七一、八九一）、主従関係を強化した。

この頃には、久秀は大和北部の貫高を一定度、掌握していたのであろう。

永禄十年の東大寺大仏殿の戦いの後、尾張の織田信長が大和や山城南部の領主に対して、久秀への入魂を求めた際、宗厳宛とは別に「興福寺在陣衆」宛にも朱印状を発給しており、その両方が柳生家に残されている（「柳生文書」『戦三』一三七八）。宗厳は興福寺に在陣する松永氏の軍勢の指揮官でもあったのだろう。

宗厳は久秀に寵愛されただけでなく、久秀の家臣とも深く交わっていた。宗厳が上泉信綱から新陰流を伝承して、さらに発展させたことで、五男の宗矩は徳川将軍家、孫の利厳が尾張徳川家の兵法指南役となった。その新陰流の発展に際して、「左太刀」という構えは、奉公衆から久秀の家臣に転じ、フロイスから「偉大な剣術家」と評された結城忠正という「シュリ・シュリケントツカフ」者から宗厳が学んだもので、上泉信綱から学んだ太刀使いにはなかったものとしている（『柳生連也自筆相伝書』）。

室町時代の柳生氏の動向は、ほとんど不明である。木沢長政や筒井順慶に服属する小領主に過ぎなかったが、松永久秀の家臣となると、その取次として三好氏中枢への使者となるなど信頼を得ていった。後には、外部の織田信長らからも認知される存在となり、久秀の下で「興福寺在陣衆」を指揮するなど、軍事的基盤にもなっていく。

こうしたことからみて、柳生氏にとってみれば、久秀は神国大和の侵略者などではない。大和は長く興福寺を頂きながら、「大和四家」と呼ばれた筒井氏、越智氏、十市氏、箸尾氏が幕府や畠山氏と結んで争ってきた。宗厳は久秀と結ぶことで、そうした大和の秩序を打破する下剋上を起こしたのである。

村々の裁許

永禄六年（一五五三）、松永久秀は正月二十七日に多武峯を攻めて敗れ、壺坂（奈良県高取町）に退いた。多武峯は筒井氏や十市氏だけでなく、紀伊の根来寺とも結んでおり、久秀方の半竹軒や松山重治、柳生宗厳が戦功を立てたが、足軽衆が崩れて苦戦を強いられた（『柳生文書」『戦三』八六九)。このため、久秀は三好長逸や石成友通を通じて、長慶・義興に戦況を報告し、長慶の次弟安宅冬康の援軍を請うて対抗しようとしている。二月三日には、反三好勢力の宇津氏・柳本氏・薬師寺氏・長塩氏が丹波から西京(京都市西京区)に攻め込んで放火しており、大和の動きと連動していたようである。

同年三月には広大寺池(稗田池、奈良市)の水利権をめぐる相論の裁許に乗り出している(「天理図書館所蔵保井芳太郎氏旧蔵文書」『戦三』二二二五〜二二二七)。久秀は三問三答を行い、久秀家臣の河那部秀安が古市藤千世から意見を徴している。広大寺池は稗田庄(奈良県大和郡山市)が水利権を持つが、今市村と池田村の両村内にまたがる形で所在していたため、相論に発展したのであった。古市氏が支配する稗田庄や同じく用水が供給される久秀知行の三橋(奈良県大和郡山市)や久秀に服属した中坊氏知行の美濃庄(同)に対し、今市村や池田村を支配する超昇寺氏や今市村の百姓が違乱をしかけた。古市氏は、水上は大乗院の支配で、井手は稗田庄の支配であることを永禄五年に久秀へ確認し、裁許を得ていたと主張している。こうした在地の用益相論においても、永禄五年は大きな画期であった。

永禄七年には竜田川の水利権をめぐって、五百井村(奈良県斑鳩町)と竜田村(同)の間で相論が起こった。六月二十六日に久秀の奉行人の渡辺重は、久秀が裁許を行うべきであるが、裁判を行っている間に作毛が旱損しては如何として、重臣の竹内秀勝が両村とも一日一夜交替で水を入れる案を示し、「五百井在所中」という共同体に宛てて発給した（「大方豊氏所蔵文書」『戦三』一〇〇四）。久秀は摂津・山城の相論において、主君の長慶が村落共同体に宛てて裁許状を発給した手法を、大和においても採用したのである。こうした在地の村落共同体を支配の対象とする方式は、永禄九年に筒井氏家臣の八条長祐と松田盛勝の連署状が「五百井井司衆中」に宛てて発給されているように、その後に受け継がれていった。

久秀自身の裁許状は発給されていないが、家臣を介して村落間相論を処理していくことで、興福寺だけではなく、在地の村々に対しても大和を支配する公権力たらんとしたのである。

また、摂津において「下郡一職」を任されていた際には、西宮と芦屋の相論は長慶が裁許を行っていたが（「西宮神社文書」『戦三』四一七）、大和の相論を三好氏に取り次いでいる形跡は見られない。摂津段階とは異なり、長慶より大和における最終的な裁許権を与えられていた。久秀は、三好政権下で創設された大名権力として、大和に相対することになったのである。

第四章　幕府秩序との対決

深まる義輝との対立

永禄元年（一五五八）の和睦以来、三好氏と将軍義輝は表面上には友好関係にあった。京都近郊において、幕府の裁許は復活したものの、永禄元年から四年にかけての醍醐庄（京都市伏見区）における日損（にっそん）問題、永禄二年の北嵯峨仙翁寺村（京都市右京区）の用水相論、永禄四年の東寺公文所と浄忠の相論などは、三好氏が裁許を行い、これに将軍義輝が介入することもなかった。むしろ、義輝の三好義興邸御成が示すように、融和的な雰囲気が高まっていた。久秀も義輝の直臣である御供衆としても役を務めていた。

ところが、永禄五年五月の教興寺の戦いで、安見宗房や六角承禎の背後には将軍義輝がいることが明らかとなった頃から、久秀と義輝の対立が表面化してくる。

永禄四年末、曼殊院（まんしゅいん）門跡加賀国富墓（とみつか）荘からの上納分を北野社松梅院が未納している相論を、幕府の政所が裁許したことを、奉行人らが三好義興の奉行人である奈良長高に知らせた（「曼殊院文書」『戦三』七九四、七九五）。敗訴した松梅院が不満を抱いていたことから、政所は三好氏とともに対処しようとしたのであろう。松梅院は結局、義輝に愁訴した。

永禄五年五月、三好氏が畠山氏と六角氏に挟撃されている最中に、義輝は動き出す。義輝は政所沙汰に非儀があれば、政所執事の伊勢貞孝の責任を問うとして、裁許の調査をしようとした。それに対して、久秀は義輝が正規の手順を無視して、貞孝の裁許を自分勝手に覆そうとしていると非難したのである（「曼殊院文書」『戦三』参考八一）。義輝はそのような気はないと久秀に弁明したが、久秀は義輝が我意を押し通すため、松梅院を勝訴としようと不当に政所沙汰に介入するつもりだと再度抗議したため、義輝は激怒して、久秀の「よきやうにいたし候へ」と「あらあらと仰出され」る事態となった。このため、義輝側近の上野信孝らが、将軍に対し遠慮なき申し様だと久秀を戒めたところ、久秀も再調査だけならば認めると引き下がった。しかし、義輝は久秀に連行されて石清水八幡宮に動座していたため、再調査はできず、上洛後に沙汰することとなる。その間は、政所沙汰による室町幕府奉行人連署奉書の発給を停止するため、義輝は母の慶寿院を通じて、奉行人の一人である松田藤弘に判を加えることを差し止めさせた。

結局七月に、三好長慶の奉行人である鳥養貞長と三好義興の奉行人である奈良長高が連署奉書を発給して、「公方御下知」や室町幕府奉行人連署奉書の通りと称して、松梅院に弁済を命じている（「曼殊院文書」『戦三』八三一、八三二）。

将軍義輝とその側近の上野信孝らと、三好氏と政所執事伊勢氏が対立する構図は、まさしく、長慶が近江朽木に義輝を追放した天文末年の再現であった。ただ、天文末年とは異なり、軍事衝突に至らなかった反面、長慶と義輝の板挟みにあった貞孝は、教興寺の戦いで長慶に敵対しただけでなく、杉坂に立て籠ったため、九月十二日に久秀に討たれた。教興寺の戦いの後始末は終わっていなかったのである。しかし、これを契機に義輝は、約百五十年にわたって政所執事を世襲してきた伊勢氏を排除し、側近の摂津晴門（せっつはるかど）を新たにその座に据えた。

永禄六年三月十九日、山科言継は、久秀の許に人質として下向する将軍義輝の八歳の娘（総持寺殿）に謁見した（『言継卿記』）。教興寺の戦い以来の義輝の行動に不信感を抱いた三好氏が、義輝に娘を人質として差し出すよう迫ったのであろう。対将軍外交を担った義興と久秀のうち、久秀は強硬派に転じていた。長慶や義興ではなく、久秀への人質の提出は、将軍が三好氏の下位にあることを、露骨に世間に示すことでもあった。

同年四月には、清水寺と本国寺が山をめぐって争う事態になった。この相論は、将軍義輝の御前沙汰に持ち込まれたが、本国寺の大檀那である久秀も独自に動いていた。七月に久秀は、理不尽の伐採ではないかと清水寺を詰問したため、清水寺は将軍の御用であると回答した（「清水寺文書」『戦三』九〇〇、九〇四）。そこで久秀は、係争中の山に対して、義輝が清水寺に材木の伐採を命じるのは、清水寺に所有権を認めることになり不当である、山については本国寺へ安堵の下知を成すようにと、義輝側近の進士晴舎（しんじはるいえ）に強硬に迫ったのである（「清水寺文書」『戦三』九〇五）。

その後も、久秀の介入はしぶとく繰り返され、係争中の山は本国寺の墓所山であるという論理まで持ち出している（「本圀寺年譜」『戦三』九三四）。十月には幕府内談衆である大館氏の家臣の縁阿（えんあ）と歳阿（さいあ）だけではなく、三好長慶に与力する竹内季治の家臣や、久秀の家臣の松田一兵衛尉が加わって糺明が行われた。

その結果、十月二十四日付で室町幕府奉行人連署奉書が発給された。そこでは、久秀がたびたび「子細を申す」と介入してきたが、義輝はそのような内訴を認めず、御前沙汰で糺明しようとしていたことが窺える。ところが、訴えを起こした清水寺本願の成就院自身が久秀を恐れて、対論を回避してしまった。このため義輝は激怒したが、どうにもならず、久秀の主張に任せて本国寺の支配を認める裁許を下した（「広布録」『戦三』参考八八）。

久秀は、将軍義輝が主宰する御前沙汰に対しても、強硬に干渉した。ここには御供衆として遇された友好的な関係はない。久秀はあくまでも三好氏権力の一員として立ち振る舞い、将軍義輝に対して強圧的に対処した。教興寺の戦い以後、三好氏と将軍義輝の緊張関係は急速に高まっていったのである。

義興の死と久通への家督譲与

また、永禄六年（一五六三）は、畿内政治史において、重要な人物が次々と亡くなった年であった。

長く長慶に敵対してきたが、ようやく永禄四年に和睦して普門寺で余生を過ごしてきた細川晴元が、三月一日に死去した。

そして、六月になると、三好義興が病に倒れた。石成友通から連絡を受けた松永久秀は、二十二日、二十三日と立て続けに返書をしたためている（「柳生文書」『戦三』八九三、八九四）。それによると、堺の名医である半井驢庵（なからいろあん）が義興の脈を診たと聞き、とても不憫で心も消えいりそうだと、非常に悲しんでいる。この段階で義興の病は重篤であったようで、取り乱しては無念と戒めながら、弱冠二十二歳で子供がいない義興の跡目についても覚悟しておくべきだが、病状は隠密にすべしと進言している。また、敵が出てきたら三好家の御用に立ち、討ち死にする覚悟であるとし、世間が静かに収まっていれば、葬礼も盛大に行い、その勢威をみせつけるべきだとも意見を述べている。

六月二十九日、祇園社で義興の平癒祈願が行われ、名医の曲直瀬道三による治療も施された（「八坂神社文書」『戦三』八九六、「三宝院文書」『戦三』八六）。しかし、義興の病状は悪化する一方で、八月二十日には義興への「義」字偏諱に反対していた吉田兼右までもが祈禱を行い（『兼右卿記』）、正親町天皇も勅筆を下し、内侍所で平癒を願う神楽を催した（『お湯殿の上の日記』）。三好氏と将軍義輝の協調の要でもあった義興の健康問題は、大きな政治問題となりつつあった。

八月二十五日、義興は芥川山城で死去した。『足利季世記』などには、義興の死因は黄疸であったとし、後には食事に毒が盛られたためで久秀の仕業だとする風聞があったと記している。しかし、後世に創作された『足利季世記』よりも、当時の「柳生文書」の嘆き悲しむ久秀を真実の姿とするべきであろう。永禄初年より、久秀は義興とともに京都で活動し、ともに栄典を重ね、対将軍外交だけでなく、畠山氏や六角氏とも戦ってきた。久秀はまさしく義興の後見人的存在であった。

義興の葬礼は、父長慶が深く帰依し、叔父十河一存の画像に賛を記した大徳寺の大林宗套が中心になって、十一月十五日に催された（『長享年後畿内兵乱記』）。

大林宗套は当時、南宗寺の住持であったが、大徳寺紫衣衆が諸仏事を勤仕した。葬礼には将軍が保護する事実上の官僧である五山の禅僧までも参列し、仏事を勤仕したため、世間からは、前代未聞で今回だけの特例であろうかと驚きをもって受け止められた。五山は諸仏事において、林下の大徳寺や妙心寺の僧侶と同席することはありえなかったからである。すなわち、義輿の葬礼において、三好氏が帰依する大徳寺が、従来の慣習を破り、将軍の葬礼を主催する五山を従えたことは、三好氏が将軍を上回る勢威を示したことになり、そのことに世間は驚愕したのである。三好氏と将軍義輝の対立は不可避になりつつあった。

十二月二十一日には、長慶が晴元への対抗上、擁立した淀屋形細川氏綱も頓死した（『厳助往年記』）。三好氏にとって配慮すべき人物が、また一人いなくなった。

結局、長慶の後継者は、長慶の末弟の十河一存の長男義継（当時は重存。後に義重、義継）と定められた。この時、三好実休には長治・存保・神五郎と三人の息子が、安宅冬康には神太郎という一人息子が、十河一存には義継とすでに養子に出した松浦孫八郎の二人の息子がいた。すなわち、冬康と一存から養子を迎えると安宅氏と十河氏は断絶することになる。通常、実休の息子を迎えるべきと考えられるが、義継が三好本宗家に迎えられた。このため、十河氏では急遽、実休の次男存保を迎えることになった。どうしてこのような不可解な事態が起こったのか。その背景には、義継の母親が前関白九条稙通の養女という事情があった。

当時、三好本宗家は、天皇家に由緒を持つ桐御紋の使用が許された家格を保持していた。また、対立を深めつつある足利将軍家は、義晴・義輝と二代にわたって関白近衛家より正室を迎えていた。このような三好本宗家の地位や足利将軍家への対抗上、義継が最もふさわしいと考えられたのであろう。

こうした三好本宗家に連動して、久秀の息子の彦六久通が、閏十二月一日に従五位下右衛門佐に任官し、十四日に久秀より家督が譲られると、二十一日には上洛して義輝に御礼をした（『厳助往年記』）。義輝は、斯波氏や畠山氏が初官としてなる官職に久通を補任することで、松永氏を足利一門待遇とし、緊張緩和を図った。

翌永禄七年正月には、義継自身が三好長逸と松永久通を率いて上洛し、将軍義輝に謁見している（『雑々聞検書』）。

義興の死により、その後見人的地位にあった久秀の役目も終わったのである。久秀は当時五十六歳である。戦国の武士は四十代前半に息子に家督を譲り、十年ほど隠居の身として息子を後見し、その後は本格的に身を引く。久秀は長慶・義興の二代にわたって、三好本宗家に尽くしてきた。

三好本宗家の家督が義継に継承されるのに合わせて、松永氏の家督も久通へ受け継がれた。久秀は良くも悪くも、長慶個人によって取り立てられた出頭人であった。久秀と長慶との間には、何者も入り込めない強い人格的な主従関係が形成されていた。しかし、三好氏が世代交代していく中で、松永氏は三好本宗家の譜代の宿老へと性格を変えていく。そうした時に、家督継承を合わせることで、義継と久通という新しい当主同士に、家同士ではなく、長慶と久秀のような人格的な関係を醸成させる目的があったのであろう。

キリシタンの尋問と家臣の改宗

永禄二年（一五五九）十二月、キリスト教宣教師のガスパル・ヴィレラは上洛し、京都に居を構えると、翌永禄三年には将軍義輝と三好長慶の双方から允許状（いんきょじょう）を獲得し、布教を開始した。

しかし、キリスト教に反発する法華宗本国寺の僧侶は、竹内秀勝を通じて、本国寺の有力な檀那である久秀に、宣教師を京都より追放するよう訴えた（『ヴィレラ書簡』『フロイス日本史』）。久秀も宣教師を追放したかったが、主君の長慶が許可している以上、表立って動くことができず、義輝が追放令を出したと虚説を流した。この問題を担当した今村慶満は、キリシタンに対して、勝龍寺城へ避難せよ、ヴィレラが京都で借りていた家屋は略奪を避けるため売却するべきだが、買い手がいなかったら慶満の家臣を常駐させると伝えた。この時は、ロレンソ了斎が伊勢貞孝に問い合わせた結果、虚説であることが判明している。

永禄六年には比叡山延暦寺がキリシタンの追放を求め、結城忠正を通じて久秀に訴えた（『フェルナンデス書簡』）。そこで久秀は宗論を行わせて、キリシタンを追放しようと考えた。

実はこのことを企図したのは、高山飛騨守であったという宣教師もいる。宗論の担当となった忠正は、ヴィレラを召喚しようとしたが、殺害されることを恐れたヴィレラは、山口（山口市）で洗礼を受けた日本人の盲目の琵琶法師であるロレンソ了斎を奈良に派遣した。忠正と清原枝賢が審査したところ、ロレンソ了斎の答弁に感銘した。そこで、忠正と枝賢はヴィレラも奈良に招待して、高山飛騨守とともに受洗した。忠正はアンリケ、飛騨守はダリオの受洗名を授けられた。

このため、キリスト教宣教師はこのキリシタンになった三人を、非常に賞賛している（『フロイス日本史』）。結城忠正は、学問及び交霊術において著名であり、偉大な剣術家にして、優れた右筆で、天文学にも秀でているため、久秀に寵愛されていたという。また、清原枝賢については、和漢の諸学に秀でており、正親町天皇より師と仰がれた。忠正の親友であったとされる。高山飛騨守は沢城で妻マリアや息子の右近ジュストをはじめとする子供たち、そして三百人の兵のうち百五十名に洗礼を受けさせ、教会を建立した上、十市城の石橋忠義を改宗させた。このため、一五九六年にオランダ人のファン・ラングレンが作成した「東アジア図」には、大和では Nara（奈良）、Sawa（沢）、Tochis（十市）が記されており、畿内キリシタンの第一世代の活動の場として、海外でも知られていたことが明らかになる。

高山飛騨守・右近親子からは敬虔な信仰心が窺えるが、キリシタンになった者が皆同様で

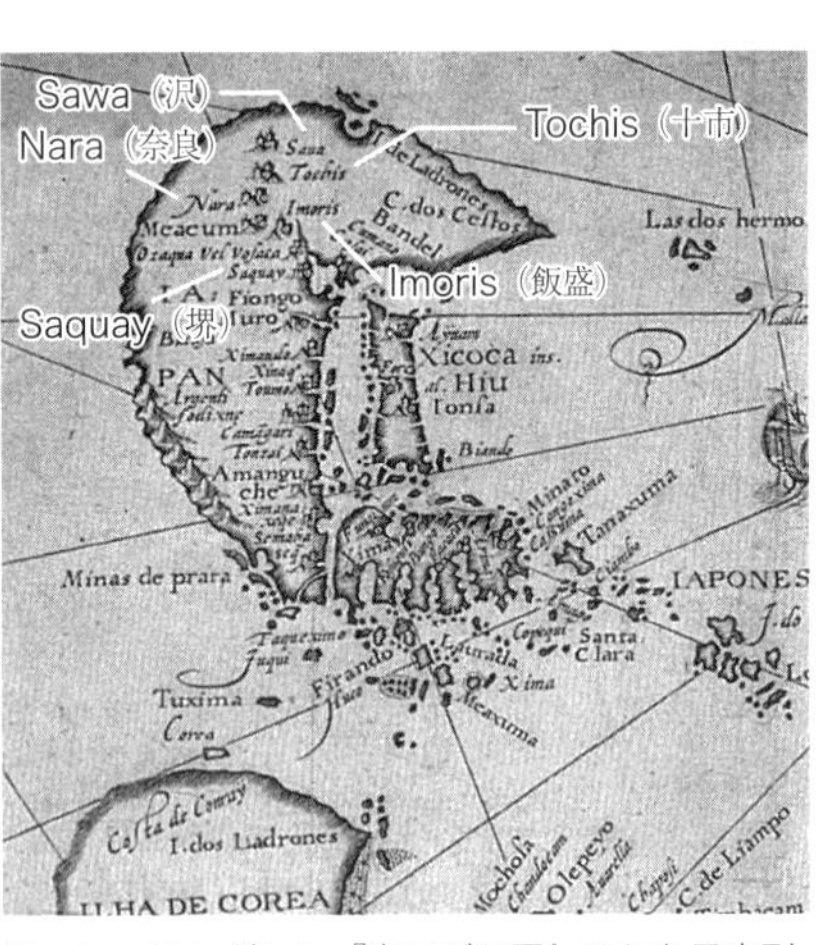

ファン・ラングレン『東アジア図』のうち日本列島（鶴見大学図書館蔵）

あったかどうかはわからない。後に棄教した清原枝賢に限らず、久秀自身とも交流があり、三好義興の治療にあたった「医聖」曲直瀬道三も晩年に改宗したのは、宗教としてのキリスト教よりも、ヨーロッパの知識や技術に対する探究心から、それを支える精神文化や思想的背景となるキリスト教に興味があったのであろう。

一方、久秀は熱心な法華宗の信徒であるにも関わらず、キリシタンに改宗した忠正や枝賢らに対して、宗教的弾圧を行っていない。自身はロレンソ了斎の話は聞いたものの、ヴィレラとは会うことすらなかった。キリスト教については快く思っていなかったが、そうした自身の気持ちに反しても、忠正らによる審査の結果を重視した。久秀は、公平な裁許によって決するという為政者としての姿勢を優先したのである。

忠正の息子左衛門尉アンタンは、飯盛城にロレンソ了斎やヴィレラを招き、三好長慶よりキリスト教の布教の許可と保護を得られるよう、取り計らった。これが、畿内でキリシタンが生まれる一大契機となったのである。

後には久秀の甥の内藤如安（貞弘）ジョアンも、キリシタンに改宗した。如安は丹波を追われた後、小西行長に仕える。そして、文禄の役という日本が引き起こした対外戦争を収拾させるため、北京に赴き、明の皇帝万暦帝に謁見して交渉する。ヨーロッパ世界だけでなく、東アジア世界にも通じた真の国際人であった。

永禄の規約をめぐって

家督を退いた永禄六年（一五六三）も久秀は、三好氏の許に持ち込まれたさまざまな相論を管掌していた。その一つに、三好氏の領国外、東国に端を発する法華宗の相論もあった。法華宗は教義によって、大きくは勝劣派と一致派に分かれており、その中でも門流に細分化されていた。この教義の違いは、現在の法華宗と日蓮宗のあり方を規定する重大事であった。当時、日蓮が房総半島の出身であったことから、江戸湾沿岸は法華宗の盛んな地域であったが、勝劣派日什門流妙満寺末である上総東金（千葉県東金市）の領主である酒井胤敏が、一致派日朗門流である平賀（千葉県松戸市）の本土寺の末寺を奪い取ったことから、京都の諸本山を巻き込む騒動に発展していった。六月二十二日に久秀は、本山である京都の妙満寺に対して、奪い取った末寺を返還するように胤敏へ意見することを命じた（「妙顕寺旧蔵文書」『戦三』八九二）。妙満寺は承諾したが、「遠路殊乱世」なので、久秀からも使者を派遣して欲しいと返答している（「妙顕寺旧蔵文書」『戦三』八九九）。

実は京都では、教義や門流を超えて和睦しようとする動きがあり、三好長慶は勝劣派の取りまとめに努めていた（「本圀寺文書」『戦三』九一六）。このため、妙満寺は酒井胤敏を擁護することなく、久秀の命令に応じたのであった。

妙満寺や久秀の書状を見た胤敏は、九月九日付で怒りの書状を妙満寺に送る（「妙顕寺旧蔵文書」『戦三』参考八七）。武力によって末寺を奪い取ったのは仏法のためだと自己弁護し、逆に「私領中」に兎角口出ししてくる久秀は仁者ではないと、古代中国、殷末周初の伯夷・叔斉兄弟を例に引き非難した。さらに妙満寺に対しても、本山として強気な態度をとるよう訴えている。

このため、妙満寺は胤敏を切り捨て破門にした。本土寺は、東金の酒井胤敏と敵対関係にあった土気（千葉市）の酒井胤治が、勝劣派と一致派の和睦を志向している旨を、一致派を代表する寺院である本国寺や妙顕寺に伝え、都鄙（京都と関東）の調整を進めたいという意向を示した（「本圀寺文書」「妙顕寺文書」）。この動きに池上（東京都大田区）の本門寺など関東の主要な法華宗寺院も同調していく。

十二月二十六日、関東から上洛した薬草院日扇（やくそういんにっせん）は、久秀の家臣である松田一兵衛尉に対して、勝劣派と一致派の仲裁について、寺院間で行うとそれぞれ存分があって失敗に終わってきたこと、檀那に仲裁してもらうことに異議はなかったが、今まで法華宗において諸寺へ意見できる檀那がおらず、今回は久秀を偏（ひとえ）に頼む所存であることを述べている（「妙顕寺旧蔵文書」『戦三』九五三）。翌閏十二月には、本国寺の有力な檀那であった久秀は仲裁に動き出し、永禄七年八月二十日には、京都十五本山が連署して「一致勝劣都鄙和睦之条目」、すなわち永禄の規約が結ばれた。

久秀は八月二十三日に「法華諸御寺中」に対して、和睦が成立したことは、誠に当宗が金言の如く流布し、繁栄の基になることであり、殊勝なことであると喜びの言葉を送っている（「妙顕寺旧蔵文書」『戦三』一一三七）。

こうして久秀は、三好氏の力が及ばない関東において、国人の私領にまで介入する存在として恐れられる一方、京都の都市上層を信者として勢力を拡大してきた法華宗にとって、最大の恩人となったのである。

久秀の母と法華宗

永禄七年(一五六四)八月二十日、京都にある法華宗の十五本山は、久秀の与力である今村慶満の四条の宿所に参会して、永禄の規約を結んだ。これに対応して、九月二十一日には、堺の法華宗寺院二十八か寺が、堺南庄にある久秀の母(「大方殿」)の宿所に参集して、一致派と勝劣派がそれぞれ樽代として礼銭を贈り、母も振る舞いとして酒と雑煮で返礼を行った(「妙顕寺旧蔵文書」)。

京都の諸本山を調停した久秀だけでなく、本山が延暦寺や六角氏に焼き討ちにされた天文法華の乱に際して、その避難先となった堺の諸寺院をまとめあげた久秀の母の役割も大きい。この時、堺の諸寺院を久秀の母に取り次ぐ役を担ったのが、妙蔵寺と妙福寺であった。妙蔵寺は、久秀が滝山城主の時代から城内に寺地を構え、権門からの取次を務めていた寺院であった。また、妙福寺は久秀の甥の松永孫六が、松永氏の出身地とされる摂津の五百住から丹波の八上城下に移転させた寺院であり、久秀が檀那であった本国寺の末寺でもあった。

こうした両寺は久秀の家族に近侍して、松永氏権力の一端を担い、城郭や城下町の構造にまで影響を与えていた。また、久秀は本国寺の檀那として、幕府の裁許に干渉し、本国寺を代表寺院とする一致派からは非常に頼りになる存在として認識されていた。そうした久秀の法華信仰は家族ぐるみのものであった。

弘治二年頃と推定される安井宗運の書状（「東寺百合文書」『戦三』参考一〇八）によると、久秀の母親が病気の治療のため、堺に滞在していたという。宗運は東寺と契約し、三好氏より裁許状を得るため、久秀との調整にあたっていた。そこで、宗運は久秀の歓心を買うため、東寺に対して、早急に久秀の母親に音信を遣わすよう伝えている。久秀の母は程なく平癒したが、久秀の方が心配のあまり倒れてしまい、宗運の贈った薬により回復したという。

久秀の母は永禄十一年二月十五日、堺で死去した（『多聞院日記』）。満八十三歳であったという。その二年後、久秀は堺において、三回忌の追善供養として千部経を催した。

母の病気を心配して自分の方が倒れたことや、手厚い供養を行っていたことから見て、久秀は相当母思いの息子であったようだ。また、母も久秀の法華信仰や取次の職務、宗教政策に多大な影響を与えていたのである。

甲子改元

永禄七年（一五六四）三月十六日、久秀が義兄で武家伝奏の広橋国光とともに、朝廷に改元を申し入れるが、却下されるという事件が起こった（『お湯殿の上の日記』）。改元が天皇大権に属し、将軍の執奏によって行われてきたことや、久秀が長慶を無視し、独断専行することがなかったことを踏まえると、この改元の執奏は久秀の意思ではなく、三好氏の政策であったと言えよう。

ではどうして、この時に執奏したのか。それは、永禄七年が甲子年にあたっていたためである。中国から日本に導入された讖緯（しんい）説の「辛酉（しんゆう）革命、甲子革令（辛酉年に王朝交代がおこり、甲子年に徳を備えた人に天命が下される）」という考え方に基づき、天皇を倒すような王朝交代を防ぐため、辛酉年は延喜（えんぎ）元年（九〇一）、甲子年は康保（こうほう）元年（九六四）以降、必ず改元が行われてきた。ところが、将軍義輝は弘治改元、永禄改元において懈怠を繰り返しただけでなく、辛酉年にあたる永禄四年も改元を執奏しなかった。そのため、甲子年にあたる永禄七年には、三好氏が改元を執奏したのであった。

将軍でも公家でもない三好氏が改元を執奏することは、極めて異例であった。本来、将軍が行うべきことを三好氏が行った訳であるから、正親町天皇がそれに応じて改元した場合、三好氏を将軍並みと認めることになり、将軍の権威は永禄改元の際と同じく失墜する。そうすると、三好氏と足利氏の対立は再び不可避となり、京都で戦争が始まることから、正親町天皇は改元しないという極めて異例の判断を下した。明治天皇により一世一元（いっせいいちげん）制が採用されるまで、甲子年に改元しなかったのは永禄七年のみであり、辛酉年に改元しなかったのも永禄四年と元和七年（一六二一）だけであった。

辛酉年に続き、甲子年も改元しなかったことで、本来改元を執奏すべき将軍義輝の怠慢や、朝廷軽視の姿勢は明らかになった。三好氏の改元執奏は却下されたが、三好氏は何も失ってはいない。改元してもしなくても、将軍の権威を失墜させる効果を狙ったのである。

こうした異常な状況にすばやく反応したのは、伝統的に京都の将軍に対抗的な関東の将軍であった。北条氏康は古河公方足利義氏を鎌倉に迎えた。義氏は「鎌倉様」と称されるようになり、鎌倉公方基氏（もとうじ）以来の花押（かおう）形を改め、将軍義輝の花押を模倣した形に変更し、書札礼（しょさつれい）も尊大化した。氏康は北条一門に取り込んだ義氏を、義輝に代わる京都の将軍に擬していったのである。

久秀の妻広橋保子

三好長慶の重臣として地位を確立した久秀には、少なくとも二人の妻がいた。一人は、天文二十二年（一五五三）九月四日に、公家の山科言継が今村慶満に押領された率分関（りつぶんせき）を回復するため、久秀への取次を頼んだ「松永女房」である（『言継卿記』）。出自は不明であるが、久秀はこの妻との間に息子久通を成している。

もう一人は、武家伝奏広橋国光の妹保子である（『言継卿記』）。室町時代より、広橋家は天皇家との姻戚関係を結ぶ一方、将軍の昵近公家衆に組み込まれ、公武双方と強い関係を有していた。広橋保子は一条兼冬（後円明寺関白）に嫁いだが、天文二十三年に夫と死別すると（『尊卑分脈』『日野一流系図』）、弘治二年（一五五六）に後奈良天皇の後宮女房として出仕した（『お湯殿の上の日記』）。当時、後宮には保子の姉の国子も出仕しており、大典侍となって、後奈良天皇との間に皇女（曇華院宮聖秀）を儲けていた。保子は大典侍の職を国子より相伝するはずであったが、翌弘治三年九月に後奈良天皇が死去すると、正親町天皇には仕えず、久秀の側室となったのである。

久秀は永禄初年には、武家伝奏広橋家という朝廷と幕府の絶好の橋渡し役と密接な関係を持つことになった。朝廷は、永禄三年（一五六〇）正月には儀礼の差配や費用の調達、翌永禄四年八月には禁裏六丁堀の掘削と禁裏御料所への年貢の催促などを（『お湯殿の上の日記』）、広橋国光を通じて久秀に依頼するようになった。そして、義兄国光だけでなく、保子自身も大きな役割を果たしている。永禄三年正月二十九日に保子が費用を負担し、朝廷で臨時神楽を挙行したが、それは、将軍義輝が正親町天皇に対して、保子にその差配をさせるよう執奏したためであった（『言継卿記』）。正月二十七日には正親町天皇が即位式を執り行っており、この臨時神楽はそれに関連するものであろう。保子自身が三好氏と天皇、将軍の実質的な架け橋として、その役目を果たしていたのである。

広橋国光が永禄改元を将軍足利義輝に伝えなかったのも、永禄七年に甲子改元を久秀とともに朝廷に執奏したのも、決して偶然ではない。久秀のつくりあげた縁戚関係が、三好氏の政策遂行にあたって、大きな力を発揮していたというわけだ。

なお、久秀は保子との間に娘を成している。また、国光の弟の光俊は興福寺修南院、貞昭は興福寺松林院、円清は興福寺東北院に入寺し、兼深（けんしん）は法隆寺別当になった後に興福寺東北院別当になるなど、大和にも深いつながりを有していた。

永禄七年三月六日、保子の父である広橋兼秀は保子に「薫物廿貝」を送っているが（『言継卿記』）、この頃病床にあったのであろう。三月十七日までに保子は死去した（『賀茂別雷神社文書』、『享禄天文之記』では三月十九日、『日野一流系図』では五月一日）。深く悲しんだ久秀は翌月、奈良における芸能を停止している（『享禄天文之記』）。この鳴物停止令により、保子は尊貴の身であることを示し、その喪に服すよう命じたのだ。

その後、保子は久秀の主君三好長慶が深く帰依した大徳寺の大林宗套より「仙渓」の号を授与され、「尽七日香語」（『大林和尚語録』）を、笑嶺宗訢（しょうれいそうきん）によって「奠湯（てんとう）」（『笑嶺宗訢語録』）が行われる形で、葬礼が営まれた。そして、長慶が父元長のために建立し、長慶の嫡男義興の葬礼が執行された南宗寺において、保子の菩提を弔う勝善院が創建された（『大林和尚塔銘』）。

久秀は保子について、三好一族と同様の葬礼を行っており、妻への深い愛情を知ることができる。また、久秀が主君の長慶・義興親子といかに精神的に深く結びついていたかもうかがい知れる。

久秀の権勢とは

久秀と長慶の関係を確認しておく。三好氏は法華宗の仲裁を行っていたのと同じ頃、貴布禰山をめぐる賀茂別雷神社と市原野の相論を裁許しようとしていた。当初、三好義興が管掌していたが、義興の死去により、三好長逸や久秀が取次となり、長慶の許で審議が進んでいた。その最中の永禄六年（一五五三）閏十二月二十日、久秀の奉行人である赤塚家清は、藤木成理と藤木左衛門大夫に対して、賀茂別雷神社の存分を久秀に伝えたが、相論自体は「飯盛」において、長慶による裁許が仰せつけられるべきであるという返答が、久秀からあったことを知らせている（「賀茂別雷神社文書」『戦三』九六五）。

すなわち、久秀は長慶の意向を無視して独断専行したり、自分の意向によって裁許を歪めようとしたりする意図などはなかった。本国寺と清水寺の山論をめぐる将軍義輝の裁許に干渉したことと比べると、その差は歴然である。久秀にとって、長慶こそがあくまでも主君であり、最高主権者であると認識していたのだ。久秀が長慶に背くようなことなど、一度もなかった。

　教興寺の戦い以後の久秀は、対将軍強硬派としての側面が強く押し出された。幕政を壟断（ろうだん）するだけでなく、将軍から人質を取った。また、遠く東国の領主にも介入し、さらには天皇大権にも自らの意を強要せんとしている。久秀は将軍も天皇も思いのままにしようとしているように見えるが、これらはあくまでも三好氏の対幕府政策を遂行するために、その一端を担っているに過ぎなかった。

　久秀の家臣団や与力の構成、または大和を平定するための戦争の過程を見ても、三好氏に強く規定されていた。久秀の活動は決して長慶をないがしろにしたり、独断専行をしたりする類ではなかったし、できるはずもなかったということが重要である。

第五章　足利義昭・織田信長との同盟

三好氏の代替わり

永禄七年（一五六四）正月、三好長慶の養子となった三好義継が上洛して、将軍義輝に謁見し、前年に死去した三好義興に代わって、長慶の後継者となった。義継は満十五歳で、教興寺の戦い以後、将軍義輝との関係が先鋭化する中で、三好氏にとって不安定要因となった。

そうした中、長慶は五月九日に次弟の安宅冬康を飯盛城に呼び寄せ、殺害した。その理由は冬康自身の「逆心悪行」（『言継卿記』）とも、他人の「讒言」（『細川両家記』）とも言われている。また、讒言をしたのは、松永久秀とするものもある（『太かうさまくんきのうち』）。しかし、前述したとおり、久秀に主家を壟断しようとする気はなく、逆に冬康は大和に援軍を派遣するなど、頼りになる存在であった。冬康の逆心の有無というよりも、周囲が冬康を擁立するのを防ぎ、義継の地位を盤石にしておくために殺害したのだろう。後継者をめぐって兄弟や親族が失脚したり、殺害されたりすることは、どの大名家にもあった。

六月二十二日には、義継が家督を相続した御礼のため、松永久通や三好長逸、広橋国光、清原枝賢など四千の軍勢を率いて上洛して義輝に謁見しており、長慶の後継者としての地位が確認された（『言継卿記』）。これを見届けた長慶は、七月四日に四十二歳で死去した。死因は冬康を殺害したことを悔やんで病死したとされる（『細川両家記』）。長慶は将軍義輝に対抗するためには、いびつな形で義継を後継者に据えねばならず、後継者争いを防ぐためには弟も斬らねばならないという政治的判断に苦しんだことは間違いない。しかし、病状が記された一次史料はなく、長慶の死因を鬱病とする見解もあるが、想像の域を出ない。また、長慶の死去は秘匿されたため、京都の公家たちの日記にもその記事はない。慶長年間に成立したとされる『信長公記』や元和年間とされる『北条五代記』では、翌永禄八年に将軍義輝を殺害したのは長慶としているので、長慶がいつ死去したかを知る者はかなり少なかったであろう。

三好義継像（京都市立芸術大学芸術資料館蔵）

この頃、久秀は突然、五月一日、八月二十九日、十一月三日、翌永禄八年の二月二日と、広橋国光を通じて、朝廷に供御物を献上するなど、朝廷に急接近する動きを示していた（『お湯殿の上の日記』）。

永禄の変

永禄八年（一五六五）、京都浄福寺の真澄は、法勝寺における伝戒の執行と寺内寮舎の保全を、三好氏に求めた。これに対して、三月一日に三好義継の下知を受けた長松軒淳世が書状を、四日に某元清と奈良長高が連署奉書を、七日になると三好一族の三好長逸と三好宗渭が義継の申し出を受けて連署状を、四月二十九日には松永久通が義継の下知を受けて、直状を発給している（「浄福寺文書」『戦三』一一四八〜五一）。

このような安堵の仕方は、三好長慶が存世の頃にはなかった。家臣たちそれぞれが、義継の下知を執行している点では、義継が三好氏の頂点に位置していると言える。しかし、義継自身による安堵はなく、浄福寺は三好氏の有力者それぞれに保障を求めていた。京都の寺社や公家、将軍義輝は、長慶が死去したことを感じ取っていたのではないか。

この時期、義継は、長慶の側近の長松軒淳世と、三好義興の奉行人であった奈良長高を受け継いでいた。三好長逸は長慶時代と変わらず重臣の地位にあったが、永禄元年まで長慶に敵対していた宗渭が、権利を保障する文書を発給できる地位に急上昇している。それに対して、隠居した久秀は、政治の表舞台を退くなどの変化もみられ、永禄六年末に久通に家督を譲ったのは表向きではなく、久通が実権を受け継いでいたことがわかる。

五月一日、義継は三好長逸や松永久通などを率いて上洛し、義輝に出仕した（『雑々聞検書』『言継卿記』）。この時、義輝は義継に修理大夫（実際は左京大夫）への任官を約束し、三好氏を四職家待遇とすることで、幕府を支えてくれることを期待した。その上、偏諱を授けて、義継は「重存」から「義重」に、久通は「義久」へと改名した。足利将軍家の通字を与えられた松永氏は、「輝」の偏諱を受けた伊達氏や上杉氏、毛利氏を超える待遇を受けることになったのである。

ところが、五月十八日、義継は一万余りの軍勢を率いて再び上洛した（『言継卿記』）。義継は革堂行願寺（こうどうぎょうがんじ）に、長逸は知恩寺に、久通は相国寺常徳院内にあった京都の豪商大森寿観の宿所に陣取った。大森氏は、多聞山城築城に際して、畳を調達した京都の有徳人である。この時、久通は清原枝賢や海老名家秀、伊丹玄哉を率いてきていた。三好氏の大軍が京都に進駐しても緊迫した雰囲気はなく、公家の山科言継と勧修寺晴右（かじゅうじはれみぎ）が三好方に陣中見舞いに赴いている。義輝も、大きな堀や石垣で自らの御所を城郭化していたためか（『厳助往年記』『言継卿記』）、京都から逃れることはなかった。

そして、翌十九日の午前八時頃、義継らは攻撃を開始し、義輝をはじめ、その弟の鹿苑寺周暠（しゅうこう）、母の慶寿院、義輝の側室とその父の進士晴舎、奉公衆らを討ち取った。二十日には

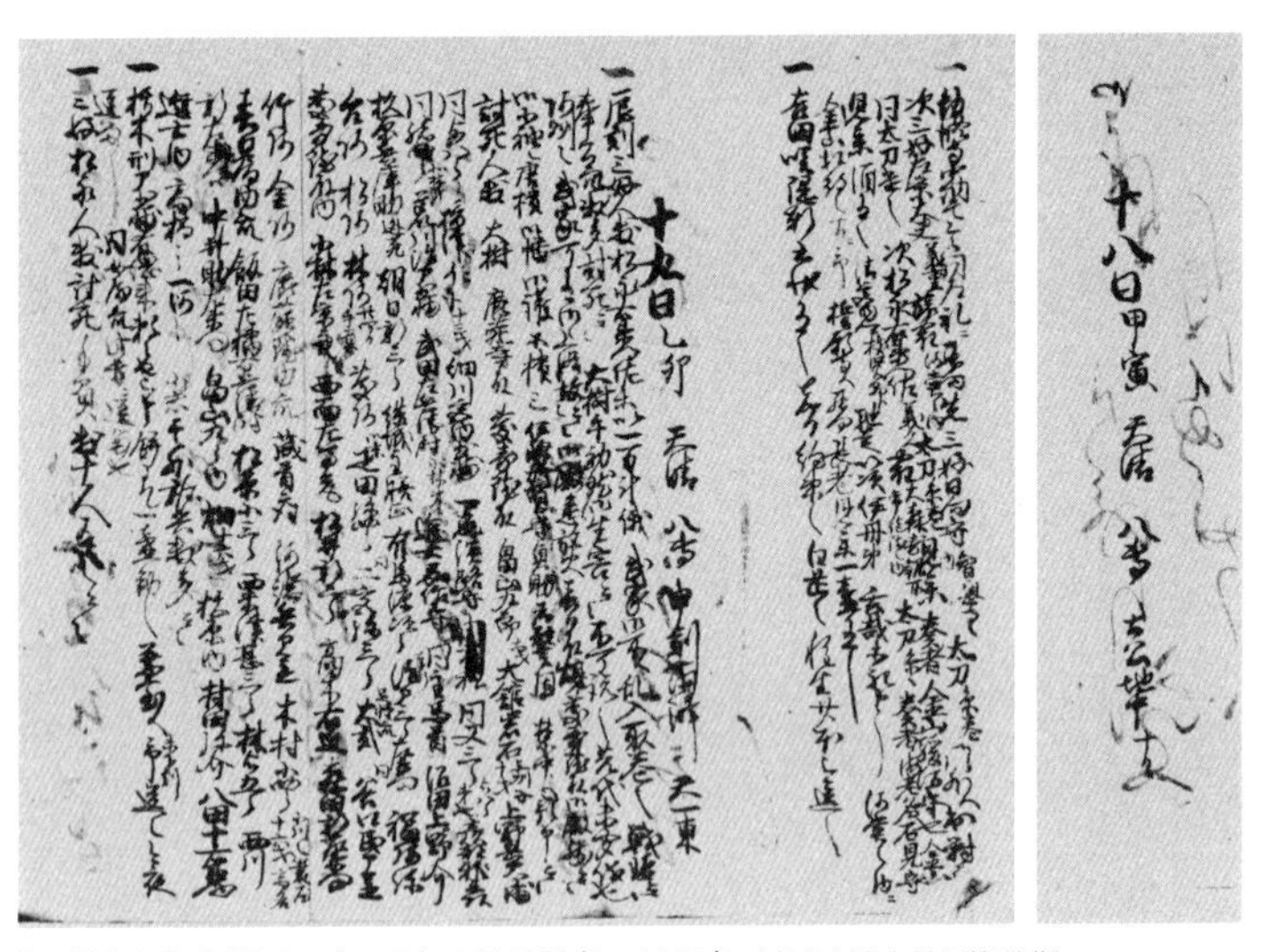

『言継卿記』永禄8年（1565）5月18日条・19日条（東京大学史料編纂所蔵）

義輝の外戚である近衛家やその縁戚の久我家も討たれると噂が流れたが、二十一日に三好長逸が参内し、正親町天皇より小御所の庭で酒を下賜されるなど、天皇が三好氏を公認する姿勢を示すと、二十二日には奉公衆や奉行衆が、義継や久通の許に御礼に赴くことになり、騒ぎも収まった。

言継が「先代未聞」と評した、京都で白昼堂々と行われた将軍殺害事件も、三日ほどで沈静化したのである。公家は事件に無関心で、義輝への哀悼や義継に対する批判はほとんどなかった。奉公衆も抵抗せず、諸寺院も相国寺を除いて義輝の葬礼に参加しなかった。それどころか、六月十五日には、足利将軍家の重宝である御小袖という鎧を収めた唐櫃（からびつ）が鳴動すると、足利義教が殺害され、足利義政にも御所の倒壊の危機を知らせるなどしてきたが、義輝は用心しなかったので運が尽きたと、その不覚悟を嘆く雑談を、言継が幕臣の大和晴完と交わしている（『言継卿記』）。事件後一か月足らずで、世論は義輝への批判へと転じていた。

そもそも、義輝は長慶と和睦していた時しか在京できていない。多くの奉公衆もたびたび和睦を破る義輝に批判的であった。ようやく恒常的に在京できたのは、二十一年に及ぶ将軍在任期間のうち六年半に過ぎない。しかし、その期間も義輝は行うべき改元を怠るなど、朝廷への懈怠は続いていた。義輝は近衛一族や側近にした幕臣の一部を除くと、京都にほとんど基盤を持っていなかったため、殺害事件がすぐに公家や幕臣、寺社に受容されたのであろう。

では、どうして、この時期に義継や久通が義輝を討ったのであろうか。後に太田牛一は、義輝が「天下執権たる」三好氏に「御謀叛を企て」たため、先手を打たれたとする（『信長公記』）。確かに、永禄八年には三好氏に異変が現れてくるので、長慶の死を確信した義輝が、そのような動きに出てもおかしくない。ただ、将軍を殺害するという決断は尋常ではない。

義継や久通の目的については、いくつかの見解が示されている。その一つは、最初から殺害を意図していたのではなく、室町時代に頻発した「御所巻（ごしょまき）」であったとするものである。

すなわち、大軍で御所を包囲し、将軍に側近の排除を要求するつもりが、拒絶されたため不慮の衝突に発展してしまったとするものである。確かにこの時、進士晴舎や義輝の側室となったその娘が殺害されている。しかし、長く三好氏に反発してきた上野信孝は永禄六年にすでに死んでおり、義輝が政所執事に登用した摂津晴門は殺害されていない。こうした点を踏まえると、側近衆の排除を目的としていたとは考えにくい。さらに言えば、過去の御所巻でも将軍が殺害された事例はなく、将軍が側近衆の排除を自らの命に代えても拒否するとは思えない。

　これとは別に、義澄系（義澄―義晴―義輝）と義稙系（義稙―義維(よしつな)―義栄(よしひで)）が半世紀にわたって対立してきた「二つの将軍」問題の解消を目的としていたとする見解がある。しかし、全国の大名に正統な将軍として認められていたのは、義晴・義輝親子だけであって、義維・義栄親子はそれに代わりうる存在ではなかった。義栄が畿内に渡海するのは、義輝が殺害されて一年半後のことであり、義継らは義維や義栄の擁立をまったく準備していなかった。

　ということはつまり、義継や長逸、久通は義輝を討つことにより、倒幕を目指していたのであろう。三好氏は、元長が足利義晴を追放した大永・享禄年間や、長慶が足利義輝を追放した天文末年から永禄初年よりも、家格ははるかに上がり、桐御紋を使用するなど足利将軍一門格に列していた。また、長慶・実休・冬康・一存兄弟が世を去ったとはいえ、三好氏の勢力は、当時「天下」と称された畿内五か国を中心に丹波・播磨東部・淡路・阿波・讃岐・伊予東部に及び、紀伊や伊勢、伊賀、若狭にも影響を与えていた。それに加え、義継の外戚は九条家でもある。長慶世代の苦労を知らず、栄華を極めた三好氏の姿しか知らない貴種の義継にとって、教興寺の戦い以来、対立を深める義輝を討つのに、当時の戦国大名の常識であった家格秩序の壁は、ほとんど感じていなかったであろう。

義輝討伐に赴いた久通の軍勢には、主君への忠を説くべき儒学者の清原枝賢が従軍していたのが興味深い。儒学者が軍事力として役に立つとは思えない。そうすると、枝賢の役割は三好氏が足利氏を討つことは、大義名分のない謀叛ではなく、徳なき足利氏に三好氏が成り代わる「易姓革命」であることを宣伝するために他ならない。

事件後、義継は「義重」から「義継」と改名し、「義」を通字とする将軍家の地位を継ぐという意思表明を行った。それに対して、久通は偏諱を解消し、「義久」から「久通」に名を戻すことで、足利氏からの偏諱など無価値であることを示したのである。

義昭の保護と久秀の思惑

三好義継や三好長逸、松永久通が将軍義輝を討ち取った。通説では、久秀や三好三人衆が義輝を殺害したとされるが、実際には久秀は京都に出陣すらしておらず、三好三人衆はまだ成立すらしていない。また、久秀ではなく、久通が安堵状を発給するようになっていることを踏まえると、久通が久秀の意を受けて義輝を殺害したとも考えにくい。

実際、久秀は興福寺一乗院に入寺していた足利義昭（当時は覚慶）を助命している。義昭は兄の義輝が討たれ、自身の身を案じていたが、久秀が義昭を害さないという誓紙を提出してきたので安心し、久通をひたすら頼みにするほかないとする書状を五月二十二日に送っている（「円満院文書」『戦三』一一五三）。

久通は、義輝の弟の鹿苑寺周暠を討っているので、義昭を討つ計画もあったと思われる。しかし、久秀はそれを阻止した。久秀の思惑は不明な点が多いが、長慶とともに細川晴元や将軍義輝と戦い、諸大名と交渉してきた久秀は、将軍の権威や秩序を支持する諸勢力に苦悩してきた。そうした久秀にしてみれば、将軍を討てばすべて解決できるという義継や久通の発想は幼稚なものにしか見えなかったであろう。久秀は義昭を保護しておき、いざとなれば傀儡として擁立することで、反三好勢力の大名に大義名分を与えないようにするなどの選択肢を持っておきたかったのであろう。

六月には三好義継と松永久通がそれぞれ、清水寺の伽藍に鉄砲を放つことを禁じたのをはじめとし（「成就院文書」『戦三』一一六四、一一六五）、義継は諸寺社に軍勢の寄宿免除や禁制を発給し、京都の治安維持にあたった。

　そうした中、正親町天皇は七月二十日に義継と久秀に対して、禁裏の修理にあたるよう命じた（「立入家文書」『戦三』一一七四）。永禄八年と同様に将軍が京都にいなかった弘治二年（一五五六）にも、後奈良天皇は長慶と久秀に禁裏の修理を命じている。将軍不在が恒常化する状況に、天皇は積極的に対応しようとし、三好氏もそれを自己正当化に利用しようとしていた。

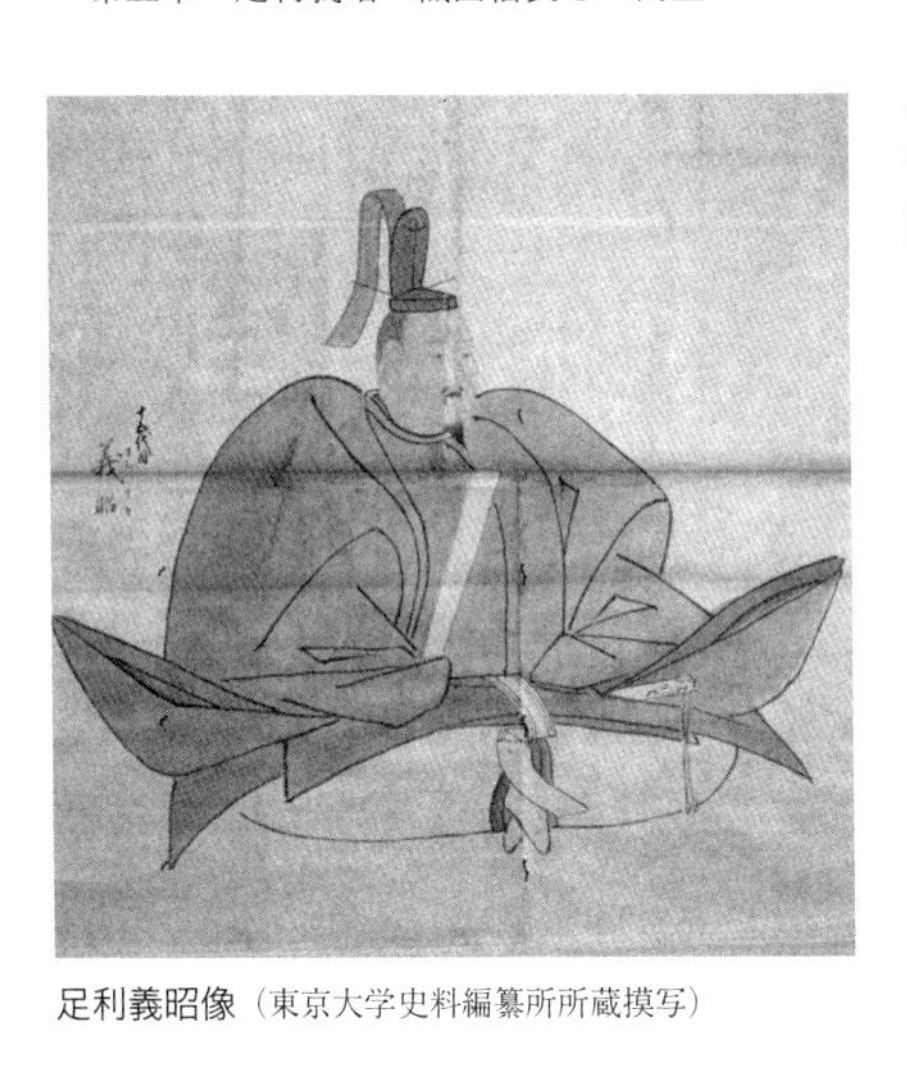
足利義昭像（東京大学史料編纂所所蔵摸写）

　親三好氏派の公家竹内季治が七月二十四日、万里小路惟房に送った書状によると（「東山御文庫所蔵文書」『戦三』参考九四）、義継と久秀に綸旨が下されたが、その前に三好本宗家の三好長逸と宗渭だけでなく、阿波三好家の三好康長といった重臣が堺で内談しており、どのようにでも修理費用を馳走するので、義継・久秀・久通に命じてほしいという内意を朝廷は得ていた。
　また、康長は阿波三好家が支配する阿波・讃岐・淡路からも費用を徴するという意向を示していた。

この時、禁裏の修理費用だけではなく、当時十三歳の「若宮様（後の誠仁親王）」の元服費用についても、義継や久通に献納を求めていた。しかし、応じようとしないので、広橋国光は季治に相談し、久秀へ内々に負担を相談している。季治は、表向きは義継からの献納の申し出を待つ一方で、内々に久秀や久通に命じることが重要という認識を示している。

久秀は将軍を討った今こそ、朝廷との結合が不可欠と考えていたのであろう。朝廷もそれに応え、十月二十六日になると、義輝の死後、朝廷に預けられていた将軍家重代の家宝である御小袖の唐櫃を、久秀と広橋国光の申請により、引き渡している（『お湯殿の上の日記』）。御小袖は源氏の嫡流であるとともに、北朝天皇を護持する将軍の象徴として神聖視されてきた。それが、足利義昭ではなく、三好方に下賜されたことは、朝廷は足利幕府に代わり、三好政権を認める方針であったと言えよう。

松永氏の失脚と三好三人衆の形成

永禄の変から約一か月後の永禄八年（一五六五）六月二十四日、畠山高政から家督を受け継いだ秋高（当時は政頼）の下で、河内守護代である遊佐姓への改姓が許され、地位を上昇させた安見宗房が、上杉謙信の重臣である河田長親と直江景綱に、足利将軍家の再興と三好氏の打倒を呼びかけた（「長岡市立科学博物館所蔵河田文書」『戦三』参考九二）。宗房は「天下諸侍御主」である義輝が討たれたのは無念として、弔い合戦を訴えた。また、義輝の伯父で教興寺の戦いでも三好氏に敵対した大覚寺義俊も、「天下御再興」は名誉であると謙信に率兵上洛を促し、宗房は畠山秋高や遊佐信教も挙兵すると伝えている。宗房や義俊が期待を寄せたのは、永禄改元を受けて上洛した上杉謙信や織田信長、永禄三年より若狭で三好氏と直接戦っている朝倉義景と武田義統であった。彼らは将軍を中心とする秩序の維持を望み、直接三好氏の脅威にさらされた大名たちであった。特に宗房は、謙信に期待しており、謙信が永禄二年に上洛した際、義輝と三好氏の成敗を相談したという噂が世間で流布していることも伝え、強く挙兵を促している。

　永禄の変は、永禄改元にみる三好氏と将軍義輝の対立の延長線上にあった。それ故にかつての義輝の幕府再建構想を基盤として、足利将軍家の再興が図られたのである。

　ただ、謙信は武田信玄や北条氏康、本願寺顕如（けんにょ）と対立しており、上洛できる状況になかった。また、近江の六角氏は、永禄六年の観音寺騒動と呼ばれる内紛で、京都に出兵できる余力はなく、美濃の斎藤龍興は永禄六年に三好氏と同盟を結んだため（「尊経閣文庫所蔵文書」『戦三』参考八三）、信長の上洛も不可能であった。義輝が将軍家の通字「義」を与え、優遇した朝倉義景や武田義統も、丹波に攻め込むまでの力はなかった。

諸大名は三好氏への反発を強めながらも、実際には三好氏への軍事的脅威にはなりえないでいた。

しかし、事態は急転する。朝倉義景の直談と調略により、七月二十八日に足利義昭が奈良を脱出し、近江の和田（わだ）城（滋賀県甲賀市）に逃れたのである。

さらに、永禄四年六月の若狭高浜の戦いで、内藤宗勝と逸見方が朝倉・武田方に敗れると、丹波でも氷上（ひかみ）郡の赤井時家や荻野直正が徐々に勢力を回復させつつあったが、永禄八年八月二日に直正が宗勝を討ち取り、反三好勢力が丹波を奪い取ったのである。三好氏は初めて領国を失陥することになった。

十月八日には、波多野氏・柳本氏・赤井氏といった丹波衆が京都を攻めようとしたため、竹内秀勝が迎撃するべく多聞山城を出陣し（『多聞院日記』）、十一月十一日には久秀と久通が、それまでと変わりなく三好氏のために馳走し続けていた丹波国人の小林日向守に感状を発給している（「小林文書」『戦三』一二〇八）。京都周辺の軍事情勢は緊迫化していった。

また、大和でも反三好方丹波衆の京都侵攻に同調し、十月八日に秋山氏と小夫（おぶ）氏が多武峯と申し合わせ、松永方から離反した。十一日には龍王山（りゅうおうさん）城（奈良県天理市）でも謀叛が起こっている。竹内秀勝の活躍により、京都でも大和でも敵を破ったが、松永兄弟の支配する国々が乱れた。

大覚寺義俊は謙信に、義昭を得たことで「公儀御家督」が定まったと喜び（「上杉家文書」『戦三』参考九六）、直江景綱に足利将軍家の再興はこの時であると、上洛を促した（「歴代古案」）。宗房は八月六日、ともに教興寺の戦いで三好氏と戦った薬師寺弼長に、三好氏が阿波公方足利義維を擁立する前に、義昭を家督に据えるよう協力を依頼し、荻野直正らの上洛も間近で、根来寺とも連携していると情勢を伝えている（「尊経閣文庫所蔵文書」）。

宗房や義俊など教興寺の戦いに敗れた勢力が、三好氏包囲網を主導しつつあった。義昭も九月下旬から武田信玄・上杉謙信・島津貴久・相良義陽（さがらよしひ）と諸大名に支援を求め、十月十一日には細川藤孝らが東寺に禁制を発給し、十一月二十一日には京都に近い矢島（滋賀県守山市）へ進んだ。

すなわち、久秀が助命した義昭を取り逃がしたことで、反三好勢力に大義名分を与えただけでなく、宗勝が荻野直正に敗れたことで丹波を失陥し、大和も騒然となり、反三好勢力を軍事的にも活気づけてしまったのである。久秀・宗勝兄弟の失態は、三好氏を一挙に窮地に追い込んでしまった。

こうした中、三好氏内部で不協和音が見られるようになる。大和に転じた久秀に代わり、三好本宗家当主の側近となった石成友通は、十月二十六日、大和国人の井戸良弘に対して、反三好勢力に対するため軍勢催促を行っている状況を伝えた（「柳生文書」『戦三』一二〇四）。友通は、丹波は一国悉く敵になってしまったが、京都に近い桑田郡・船井郡・多紀郡は三好方で確保していること、摂津の池田勝正や淡路の安宅冬康の子神太郎も出陣するなど結束していること、三好長逸や三好宗渭の身上に別儀がないこと、大和では筒井方の向井専弘だけでなく、松永方の柳生宗厳や楠正虎にも音信を遣わす予定であることを伝えた。その一方で、久秀には書状で伝えたいが「悪様取沙汰」なので申し入れないとしている。

すなわち、三好本宗家の中枢部は、結果的に三好氏を窮地に追い込んだ久秀の失態と敗戦の責任を問い、排除するため、大和国人に対して多数派工作を行っていたのだ。ただ、宗厳や正虎は松永方に留まった。

そして、十一月十五日、三好長逸・三好宗渭・石成友通は、三好康長と打ち合わせた上で、軍勢を率いて飯盛城に入り、長松軒淳世らを斬り捨てると、久秀を見放すよう義継に迫った（『多聞院日記』）。このクーデターにより、三好本宗家では松永氏が追放され、三好三人衆が主導する体制が成立する。「三人衆」という呼称はこの頃が初見で、これ以前には長逸と宗渭が連署する文書はあっても、友通が彼らと連署した文書はない。失脚した松永氏に代わって友通が台頭し、畿内出身の家臣団の代表という従来の松永氏の地位を継承して成立したのが、三好三人衆だったのである。

同月のうちに、三好三人衆と堺奉行加地久勝は連署して、康長は単独で法隆寺に禁制を発給しており（「法隆寺文書」『戦三』一二一五、一二一六）、大和ではすぐにでも戦争が始まりかねない状況となった。十二月十四日、筒井順慶が井戸城に入ったとの注進を受け、久秀と久通は古市播磨守にこれを討つよう命じたが（「日本学士院所蔵文書」『戦三』一二一七）、井戸良弘が先手を打って、翌日に古市郷を放火したため、久秀は良弘の人質である女子供を串刺しにして処刑している。二十一日には、三好三人衆が軍勢を大和に派遣したが、久秀はこれを撃退した（『多聞院日記』）。

ここに、三好本宗家の分裂は決定的となり、久秀と三好三人衆の本格的な抗争が始まったのである。久秀と三人衆は、俗説では長慶存世中から対立していたとされるが、長慶の死去どころか永禄の変まで対立点はなく、そもそも三人衆など成立していなかった。しかし、永禄の変後の政権構想から、足利将軍家の擁立を放棄する三好義継、長逸、松永久通と、義昭を助命した久秀の間ですれ違いが生じ始める。そして、久秀・宗勝兄弟の失態により、安見宗房と大覚寺義俊が主導する反三好勢力が勢いを増したことが決定的な要因となり、松永氏はその責を問われ、失脚したのだ。

足利義昭との同盟

畿内で孤立状態に陥った久秀は、足利義昭を擁立する畠山秋高と同盟を結び、三好三人衆に対抗する態勢を整えた。そもそも、久秀は義昭にとって命の恩人であり、同盟の障害はなかった。永禄八年（一五六五）十二月十八日、遊佐信教は久秀に対して、安見右近を長々召し置くよう伝えており（「大阪城天守閣所蔵文書」『戦三』一二一九）、畠山方からの強力な援軍となった。

また、三好本宗家の内部には、久秀を支持する者も多かった。久秀が家臣を在番させていた摂津の滝山城をはじめ、久秀が「下郡一職」支配を行う上での政庁となった越水城、久秀の与力となった今村氏の拠点でもあった勝龍寺城、その今村氏と行動をともにした小泉氏の居城の西院城、さらには、故細川氏綱の旧臣が守る淀城と、氏綱の弟藤賢が在城する堀(ほり)城（大阪府淀川区）も久秀に味方した。畿内の広範な諸領主が松永方に与したのである。

これに河内の畠山秋高と和泉の松浦孫八郎を加えると、飯盛城と芥川山城という三好氏の本城や、京都を確保しているのみの三好三人衆に対して、優勢に立ったかに見えた。

永禄九年（一五六六）二月四日、久秀は筒井順慶を打ち破ると、六日に筒井城に兵粮を入れた。十七日には義昭は還俗して「義秋」と名乗るなど、将軍家の家督継承に向けて動き出していた。後には畠山秋高が義昭より「秋」の偏諱を受けていることからも、義昭の畠山氏への期待は大きかった。

ところが、その十七日に堺近郊で行われた上野芝の戦いで、久秀が結んだ畠山・松浦連合軍が三好義継に敗れ、堺を奪還されてしまった。一方この頃、久秀は調略によって、与力である松山重治の一族の松山彦十郎を味方に取り込み、芥川山城を奪取させた。彦十郎は三人衆に懐柔されて開城したが、今度は松永方の伊丹忠親の調略を受け、その娘と結婚して、再び松永方になったという。三好氏の家臣は去就に迷っていたのだ。二月二十六日には、丹波の八上城を守っていた久秀の甥の松永孫六が、波多野氏の攻撃を受け、開城した（『細川両家記』）。

四月になると、三好三人衆は大和に入国し、十一日には筒井氏と合流して、辰市や西の京を打ち廻り、翌日には大安寺杉山（奈良市）に付城を築いた（『多聞院日記』）。順慶も二十一日に美濃庄城（奈良県大和郡山市）を接収している。

久秀は戦局を打開するため、五月十九日に多聞山城を出陣すると、摂津の野田（大阪市福島区）に進んだ。同盟する堀城の細川藤賢と連携していたのであろう。二十二日には喜連（大阪市平野区）に陣替し、堺に集結する畠山氏とも共同作戦を取ろうとしていた。しかし、筒井城を攻めていた三好三人衆は河内へ引き返し、久秀を破った。久秀は、堺に滝山城や越水城から兵を集め、伊丹忠親と松山彦十郎の加勢を得て、二十九日から六月一日にかけて戦ったが、大敗を喫して行方知れずとなった（『多聞院日記』『細川両家記』）。これにより、筒井城は六月八日に開城した。城には久秀への援軍として、近江国人の多羅尾源太や「尾張国衆」が籠城していた。この「尾張国衆」が、織田尾張守信長からの援軍か畠山尾張守高政からなのかはわからない。

こうした松永方の苦境に追い打ちをかけたのが、足利義維の子義栄を擁する阿波三好家が三好三人衆に味方して参戦したことであった。六月十一日に阿波三好家の重臣である篠原長房が率いる二万五千の兵力が兵庫津に渡海すると、松永方の諸城を攻め立てていった。これを受けて、義継と長逸は六月二十四日、河内の真観寺において、二年間秘匿していた長慶の葬儀を執行し、三好三人衆方の勝利を宣言した。

七月になると、越水城と西院城が十三日に、淀城と勝龍寺城が十七日に開城した。松永方の与力である松山重治の軍事指揮権下にあった西岡地域の国人の結集核であり、今村氏の拠点でもあった勝龍寺城には、石成友通が入城し、翌年にはこの地域全体での所職の改替に踏み切った（「随心院文書」『戦三』一二二七）。友通は松永方の基盤を奪い取ろうとしたのである。

八月十四日には堀城が、十七日には滝山城も落城する。二十四日には長逸が、松永方で広橋国光の家臣速水武益（はやみたけます）や久秀家臣の楠正虎の家などを接収した（『言継卿記』）。八月には義継の弟松浦孫八郎が、九月には摂津で唯一残った松永方の伊丹忠親も三人衆に降った。畠山氏や根来寺も、消息不明となった久秀を見限って和睦した。

義昭もこうした状況を黙って見ていた訳ではない。七月十三日に若狭武田氏に御内書を送り、大覚寺義俊も七月十七日、松永方の十市氏に、八月には織田信長が出陣の予定であると励ましている（『多聞院日記』）。同日には松永方の勝龍寺城が落城したが、翌十八日、伊賀の仁木（にき）長頼は義昭側近の和田惟政（これまさ）に対して、義昭の上洛作戦に協力すると約し、勝龍寺城への加勢を承諾した（「和田家文書」『戦三』参考一〇一）。実際、勝龍寺城には竹内秀勝の兄季治といった久秀の縁者だけでなく、幕府奉公衆の一色孝秀までも籠城していたのである（「中沢文書」）。

八月六日には、義昭側近の一色藤長と龍雲院祐尊（ゆうそん）が連署して、山城南部の瓶原七人衆中に対し、軍勢催促に応じたことを謝し、信長の出陣を伝えている（「慶應義塾大学所蔵反町文書」）。二十八日には藤長と三淵藤英（みつぶちふじひで）が連署して、義昭が奈良を脱出した際に味方した菊川氏・竹屋氏・宮田氏など十三の国人に、義昭上洛の供として信長が参陣する旨を通知する予定であったが（「米田家文書」）、松永方の敗北と畠山氏が三好三人衆方と和睦する動きを見て、発給を取りやめた。信長は当初、攻略できない美濃ではなく、伊勢方面からの上洛を計画していたようだ。

すなわち、永禄九年段階において、久秀と義昭、信長はすでに同盟を結んでいたのである。通説では、永禄十一年に義昭と信長が上洛を果たすと、敵対していた久秀が降伏したと理解されているが、それはそもそも事実関係が誤っている。永禄九年の義昭の上洛作戦は、畿内の松永久秀や畠山秋高、東海の仁木長頼や織田信長、若狭の武田義統など、畿内近国の諸勢力を動員して構想されたが、三好三人衆や篠原長房、筒井順慶によって打ち破られてしまったのである。失意の義昭は九月に敦賀（福井県敦賀市）に逃れ、朝倉義景に庇護を求めた。その義昭と入れ替わって、九月二十三日に足利義維・義栄親子が阿波より渡海し、越水城に入城したのである。

三好義継の擁立

永禄九年（一五六六）九月二十五日、多聞山城は筒井順慶の攻撃を受けながらも籠城戦を続けていた（『多聞院日記』）。二十八日には順慶が成身院（じょうしんいん）で得度して、「藤政」から「陽舜坊順慶」となったが、武家では元服に相当する得度をしたことも、順慶が久秀に対する勝利を確信していた証拠であろう。

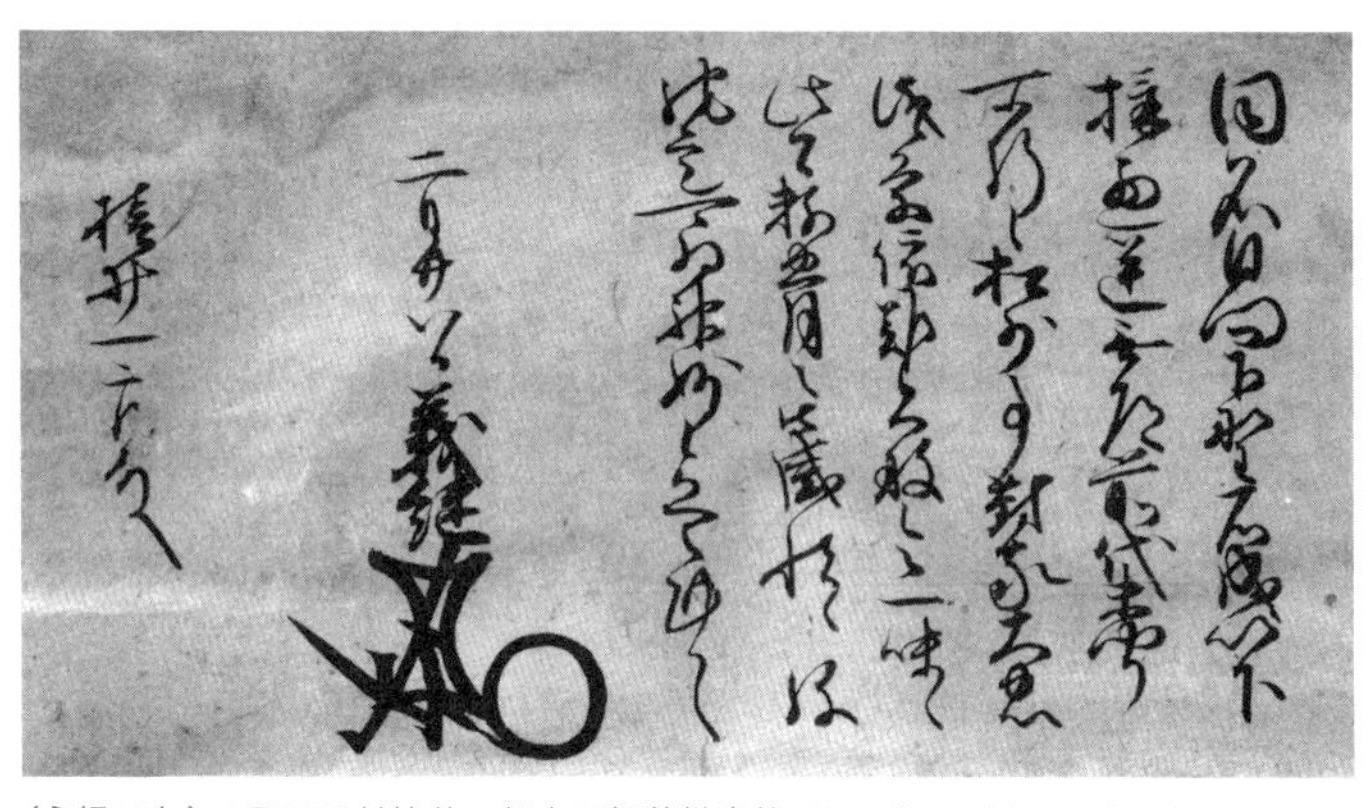

（永禄10年）2月28日付椿井一郎宛三好義継書状（個人蔵、写真提供：京都府立山城郷土資料館）

三好三人衆は大和へも進駐し、十一月八日には三好宗渭が箸尾郷（奈良県広陵町）を接収した。松永方も黙っておらず、十二月二十三日、興福寺の北西に隣接する宿院辻（しゆくいんつじ）に宿院城（奈良市）を築き、三人衆や筒井氏を食い止めようとしていた。

戦況は三好三人衆方の圧倒的優位に進んでいたが、永禄十年二月十六日、三好義継が突如、堺において出奔するという事件が起こった（『多聞院日記』『細川両家記』）。松永久秀に同心したためという噂が流れ、二十六日にようやく久秀と結んだことが明らかになった。義継と久秀の仲介に当たったのは、義継の側近の金山信貞（かなやまのぶさだ）とされる。二十八日には義継が、三好三人衆の「悪逆無道」は「前代未聞」であると非難し、久秀こそが三好本宗家に対して「大忠」であるので見放つことはできず、「一味」するのだと宣言して、山城の椿井一郎や大和の古市播磨守に馳走を求めている（「小林凱之氏所蔵文書」「宮坂伊兵衛氏所蔵文書」『戦三』一三三二、一三三三）。まったく同文であることから、もっと多くの国人に大量に発給されたのであろう。

一体どうして、義継は三好三人衆を見捨て、久秀と結んだのか。もともと義継は三好三人衆らのクーデターにより、久秀と対立することになっただけで、義継と久秀の間に直接的な遺恨はない。その三好三人衆が久秀との戦いに勝利するために結んだのが、四国の篠原長房であった。ところが、その篠原長房と義継は対立していた（「享禄天文之記」『戦三』一三三〇、一三三一）。その背景には、二人の政権構想に大きな隔たりがあった。将軍義輝を討ち、朝廷に三好政権を認めさせつつあった義継に対し、長房は義栄幕府の設立を目指していた。義継や三人衆に勝利をもたらしたのは長房であったため、長房の発言力は強まり、義継と長房の対立は不可避となった。

義継という三好本宗家当主を失い、混乱に陥った三好三人衆方を鎮めるため、三月には急遽、阿波三好家当主の長治が畿内に渡海することになった（「随心院文書」『戦三』一三三七）。長治は、両三好家の統合を目論んでいたのかもしれないが、若年のために主導権を握れず、三好三人衆や篠原長房、三好康長による集団指導体制に移行した。

一方、久秀は三好本宗家の当主である義継を推戴したことで、劇的な復活を遂げた。四月六日に堺より信貴山城へ進み、十一日には多聞山城への帰城を果たしたのである（『多聞院日記』）。

大仏殿の戦い

三好三人衆が率いる一万の軍勢は久秀を追って、永禄十年（一五六七）四月十八日、奈良周辺へ布陣した。二十四日には筒井順慶とともに天満山や大乗院山に進み、興福寺の塔や東大寺の南大門に上り、鉄砲を放った。その様子を多聞院英俊は「両陣の巷、昼夜只雷電の如し、片時も安堵の思いなし」と記している（『多聞院日記』）。

五月二日、石成友通と池田勝正が東大寺念仏堂・二月堂・大仏の廻廊に陣取ったのに対し、久秀は戒壇院に立て籠った。東大寺が戦場となったことに、英俊は「大天魔の所為と見たり」と嘆いている。十八日に三人衆は東山より多聞山城を攻めたが、久秀の反撃を受けた。この際、久秀は敵に陣取らせないため、般若寺や文殊堂をはじめ、戒壇院の授戒堂、松山安芸守の宿所、西院郷などを焼き払った。その様子は「猛火は天に耀き、鯨波大地動くばかり」であったという。晦日には、角振町（つのふりちょう）の新五郎の子源四郎が久秀に通じたため、順慶が殺害している。

六月二日には奈良の外港である山城の木津が焼かれた。十七日、信貴山衆と箸尾衆が筒井郷の椎木や小泉を放火して、後方を攪乱した。そのためか、二十七日、順慶は三人衆に和睦を勧めている。しかし、特に進展しなかったようで、七月二十三日には、三人衆の調略により松永方の五人が寝返り、戒壇院千手堂が焼失した。八月十六日、三人衆が出陣したが、今度は逆に、松浦氏や松山氏の軍勢二百が松永方に裏返っている。二十五日には松山守勝も松永方となって、飯盛城を奪取することに成功した。このため、三人衆は二千の兵を割き、石成友通らが河内へ向かった。

九月になると、松永方に味方した根来寺が名倉（なぐら）城（和歌山県橋本市）にまで進出し、四日には吐田郷（奈良県御所市）を焼き、十三日には河内の烏帽子形（えばしがた）城（大阪府河内長野市）にも攻撃を加えている。これに対して、三人衆も播磨より別所氏を呼び寄せ、六日には飯盛城を攻めて開城させた。しかし、早くも十六日に飯盛城の松山安芸守が久秀に味方したので、久秀は五百の援軍を飯盛城に入城させた。同日には田原の坂上（さかうえ）氏も久秀に裏返っている。久秀は調略により、勢力を盛り返しつつあった。

そうした久秀を、織田信長も支援した。信長は八月に斎藤龍興を美濃から追放すると、伊勢にも侵攻し（『里村紹巴富士見道記』）、上洛への道が大きく開かれた。こうした状況下で、信長は八月二十一日、柳生宗厳に書状を送り、久秀とは連々相談してきたとし、義昭への忠

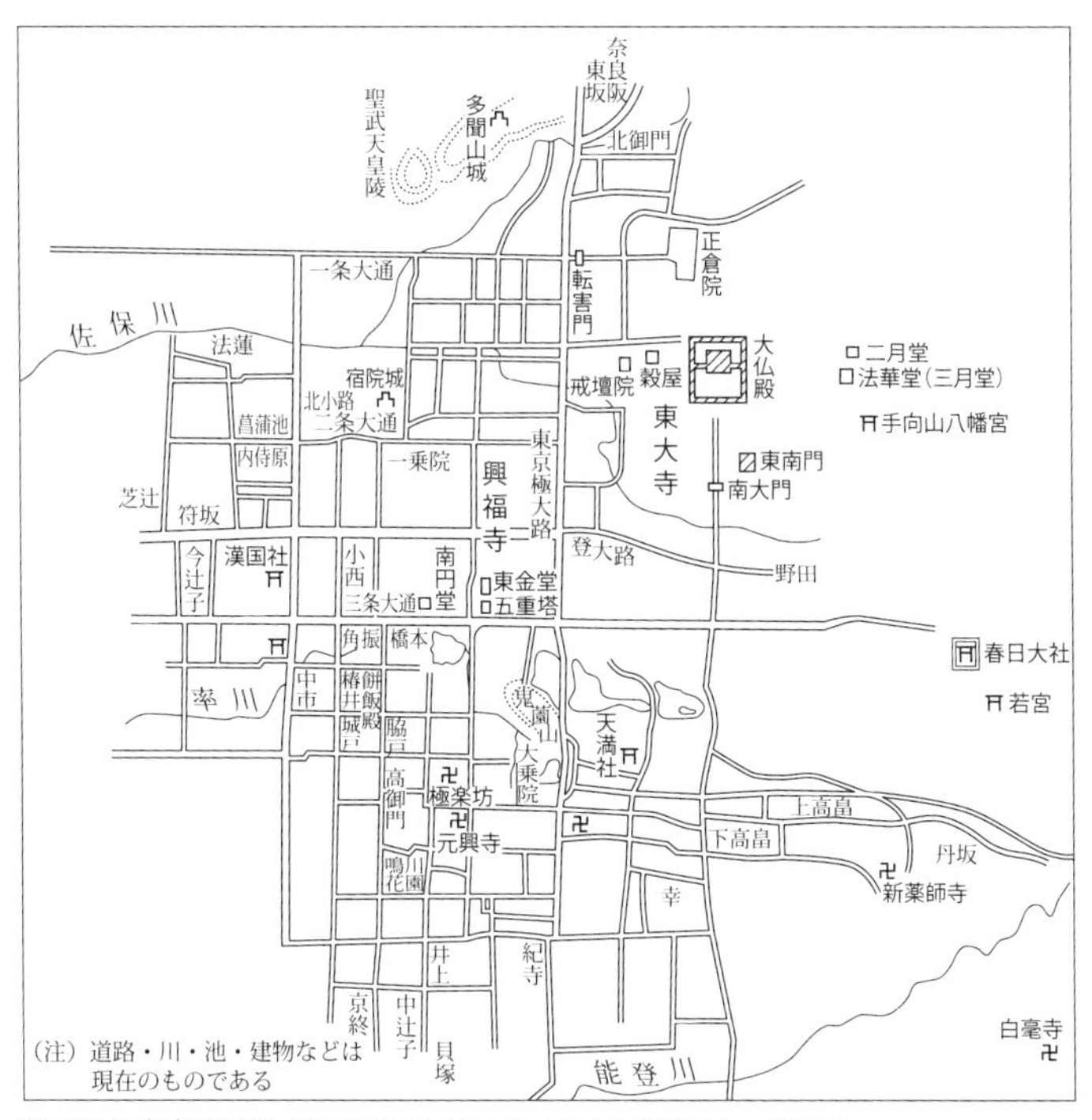

戦国期の奈良周辺図（和田萃他編『奈良県の歴史』所載図を一部修正）

節を尤もと褒めた。信長の重臣の佐久間信盛は二十八日、近江の六角氏の動向が定まらないため、信長の上洛が延引していると弁明し、久秀と相談し、状況が調い次第、奈良へ向かうと宗厳に述べている（「柳生文書」『戦三』一三六二、一三六四）。信長と宗厳の仲介には結城忠正があたった。この頃、宗厳は松永氏に完全には包摂されず、与力として半ば独立する状態となる。信長から直接書状を受け取るだけでなく、松永久通を取次として三好義継からも直接感状を与えられた（「柳生文書」『戦三』一三五三）。松永氏の弱体化により、相対的に柳生氏の存在感が増し、宗厳もより上位の権威とのつながりを求めた。このため、宗厳もかつてのように、機密に触れる久秀の取次ではなくなっている。

そして、十月十日、久秀は東大寺に陣取る三好三人衆に夜討ちをかけた。この時に兵が放った火が広がり、穀屋や法華堂（三月堂）に延焼し、そこから大仏の回廊へ次第に火がまわって、午前二時頃に大仏殿をたちまち焼き尽くした。その様子は、猛火が天空に満ち、さながら落雷があった時のように、一瞬にして燃え落ちてしまったという（『多聞院日記』）。

それに対して、東大寺の年預五師(ねんよごし)であった上生院(じょうしょういん)浄実の記録を薬師院実祐が延享(えんきょう)二年（一七四五）に書写した『東大寺記録写』によると、久秀が三手に分かれて攻め寄せたところ、西の回廊から火の手が上がり、折からの西風により、大仏殿は炎上したとする。『二月堂修中練行衆日記』にも同様の記載がある。

また、東大寺の蓮乗院寅清(いんせい)が、古老より聞きとったことなどを編纂した江戸時代の『寺辺之記』によると、三好三人衆は防戦に努めたが、かなわずに大仏中門堂へ火をかけて撤退した。その火が大仏殿の西の回廊へ燃え移ったとする。このように、久秀ではなく三人衆の方が火を放ったとするものに『フロイス日本史』があり、三人衆の軍にいたキリシタンの兵士が、信仰の証として火を放ったとしている。久秀の宿敵である筒井順慶を主人公として、宝永四年（一七〇七）に成立した『和州諸将軍伝』でも、三人衆が篝火を捨て置いたところ、鉄砲の火薬に燃え移り、大仏を焼いたとしている。世間には久秀が大仏殿を焼いたという説があるが、詳細に考えるべきであると、三人衆による失火説を取っている。

大仏炎上は、久秀梟雄説の証拠として挙げられることが多いが、実際は両軍の戦闘により起こった不慮の事故に過ぎず、しかも放火は当時の一般的な戦闘行為の一環に過ぎなかった。どちらが火を放ったのかも確定できない。

そもそも信長が延暦寺を焼き討ちしたのとは根本的に異なり、大仏殿を焼くこと自体は目的ではなかった。そのため、久秀は翌永禄十一年四月二日、大仏殿再興の勧進にあたる阿弥陀寺の清玉を後代に残る名誉と称えている（「阿弥陀寺文書」『戦三』一三九八）。長逸も十八日に洛中洛外の諸寺より志を集めるよう促したが、自身も正親町天皇より大仏再興に尽くすよう綸旨を受けている（「阿弥陀寺文書」『戦三』一三九九、「戦国三好党所収写真」『戦三』一四〇二）。

永禄十年十月十日、久秀は大仏殿の戦いに勝利したが、三好三人衆に決定的打撃を与えた訳ではなかった。二十一日には、飯盛城を守る松永方の松山安芸守と山口秀勝が、三好長逸と篠原長房に城を明け渡して、堺に退去している。

また、大仏殿が焼失したのを見た興福寺は、十一月日付で春日社や興福寺山内における乱妨強盗や剝ぎ取り、神鹿の殺害や山木の伐採を禁ずる旨の禁制を、義継と久秀・久通親子の双方より獲得した（「多聞院日記」『戦三』一三七七）。ただ、義継や久秀の軍勢は興福寺内に在陣しており、興福寺は近衛前久を通じて陣払を申し入れたが、久秀に拒否されている。奈良の緊張はいまだ解けていなかった。

この頃、信長は永禄九年と同様、伊勢から大和を経る上洛を計画していたようだ。十二月一日付で、柳生宗厳・興福寺在陣衆・岡因幡守・多田四郎・瓶原七人衆中・椿井一郎に対して、義昭の上洛にすぐにでも供奉するとしたうえで、各自に忠節を求めただけでなく、「多聞」への入魂も求め、信長自身が久秀・久通父子を見放さないと誓紙で申し合わせたので、必ずや加勢せよと命じた（「柳生文書」「岡文書」「土屋文書」「朱雀家文書」「寛永諸家系図伝」『戦三』一三七八）。これらはすべて同文であり、もっと多くの大和や山城南部の国人に送られたであろう。このうち、興福寺在陣衆宛は「柳生文書」にあるので、興福寺に陣取る松永方の軍勢を指揮していたのは、宗厳であろう。

大仏殿の戦いで三好三人衆を破ったとはいえ、義継や久秀はいまだ劣勢で、義昭や信長の上洛を大義名分にして、国人らの結束を図り、調略をしかけねばならなかった。翌永禄十一年正月一日には、河内の津田城（大阪府枚方市）が松永方に寝返った。二月には義継も和泉の細川刑部大輔と結んでいる（「三浦家文書所収関本氏古文書模本」『戦三』一三八三）。

　そうした中、『フロイス日本史』第一部七十六章、すなわち一五六七年の記載によると、キリストの誕生を祝う降誕祭の際、堺で戦っていた二つの軍勢の双方に、多くのキリシタン武士がいたという。彼らはお互いに愛し合っていることを異教徒に示すため、堺の町衆より会合所を賃借りし、聖夜に一同が参集して、翌日の正午までミサを行った。その午後には互いに料理を持参して招待しあい、デウスについて語り、歌を歌ったため、その様子を一目見ようと、異教徒の群衆が押し寄せたという。

　事実上の日本初のクリスマス休戦であるが、この時に堺で戦っている軍勢は、松永方と三好三人衆方が想定される。松永方には清原枝賢や結城忠正、高山飛騨守など永禄六年に改宗したキリシタンがおり、三人衆方にも三好長逸や篠原長房がキリシタンに親和的な対応を示し、その家臣にはキリシタンがいたことから、そうした休戦が実現した可能性も高い。

　一方で、永禄十年から天正三年（一五七五）までの九年間にわたって、奈良最大の祭礼である春日若宮おん祭は中止されることになった。十六世紀には赤沢朝経や柳本賢治の侵入により、たびたび中止になることはあったが、約十年もの長きにわたって中止が続くことは異常な事態であった。

義昭幕府成立の立役者

永禄十一年(一五六八)二月八日、朝廷より将軍宣下がなされ、足利義栄は摂津富田(とんだ)(大阪府高槻市)に在国のまま、征夷大将軍に任官した。

三好三人衆方は調略を進め、篠原長房は大和の鷹山藤寿に河内より知行を与え(「興福院文書」『戦三』一三八〇~一三八二)、山城の狛(こま)吉三郎にも通じていた(「酒井宇吉氏所蔵文書」『戦三』一三八五)。

十市遠勝は二月二十日、対立する秋山氏の森屋(もりや)城(奈良県田原本町)を攻め、三月十一日には三好康長らと誓紙を取り交わし三人衆方となったため、秋山氏が松永方に味方するなど、義昭・松永方と義栄・三好三人衆方という戦争の中で、大和国人同士の勢力争いも複雑に絡み合っていた。また二十九日には、松永方の土岐頼次の家臣が三人衆方に内通し、本陣を焼こうとしていたことが露見し、捕えられる事件が起こっている。

三好康長以外にも「高屋衆」として、三好盛政・大嶋助兵衛・遊佐安芸守・加地盛時・三鬼鎰助・甲斐庄(かいのしょう) 助丞(すけのじょう)・木村宗也が奈良の西に駐屯して、圧力をかけ続けていた(『多聞院日記』)。松永方の畠山氏も分裂していたようだ。

　そして五月、態勢を立て直した三好三人衆方は、再び大和への侵攻を開始する。十九日に、河内の津田城を攻略した篠原長房と三好宗渭は山城南部を経て、二十二日、西の京に陣取ると、二十四日には春日社へ社参するなどの示威行為を行った。これに対して、筒井順慶は薬師寺への陣取を差し控えるように交渉し（「薬師寺文書」『戦三』一四〇九）、成身院で接待にあたるなど、連携を強めている。長房と宗渭は一部の軍勢を抑えに残して、河内へ陣替えしたが、おそらく信貴山城の包囲に加わったのではなかろうか。信貴山城には細川藤賢などが籠城衆に加勢していたが、三好康長によって「向城」が築かれ包囲されており、本願寺顕如の仲介によって、六月二十九日に開城した（『細川両家記』）。

　久秀は、近江甲賀の多羅尾光俊より信長の出陣が近い旨を知らされて喜び、連携を確認しあっていたが（「大阪城天守閣所蔵文書」『戦三』一四一二）、多聞山城に並ぶ重要拠点である信貴山城を失い、苦しむことになった。

　そうしたところ、足利義昭が上洛の兵を起こさない朝倉義景を見限り、七月に美濃の立政寺（岐阜市）に移ったことで、事態は大きく動き始める。信長は六角氏との交渉が決裂した八月十四日、近日中の出陣を三好義継に告げ、義昭の御内書を取り次いで参陣を促した（「丹波市教育委員会所蔵文書」『戦三』一四一九）。

　九月になると、三好康長らが筒井順慶とともに東大寺へ攻め寄せた。その一方、信長は七日、ようやく岐阜を出陣、十三日には六角氏の本城である観音寺城（滋賀県近江八幡市）を攻略した。久秀が信長と連携して出陣することを警戒した三好三人衆方は、同じ十三日、三好宗渭と香西元成を木津に派遣し、久秀に備えた（『多聞院日記』）。

実はこの頃、久秀はすでに瀬戸内海の能島村上武吉や、それを支援する毛利元就とも連携していた。武吉は九月二十七日、毛利氏家臣の細川通薫らの援軍を得て、三好長治の家臣の香西又五郎と備前の本太城（岡山県倉敷市）で戦い、勝利したことを久秀に伝えた（「屋代島村上文書」『戦三』一四二八）。足利義昭が武吉や通薫の軍功を賞していることから（「屋代島村上文書」「下関文書館所蔵細川家文書」）、本太城の戦いも義昭の上洛作戦の一環として位置づける必要がある。

従来、義昭や信長の上洛は『信長公記』の記事から、信長の猛勢ばかりが注目されてきた。しかし、実際は義昭を中心に、織田信長・松永久秀・三好義継・安見宗房・畠山秋高・村上武吉・毛利元就が結集し、義栄を擁する三好三人衆や三好長治、篠原長房に対する包囲網を周到に作り上げた成果であった。

三好三人衆方は、京都の防衛に兵力を集中させることができず、近江方面、大和方面、備前方面と兵力を分散させたまま、義昭と信長を迎撃することになった。また、将軍義栄は病床に伏せ、九月三十日に病没したこともあり（『公卿補任』）、士気はまったくあがらなかった。

義昭と信長は、九月二十六日には東寺にまで進出したが、洛中に入ることなく、すぐに摂津へ侵攻して、十月二日には芥川山城に入城した。強力な信長の軍勢により、三好三人衆方を撃破したかに見える。しかし、三好三人衆や篠原長房はほぼ無傷で兵力を温存したまま、阿波に退いており、ここで打撃を与えることができなかったことが、義昭幕府の不安定要因となっていく。

この間、大和では九月二十六日に、三人衆方の筒井順慶と三好新丞(しんのじょう)も撤兵したため、久秀は奈良中や興福寺において、その混乱に乗じた乱妨狼藉を禁止した。その一方、成身院・常如院・吉祥院・蓮成院が久秀より税を賦課されることを恐れ、法隆寺近辺に逃れている。また、二十七日には松永方の箸尾為綱が三人衆方の十市郷を焼き、秋山氏が十市氏の龍王山城を占領するなど、攻勢に出ていた。

久秀は二十八日、広橋保子との間に生まれた娘を、祝言と号して信長に遣わした（『多聞院日記』）。英俊はこれを人質と見ているが、久秀は信長の息子信忠(のぶただ)との縁組みにより、同盟関係の強化に努めようとしていた。十月四日には、久秀自身が芥川山城に赴き、義昭と信長に対して御礼を行った。この時、「我朝無双」と称された付藻（九十九）茄子の唐物茶入を信長に贈っている（『信長公記』）。これに対し、義昭と信長は「和州一国は久秀進退たるべし」と久秀の大和支配を承認した（『多聞院日記』）。筒井氏に味方する井戸氏や豊田氏などは、筒井方の中坊駿河守の仲介により、義昭に降伏しようとしたが、信長はこれを許さなかった。筒井方国人を久秀と区別して処理していることに注意せねばなるまい。

将軍義栄の幕府を打倒した義昭は、十月十八日に将軍に任官した。そして、流浪時代から側近として尽力してきた和田惟政に芥川山城と摂津を任せ、信長は旧六角氏領国の近江南部を支配下においた。久秀は大和一国を領し、三好義継は飯盛城を、畠山秋高も高屋城を回復した。安見宗房は将軍直臣として奉公衆に列することになった。

信長は他にも義継や久秀に許されていた桐御紋を、義昭より下賜された。三好氏や松永氏が政所執事伊勢貞孝の奉書によってであったのに対して、信長は義昭自筆の御内書であり、義継や久秀を超える地位にあることを示した。

従来、久秀は信長に降伏したとか、名物茶器を信長に献上したことで大和一国を安堵されたと理解されてきた。しかし、これは完全に誤りである。久秀は、義昭や信長にとって敵ではなく、二年前からの味方である。それどころか、久秀は三好三人衆や篠原長房の攻撃を一手に引き受け、その東進を食い止めた。さらに、近江方面からの上洛を図る義昭や信長を援護するために、自身は木津へ、久秀と連携した村上武吉や毛利元就が備前へと、三人衆方の兵力を分散させた。これが功を奏し、義昭や信長の上洛を容易ならしめたのである。こうしたことは、義昭や信長も理解しているからこそ、久秀に敵対した筒井方国人を決して許容せず、討伐することにしたのだ。

大和に残った松永久通は、十月六日、筒井城への攻撃を開始した。郡山衆の寝返りもあり、八日に順慶が退去して落城した。十日、義昭が細川藤孝と和田惟政を、信長が佐久間信盛を大将として二万の援軍を大和へ送ると、早速、窪庄城（奈良市）を落とし、井戸・柳本・豊田・森屋・十市・布施・猶原・万歳の諸城を攻撃していった。こうして、久秀は信貴山城の奪還も果たす。二十三日には、久通や竹内秀勝も義昭や信長に御礼のため上洛し、その後、朝廷に参内する予定であった。

大和に進駐した織田方の軍勢は、二十九日に奈良中へ巨額の制札銭を賦課した。多聞山城周辺の地下衆は免除を求めたが、興福寺の住坊や院家にまで賦課する有様であった（『多聞院日記』）。法隆寺も堺で米を換金して、信長への礼銭を久秀に納めねばならなかった（「法隆寺文書」『戦三』一四三二、一四三三、一四三五）。

こうした中、十一月十二日に、久秀の義兄である広橋国光が死去した（『言継卿記』）。

十二月二十四日、久秀は美濃へ帰国した信長への礼のため、岐阜城へ向かった。信長と久秀という義昭幕府を支える二人が京都を留守にしたこの状況を、軍勢を温存したまま京都を退去した三好三人衆が見逃すことはなかった。三人衆は翌永禄十二年正月四日、将軍地蔵山城や東山を焼いて、岐阜との通路を遮断すると、五日には洛中に攻め込み、義昭の居所である本国寺を攻め立てた。六日に義継らが、十日には久秀や信長も援軍として駆け付けたが、三人衆はすでに退去しており、またしても打撃を与えることはできなかった。

洛中にまで攻め込んだ三好三人衆の軍事的脅威を目の当たりにした義昭は、毛利元就の次男である吉川元春に、本国寺の戦いの勝利を喧伝し、四国に退いた三好三人衆の討伐を命じる御内書を発給したが、その副状を発給したのは松永久秀であった(「吉川家文書」『戦三』一四三九)。義昭の副状を発給したのは信長ばかりではない。ここからも、久秀が有力な義昭幕府の構成員であったことがうかがえる。

また、三好三人衆に奪われた地を奪還するため、義昭幕府は二月から三月にかけて、軍勢を摂津・河内・和泉に派遣した。その構成は、義昭直臣の和田惟政、信長家臣の佐久間信盛・坂井政尚・森可成(もりよしなり)・蜂屋頼隆・柴田勝家、久秀家臣の竹内秀勝・結城忠正、義継家臣の野間康久であった(「南行雑録」「本興寺文書」「多田神社文書」『戦三』一四四〇〜一四四二)。そして、京都では二条城の普請に取り掛かった。

久秀は義継とともに、三月二十八日にその普請見物に訪れているが、この時「弾正少弼」ではなく「山城守」の受領名を名乗っている(『言継卿記』)。これは、信長が上洛にあたって、「尾張守」から「弾正忠」に変更したため、久秀が信長に慮って変更したのであろう。

三月二十七日には、義昭より「御父」と呼ばれた信長が媒酌人を務める中、義継は義昭の妹を嫁に取り、義弟となった（『言継卿記』）。信長の息子信忠と久秀の娘がそのまま結婚する可能性もあり、幕府内に堅固な血縁関係がつくられつつあった。

すなわち、義昭幕府は織田信長のみに支えられていたのではなく、松永久秀や三好義継、畠山秋高も含めた有力大名による連合政権であった。久秀や義継、秋高は信長に臣従した訳ではない。軍事力において信長の力は大きく、秋高が期待されていないという差はあるが、基本的には対等な立場で義昭を推戴する関係にあった。

大和支配の再構築

永禄十二年（一五六九）、三好三人衆や筒井順慶を排除した久秀は、敵対した国人の吐田氏の跡職（奈良県御所市）を闕所にして岡因幡守に与え、筒井氏家臣の福住氏の跡職には、信貴山城を守る山口秀勝を入部させた（『二条宴乗記』）。四月には片岡城（奈良県上牧町）を攻略すると後に「下代衆」を置いた（『二条宴乗記』）。十月に貝吹城（奈良県高取町）を落として越智家増を排除すると、翌月には自派の越智家高に与えている（「岡本文書」「織田文書」『戦三』一四七七、一四七八）。

興福寺とも良好な関係が築かれていた。閏五月十八日に久秀は興福寺のために御所（奈良県御所市）の浄土真宗の道場を破却している（『多聞院日記』）。久秀は興福寺の宗教支配を認めており、それを支えていたのである。

そして、久秀は十月二十九日、多聞山城の西南にあたる法蓮郷に、十一月四日には北里に市を立てるよう相次いで命じた（『多聞院日記』）。これらの市と同一であるのか不明であるが、「多聞之うら新市」もあった（『尋憲記』）。戦国時代の奈良には、興福寺六方衆が南市を、学侶が高天市を開き、他にも今在家市が存在していた。しかし、久秀が義昭幕府を支える有力大名となり、三好三人衆との戦いの戦後処理にあたる中で、軍勢の出撃拠点として、また、国人からの人質の生活拠点として、大和一国の政庁である多聞山城の機能は拡大し続けた。そうした中で久秀は、多聞山城独自の市の開設に踏み切ったのである。

後の元亀二年（一五七一）十月二十八日に、片原山を預かる「坂衆」十一名が東大寺に提出した連署状によると、もし多聞市が楽市となった際には、地子の納入方法を米から以前のように銭に変更するとしている（「櫟尾文書」）。後述するが、この連署状が作成された時は、久秀が筒井順慶に大敗を喫した辰市の戦いの直後で、軍需物資の調達に奔走するも、三十年に一度という水害による不作で（『多聞院日記』『尋憲記』）、極度の米不足に陥っていた。そうした苦境下で、久秀が多聞山城に付随する二つないし三つの市に対して、流通政策として楽市令を命ずる可能性があったのである。

永禄十三年正月二日、久秀は飯盛城から若江城（大阪府東大阪市）に移った義継に礼に赴いている（『二条宴乗記』）。久秀にとって義継は、正月の礼を行うべき主君であった。

二十三日に織田信長は、禁裏の修理や義昭の御用、天下の静謐のため、諸大名や国人に上洛を求めた。そのため、久秀は「和州諸侍衆」を率い、久通や三好義継とともに二月十五日に上洛した。この時、久秀と義継は援軍を淡路に遣わし、安宅神太郎とともに、三好三人衆を破り、彼らの上洛を防いでいる（『今井宗久書札留』）。十八日には竹内秀勝の娘が近江甲賀の多羅尾光俊の許に嫁いでおり、大和の国外への勢力拡大を図っていた。

ところが、久秀親子が上洛した隙をついて、井戸良弘が二十日に多聞山城を急襲する事件が起こった。松永方はこれを怒り、二十二日、井戸氏の娘と松蔵権介の息子を見せしめのため串刺しにしている。その後、井戸城を落とし、四月五日に破却した。

四月十四日には義昭の二条城の普請が完成した祝宴で、観世大夫と金春大夫の能が興行されたが、これには織田信長をはじめ、飛驒の姉小路頼綱、伊勢の北畠具房、徳川家康、畠山氏、一色氏、三好義継、松永久秀と公家の摂関家や清華家が参集した。これらの諸大名は義昭幕府の軍勢として、若狭の武藤氏と越前の朝倉義景を討伐するため、二十日に京都を出陣した。二十三日にはこうした義昭幕府の威勢を朝廷は認め、義昭の執奏による改元を行い、年号は元亀と改まる。

このように、久秀は義昭幕府の政務を処理するため、大和になかなか専念できなかった。その間隙をつく形で、三好三人衆が大和に迫っていた。前年に阿波で死去した三好宗渭に代わって、その弟の三好為三と石成友通が大和の西大寺とすでに通じており、四月二十二日には音信を交わしていたのである（「西大寺旧記所収筒井氏代々旧記幷宝来等旧記」『戦三』）。井戸氏の挙兵もこれと無関係ではなかったであろう。

浅井長政が朝倉義景や六角承禎、さらには三好三人衆方と結んで（「藤野氏所蔵文書」）、信長から離反したことで、織田方は越前からの撤兵に追い込まれた。この時、久秀は信長のために先駆けし、甲冑姿で出迎えた朽木元綱（くちきもとつな）に信長に誤解を与えるとし、単衣広袖に着替えさせたので、安心した信長は感悦したという（『寛永諸家系図伝』）。無事、大和に帰国した久秀と久通は五月二十三日、春日社に参詣し、六月六日より十市・福住・郡山を転戦し、焼き払っている。

その結果、七月十八日には、「知行クハリ」と呼ばれる一国規模の知行割（ちぎょうわり）と給人（きゅうにん）の入れ替えを実施した（『二条宴乗記』）。従来のように、個別に闕所にして給人を入れ替えるのではなく、一斉に知行割を強行し、すべての収取を松永方が差し押さえることで、興福寺の知行は断ち切られることになった。決定的打撃を受けた興福寺には、翌年以降も一向に収納がなく、苦しむことになった。

また、大乗院門跡領をめぐって前門跡の尋円（じんえん）と新門跡尋憲（じんけん）が争いを起こしたため、久秀は仲裁に乗り出し、八月二十日には古帳や現納の書上の提出を求めた（『尋憲記』）。十月十五日に大乗院御坊中が、尋円が三分の一を、尋憲が三分の二を分割相続する案を示し、久秀もこれを了承したが、尋円が拒否したため、相論は翌年まで続くことになった。そのたびに久秀は介入し、門跡領を掌握していくことになった。この相論については、関白二条晴良が久秀へ、尋憲に有利な調停に謝意を示したが、晴良の妻も久秀の妻へ「あらあら御うれしや」と喜びを述べている（「尋憲記」『戦三』一五五五〜一五五七）。

久秀は多聞山城の周辺に新市を立て、奈良に依存しない城下町の建設を志向し、興福寺の意向を無視して一国規模で知行地を家臣に割り当てることで、興福寺の収取体系を破壊した。永禄五年に三好政権下で大和平定を宣言した時と同様、元亀元年（一五七〇）に義昭幕府下で大和支配を推し進めたのである。

第六章　筒井順慶との対立

元亀争乱のはじまり

元亀元年（一五七〇）六月下旬から、堺に次々と渡海した三好三人衆は北上すると、大坂の西の野田・福島（大阪市福島区）に陣取った。三人衆方には三好康長だけでなく、細川信良、美濃の斎藤龍興、紀伊の雑賀孫市、それだけではなく、前関白近衛前久までも加わっており、一大勢力となっていた。筒井順慶もこの機に乗じて、七月二十七日に十市城に進み、八月二十二日には高樋城（奈良市）を築いた。松永久秀は三好三人衆と戦うため、高安（大阪府八尾市）に出陣しており、竹内秀勝が筒井方と戦っていた。

九月八日、久秀と三好義継は野田・福島と至近の海老江を攻略し、十二日には足利義昭と織田信長が合流すると「大鉄砲」による攻撃を開始した。しかし、その夜、大坂本願寺が信長の陣に夜襲をかけ、三人衆方として参戦したのである。三人衆は即座に淀川の堤を切り、信長を水攻めにした。二十一日に朝倉氏と浅井氏の軍勢が醍醐や山科にまで攻め込むと、義昭方の諸軍勢は京都に撤兵した。二十五日、久秀は信貴山城に、義継は若江城に入って、阿波三好家の援軍を得た三人衆方に対峙した。

三好三人衆・阿波三好家・本願寺・延暦寺・六角氏・浅井氏・朝倉氏・若狭武田氏・備前

浦上氏は、義昭幕府に対する包囲網を狭めていった。このため、義昭は和睦へと方針を転じた。

十月晦日に正親町天皇は、青蓮院門跡を通じて本願寺に和睦を命じ、十一月十三日に和睦が成立した。

十一月十二日より、久秀は、織田信長と三好三人衆や三好長治、篠原長房との和睦交渉を開始した。三人衆や四国衆は十八日、若江城の義継の許に参会しているので、和睦に向けた基本的な流れはできていたようだ。二十一日には、岐阜にあった久秀と広橋保子の間に生まれた満十歳の娘を、信長の養女として長治に嫁がせることが決まり、その用意ができるまでの間はその妹を人質として三人衆方に遣わすことになった。二十二日には、久秀と娘が岐阜から信貴山城へ帰り、十二月七日には、長房から久秀に人質が遣わされ、和睦が成立した（『尋憲記』）。

後に長女は、信長の妻濃姫の所望によりその縁戚の伊勢貞為に、次女は、信長によって殺された竹内季治の息子長治に嫁いでいる。

信長も、六角承禎と十一月二十一日に和睦した。正親町天皇は十二月九日、延暦寺に講和を命じ、関白二条晴良や将軍義昭の積極的な斡旋により、十二月十三日頃には信長と朝倉義景・延暦寺の間で和議が結ばれた（『尋憲記』『後撰芸葉』）。これにより、信長と浅井長政以外はほぼ和睦が成立し、義昭幕府は危機を脱した。

義昭幕府は、畿内近国の多くの大名を敵に回し、苦悩した。信長に敵視された三好三人衆方や朝倉氏は、もはや義栄の弟義助など将軍候補を擁することもなく、義昭幕府を圧倒しており、その勢力は頑強であった。信長は、朝倉氏攻めにより浅井長政の離反を招き、三好三人衆方との戦いの中で本願寺を敵に回し、義昭幕府を窮地に陥れた。それに対して、久秀は迅速に三好三人衆や阿波三好家の懐柔に成功したことで、義昭幕府を救った功労者であり、その功績は非常に大きかったのである。

久秀は、義昭幕府の力を背景に大和支配を推し進めただけではなく、義昭幕府を支える有力な柱の一つであり、その貢献度は決して信長に劣るものではなかったのである。

信貴山城からの後見

元亀元年十一月二十二日、松永久秀が三好三人衆と人質を交換する用意のため、信貴山城へ入ったが、この時、久秀の行動は「御帰」と記された（『二条宴乗記』）。これに対して、翌年七月四日に久通が多聞山城へ入ったことは「帰城」と記されている（『二条宴乗記』）。

もともと、久秀は信貴山城に「信貴在城衆」を置き、武勇に優れた山口秀勝に統括させていた（「法隆寺文書」『戦三』一八九八）。山口氏は山城南部の宇治田原（京都府宇治田原町）の国人で、一族の山口秀景などは本来、公家の葉室家の侍であったが、幕府にも仕え、足軽衆にもなっていた。また、秀勝への取次を行ったり、財政を管理したりした岡勝家など、久秀から見たら陪臣にあたる者もいた。秀勝の他にも、禁裏御蔵職の立入氏との関係が類推される立入勘介や、摂津高槻の入江志摩守などが在城し、法隆寺との交渉などを担当した（「法隆寺文書」『戦三』一八五二など）。さらに「信貴城足軽衆」が矢銭米を催促する黒印状を発給することもあった（「法隆寺文書」『戦三』参考一二六）。

また、勝雲斎周椿が久秀より多聞山城の作事を命じられたが、信貴山城でも法隆寺から寺で抱えている屋根葺き職人を徴集している（「法隆寺文書」『戦三』一八七四）。

永禄十二年（一五六九）以降は、久秀の「下代」として宮部与介と加藤氏が置かれており、膝下の平群郡の支配を担当していた。宮部与介は城内に長屋を持っており（『二条宴乗記』）、「和州平群郡信貴山城跡之図」（『大工頭中井家関係資料』）にも信貴山の雌岳に加藤氏の屋敷とともに描かれている。同図によると、立入氏や松永兵部大輔秀長の屋敷も城内に存在した。

久秀は当時、大和国内では大規模な知行割を実行して支配体制を定め、国外では三好三人衆方との和睦を結んだ。久秀にとって、永禄八年（一五六五）以来の平穏が訪れたのである。

そもそも、久秀は久通に家督を譲り、安堵や特権を保障する文書の発給だけでなく、軍勢の指揮も久通が行うようになり、久秀の活動は基本的に朝廷との交流などに限られつつあった。しかし、三好三人衆のクーデターにより、松永氏が存亡の危機に陥ったため、久秀が久通に代わって、指揮を振るったに過ぎない。初めて三好三人衆との和睦が成立し、その軍事的脅威が消滅し、国内も安定した今、隠居の久秀は、多聞山城の当主久通に大和支配の実務にあたらせ、自らは信貴山城にて大事にのみ関与する大御所政治を目指した。

翌元亀二年二月十四日、永禄十二年より中止されてきた興福寺の薪能（たきぎのう）を復活させて、久秀・久通親子とその女房衆百人をはじめ、侍衆三百人、河那部秀安・佐喜宮道長・塩冶慶定・渡辺重・海老名家秀などの重臣がそろって薪能を見物した（『二条宴乗記』）。この薪能はまさしく、久秀が興福寺の保護者であり、三好三人衆方との協調により大和の平和を維持していることを示す絶好の場となった。

義昭幕府からの離脱

久秀は卓越した交渉能力により、四面楚歌に陥った義昭幕府の危機を三好三人衆方との和睦により救った。しかし、それは思わぬ事態を引き起こしていく。

元亀二年（一五七一）五月十日、松永久通は、三好三人衆との対立時から援軍として指揮下にあった安見右近が、義昭直臣の和田惟政や畠山秋高と申し合わせて敵対したため、奈良の西新屋で自害させた（『二条宴乗記』『言継卿記』）。十二日には松永方が右近の居城である交野(かたの)城（私部城）を攻めている。久通の動きに呼応した三好三人衆が、三十日に秋高の守る高屋城に攻め寄せ、翌六月六日には三好義継もこれに加わった。

大和でも事態を急変させる事件が起こった。六月十一日、将軍義昭が突如、摂関家である九条家の娘を養女として、筒井順慶に嫁がせたのである（『多聞院日記』）。永禄十一年（一五六八）には降伏を許容しなかったのに、方針を転換し、最恵国待遇で味方に引き入れたのである。これを受けて、同日に中坊駿河守が、十二日には箸尾為綱が松永方から離反し、筒井方に帰参した。十四日になると、久秀の股肱の臣である竹内秀勝までもが寝返るとの噂が流れたため、秀勝の人質を多聞山城の本丸に移す騒ぎとなった。

そして、七月十五日、久秀は義継や三好長逸とともに、和田惟政が守る高槻城を攻め立てた。これにより、久秀と義昭の手切れは決定的となった。

たった一か月で、義昭幕府の有力大名である松永久秀が離脱し、代わって久秀の宿敵である筒井順慶が義昭幕府に加わったのである。その影響で松永方から筒井方に寝返る国人が相次いだ。一体何が起こったのか。これにはいくつかの複合した原因が考えられる。

一つめは、永禄八年以来の畿内の対立構図が変わり、久秀が義昭幕府を支える根本的な理由が失われたことである。そもそも、久秀が義昭や畠山秋高と結んだ理由は、三好三人衆に対抗するためであった。しかし、その三好三人衆との和睦が成立した。三好義継の下に松永氏・三好三人衆・阿波三好家が結集する動向が生まれたのである。

二つめは、摂津の和田惟政と河内の畠山秋高が、久秀を排除しようとしていたことである。義昭幕府と三好三人衆方の和睦が成立したことで、惟政は、三人衆が池田氏を調略したため摂津西半国を失った現状が公認されるだけでなく、三好氏の本拠地であった芥川山城の奪還を目論む三人衆の矢面に立たされることになった。秋高も、阿波三好家が奪還を目指す高屋城を居城としていた。惟政や秋高にとって、三好三人衆方と義昭の和睦は自らの権益が侵されかねない危機であり、和睦など百害あって一利なしであった。このような三好・松永方と将軍・畠山方が対立する状況は、永禄初年以来の根本的な対立の構図であり、それが再燃し、表面化したのであった。

三つめは、久秀が和睦を結んだ篠原長房が、備前の浦上宗景と結び、義昭幕府に赦免されたと号し、義昭幕府を支える有力大名である毛利氏の領国に攻め込んだことである。これにより、山陽の浦上氏だけでなく、山陰の尼子氏、瀬戸内の村上氏、九州の大友氏に挟撃される危機に陥った毛利元就と輝元は、織田信長に抗議し、義昭へ和睦の斡旋を請うた（「柳沢文書」『戦三』参考一一六）。これに対し、信長は阿波三好家との和睦は本意ではなく、義昭も長房を赦免していないと弁明した。さらに、義昭が長房に和睦を命じても受けないであろうと毛利氏に回答している（「宍戸文書」『戦三』一一一八）。結果的に久秀は、長房の軍事行動の片棒を担ぐ形となり、義昭が西国で最も頼みとする毛利氏を苦境に追いやったことで、義昭に不信感を抱かせることになった。

　四つめは、将軍義昭が久秀の宿敵である筒井順慶を赦免し、養女を嫁がせたことである。義昭が自分の娘や母の実家である近衛家からの養女ではなく、親三好方の九条家から養女を迎えるにあたっては、それなりの準備を要するであろう。また順慶も、中坊氏や箸尾氏を寝返らせる調略をするための時間が必要である。義昭と順慶は、久通が安見右近を殺害する以前から、用意周到に準備を進めていたのであろう。義昭は上洛した時に許容しなかった順慶を、なぜ許したのか。それは、三好三人衆・本願寺・朝倉氏による包囲網により、義昭幕府が崩壊の危機に陥ったためである。義昭自身が大坂で敗軍の憂き目にあい、信長が近江や伊勢の戦いに忙殺されて、援軍を期待できない状況下で、畿内において一人でも多くの味方が欲しかったのである。そうした時に、かつて一乗院覚慶として興福寺にあった義昭にとって、筒井氏は交渉しやすい相手であった。順慶を味方に引き入れるためには、久秀と順慶の関係など関心がなかった。久秀・久通親子にとってみれば、義昭に裏切られた思いであろう。

　元亀争乱の和睦がこの四つの状況を生み出した結果、久秀・久通は義昭と対立したのである。なお、従来は久秀が武田信玄と結んで、信長に背いたと解釈されてきた。しかし、これは二つの意味で正しくない。一つは、武田氏の発給文書の年代比定が進んだ結果、元亀二年段階では久秀と信玄の同盟関係がなかったことが明らかになった。もう一つは、信長とはそもそも主従関係にはないので、義昭と対立したのであっても、信長に背いたことにはならない。反義昭と反信長は同一ではない。

辰市の戦い

将軍義昭の後見を得た筒井順慶は攻勢に出た。元亀二年（一五七一）八月二日、順慶は辰市（奈良市）に要害を築いた。これを攻撃するため、信貴山城を出陣した久秀は、若江城から援軍としてやってきた三好義継や、多聞山城の松永久通と大安寺で合流し、四日に順慶と戦った。しかし、多聞院英俊が「当国（大和）初めて是程討ち取る事これ無し、城州（松永久秀）の一期にもこれ無き程の合戦也」と評するほどの大敗を喫して、一族や多くの家臣を討ち死にさせてしまったのである。

討ち死にしたのは、久秀の甥の松永左馬進（さまのしん）や孫四郎、竹内秀勝の娘婿である多羅尾光太の息子で久秀の養子になった松永久三郎をはじめとし、河那部秀安、渡辺兵衛尉、松岡秀孝、福智左馬頭、赤沢蔵人介、巣林院、竹田対馬守、豊田円専房、山崎久家、安倍、クルス、箸尾氏、唐院弟の延泉、山中の玉田太郎衛門、中岡藤市兄弟、野間氏、瓜生氏、半竹軒、春岡左近らであった（『多聞院日記』『二条宴乗記』）。

手傷を負った者の中には、竹内秀勝、山口秀勝、古市兄弟、柳生宗厳の子厳勝などがいた。竹内秀勝はこの傷が原因となったのか、九月二十二日、若江城で死去した。

死傷者は千名にも上り、久秀は重臣や歴戦の部将だけでなく、奉行人たちまでも失ってしまった。元亀四年に大乗院尋憲が松永氏より饗応を受けた際、四手井氏や海老名家秀、赤塚家清、佐喜宮道長、富森又丞といった家臣がいまだ健在であったが、元亀三年には渡辺重の謀叛の噂により、久通が宿へ番を派遣し、東大寺穀屋で重の「首ヲソル」（出家か）という事件が起きており（『多聞院日記』）、家臣団は弱体化しつつあった。

また、辰市の戦いに勝利した順慶は六日、筒井城の奪還を果たし、八月には超昇寺氏ら松永方に与していた国人を帰参させている。

ただ、松永方は合戦後も奈良中の小五月銭の徴収を行ったり、興福寺衆中と目代衆の任替色代をめぐる相論の裁許を行ったりしており、興福寺もなお「官符松永山城守」（『春日社司祐金記』元亀三年条）と、久秀を棟梁とする認識を持っていた。

また、八月二十八日に、摂津の和田惟政が白井河原（大阪府茨木市）の戦いで三好三人衆方の池田氏に敗れ、戦死した際、久秀は高槻城を接収しようとした。しかし、信長が派遣した佐久間信盛との交渉の末、九月九日に撤兵していることから（『尋憲記』）、久秀と信長は双方ともに、決定的な対立を避けようとしていた。

その一方、久秀は十月十日、槇島（まきしま）城（京都府宇治市）を攻めると、翌日には普賢寺城（京都府京田辺市）に入り、十五日には木津を攻撃するなど、山城南部を支配下に置こうとする。松永方がこのように奈良を留守にしている間は、三好康長が援軍のため奈良を守り、筒井順慶の攻撃を退けている。翌十一月には、逆に康長のかつての居城である高屋城を奪還するため、久秀は義継とともに、畠山秋高の高屋城を囲んでいる。

松永久通も柳生宗厳に命じて、東国へ使僧を遣わしたり、伊賀衆への調略や大坂本願寺と伊勢長島一向一揆との交渉にあたらせたりしており（「柳生文書」『戦三』一八三〇、一八三二、一八三八）、義昭幕府に対する調略を進めていた。

義昭幕府は元亀二年に大きく変質する。大和の松永久秀と河内の三好義継が離反し、摂津の和田惟政が戦死したことで、畿内において義昭幕府を支持するのは、畠山秋高のみになってしまった。しかし、その秋高も翌元亀三年閏正月四日、守護代の遊佐信教による暗殺未遂事件が起きており、義昭は頼みにできなかった。

義昭は筒井順慶という味方を得た一方で、畿内の過半を失ってしまったのである。

三好氏の再興

将軍義昭も松永久秀や三好義継の離反を、手をこまねいて見ていたわけではない。元亀二年（一五七一）十二月十七日、義昭は三好三人衆と行動をともにしていた細川信良を調略して、偏諱を与えて六郎から「昭元」とし、右京大夫に任じた。翌元亀三年正月二十六日には、三好三人衆の一人である石成友通を寝返らせ、山城国内で六か所の知行を与え、山城郡代に任じる下知を信長に遵行させた（「古典籍下見展観大入札会目録」『戦三』一六一七）。

石成友通はなぜ三好三人衆から離反し、義昭・信長方に与したのであろうか。そもそも、三好三人衆は失脚した久秀の地位を友通が継承する形で成立した。そのため、久秀が三好本宗家に復帰すると、友通はその立場を失ったのである。

三好義継は四月十三日、細川信良を再び味方につけただけでなく、義昭方であった伊丹忠親や和田惟長をも内通させて摂津を平定すると、三好長逸や松永久秀と相談して、一戦して雌雄を決すべきことを定めた（「誓願寺文書」『戦三』参考一二一、一二二）。また、三好為三や香西元成も帰参させている。そして、久秀とともに、安見新七郎の拠る交野城を囲んだ。

これに対して信長は、義継が首謀して久秀・久通親子と図り、畠山秋高と抗争を引き起こしたと理解しており、佐久間信盛・柴田勝家・坂井政尚・蜂屋頼隆及び西美濃三人衆を派遣して、交野城を救援させた(『信長公記』)。このため十六日に、義継は若江城へ、久秀は信貴山城へ、久通は多聞山城へそれぞれ退いた。

河内における戦いは、ついに三好・松永方と織田・畠山方の戦争へと拡大した。その準備のため、四月十六日に義継は、淡路水軍の中核で三好一族である安宅氏の重臣安宅監物丞(けんもつのじょう)に援軍を求めた(「北口本宮富士浅間神社文書(刑部家文書)」『戦三』一六三二)。義継は、畿内各地の戦いはなかなか決着がつかないので、思い切った掃討戦を行うから、必ずや淡路から渡海して馳走することが重要である。詳細については藤林五郎大夫に申し含め、淡路に下すが、「猶松永山城守(久秀)と日向入道(三好長逸)申さるべく候」と末尾を締めくくっている。三好本宗家当主である義継の命令を、久秀と三好長逸が遵行する体制が復活している。この体制こそが、往時の長慶段階の体制であり、義継はかつて近畿を支配した三好本宗家を、あるべき姿に復活させたのである。

こうした久秀に対し、信長は筒井順慶と結んで、多聞山城を挟撃する構えを見せた。五月九日、順慶が東大寺南大門に陣を布くと、信長の援軍も多聞山城の北を囲んだ(『多聞院日記』)。しかし、それ以上、信長が畿内に介入する余裕はなく、八月には義継が妙心寺に、久秀が大山崎に禁制を発給しており、京都を窺うようになった。八月九日には、多聞山城に身

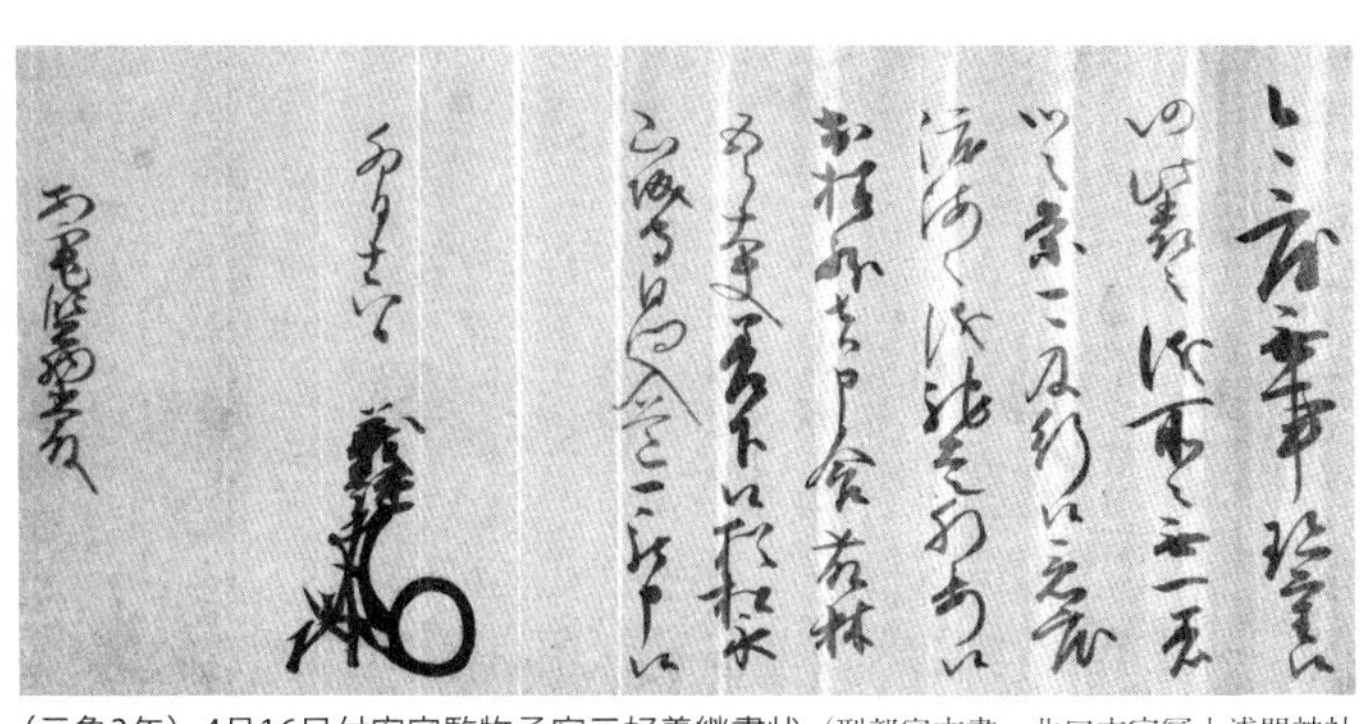

（元亀3年）4月16日付安宅監物丞宛三好義継書状（刑部家文書　北口本宮冨士浅間神社蔵、写真提供：ふじさんミュージアム）

を寄せていた土岐頼芸が旧臣の求めにより美濃へ向かったが（『多聞院日記』）、久秀か信長による調略であろう。

十一月十九日、久秀が片岡を焼き、二十二日に久通が今市で筒井方と戦うなど小競り合いが続いた。十二月二十日には久秀と義継で、義昭方になった細川信良を摂津の中島城（大阪市淀川区）に攻めている。

三好本宗家の下、久秀は大和で戦った。久秀にとって、将軍・畠山氏・六角氏と戦った長慶段階の戦争の構図と変わった点は、六角氏が織田氏に代わったことのみであった。

義昭と御一味

元亀三年（一五七二）八月、三好氏・朝倉氏・本願寺の包囲網に苦しむ将軍義昭は、武田信玄に信長と本願寺の和睦の仲介を命じた。義昭は苦境を脱するため、信玄に期待したが、本願寺顕如とは縁戚関係にある信玄の介入は、信長にとって受け入れがたいものであった。義昭が筒井順慶や信玄を味方につけようとした判断は、大局的には正しかったかもしれないが、順慶と対立する松永久秀や、本願寺と戦っていた信長の事情を無視したものであった。そして、十二月二十二日、信玄は三方が原（静岡県浜松市）の戦いで、織田・徳川連合軍を破り、信長との関係は決裂した。

元亀四年正月段階において、三好義継・松永久秀・篠原長房・本願寺顕如・朝倉義景・浅井長政・六角承禎・武田信玄は、将軍義昭・織田信長・徳川家康・筒井順慶に対して圧倒的優位に立った。大和国内においても、正月一日段階の情勢について大乗院尋憲は、松永方として、中坊飛驒守・古市氏・布施氏・万歳氏・高田氏・猶原氏・龍王山城の十市氏・柳本氏・細井戸氏・山田氏・秋山氏・柳生氏・狭川（さがわ）山中衆・簀川（すがわ）山中衆・伊賀の仁木氏を挙げている（『尋憲記』）。久秀の勢力は、大和北部一帯から伊賀にまで及んでいた。その上、正月二日には六角氏家臣の三上栖雲軒（みかみせいうんけん）へ、信玄が三方が原の戦いに勝利したことを伝え、織田方への調略を促している（「護国寺文書」『戦三』一六四三）。

一方の信長は、義昭に十七か条の異見書を送り、義昭が改元をはじめとして朝廷への勤仕を無沙汰していると批判し、忌まわしい前例として三好義継や松永久通に討たれた義輝を挙げていた。また、諸大名へ御内書を発給し、義昭が独自に筒井氏や武田氏を調略したことを非難した。

久秀は調略を進め、二月六日には京都近郊の山本氏や磯貝氏、金蔵坊（こんぞうぼう）だけでなく、近江瀬田（大津市）の山岡景猶（かげなお）までも義昭から離反させた（『尋憲記』『兼見卿記』）。その後、西岡でも一揆を起こさせ、京都の周囲の街道を封鎖する。

追い詰められた将軍義昭は、ついに二月十三日、朝倉義景と浅井長政に対して、信長を敵として挙兵する意志を明らかにした。そして翌日には、松永方へも「御一味」する旨が伝えられ、十八日には久秀家臣の四手井家保によって、大乗院尋憲にも連絡された（『尋憲記』）。

信長は二月二十三日付の細川藤孝宛の黒印状で、義昭との和睦を望み、人質を差し出したことを伝えたが（「細川家文書」）、義昭は毛利氏や浦上氏にも参陣を促しており（「徳富猪一郎氏所蔵文書」）、決意は翻らなかった。

大乗院尋憲は久秀に対して、三月六日付で「天下本意に属し京都へ上洛候由、尤も目出度候」と祝意を表わしており、久秀と義昭の和睦を歓迎した（『尋憲記』）。

従来、義昭が信長包囲網を形成したと考えられていた。しかし、義継や久秀の離脱により、信長への依存度が増した義昭幕府が信長を切り捨てるのは危険過ぎる。実際は逆で、義昭は信長を見限らざるをえないよう、追い詰められたのだ。そして義昭は、三好氏・松永氏・畠山氏・本願寺・朝倉氏・武田氏・毛利氏・浦上氏によって構成される幕府の再編を図ったのである。

多聞山城の明け渡し

元亀四年（天正元年、一五七三）、織田信長は圧倒的劣勢となり、何度も将軍義昭に和睦を請い、挙兵の首謀者は側近の上野秀政であるとして、その成敗を訴えた。しかし、義昭に和睦を拒絶された信長は、三月二十五日に岐阜を出陣して京都に向かう。信長が期待していたのは、淀城の石成友通、勝龍寺城の細川藤孝、池田城の荒木村重であった。このうち、藤孝と村重を味方につけることに成功した信長は上京を放火し、四月七日には義昭の挙兵を鎮圧してしまった。

また、義昭にとって三つの誤算が生じる。一つめは、永禄十一年（一五六八）以降、信長と戦い続けてきた三好三人衆筆頭の三好長逸が、二月以降に死去したことである。

二つめは、武田信玄が四月十二日に病没したのである。これにより、武田氏は三河から甲斐に退去した。武田方は三月二十八日、義昭より安堵された知行と万歳氏の知行を支配することに異存はないと、松永方の大和国人である岡周防守（おかすおうのかみ）に対して覚書を与え（「国立国会図書館所蔵古文書」）、信玄の死を秘匿して「公儀御威光」をもって上洛すると、五月十七日付の信玄の花押が据えられた書状を送るなど、音信を交わしていた(「武州文書」「荒尾家文書」『戦三』一六六二、一六六五)。信玄上洛後の褒美まで予定されていたが、大きく目算が狂ってしまうことになった。

三つめは、阿波三好家当主の三好長治が、信長との和睦を望んでいたのである。四月十九日、信長が家臣の柴田勝家に対して、長治の弟の存保が織田方に味方する条件として、義継が支配する河内北部と摂津闕郡(かけのこおり)を望んでいることを伝えている(「山崎文書」『戦三』参考一二五)。また五月には、阿波から畿内や備前に毎年出陣し、対織田主戦派であった篠原長房が長治に討たれた。

六月には、織田方に味方しようとした畠山秋高が、遊佐信教に殺害される事件まで起こった。

武田氏と三好氏という東西の圧力を免れた信長は、七月三日に槇島城で再び挙兵した将軍義昭を十八日には鎮圧し、義昭の子義尋を人質に取って追放した。そして信長は二十一日、前年より朝廷が要望するも、義昭が懈怠してきた改元を行う旨を伝え、自身でいくつかの候補から「天正」を選び、早くも二十八日には改元を実現した。義昭が執奏した元亀から信長が執奏した天正への改元により、信長は、将軍を追放した自らの正統性を正親町天皇に担保してもらい、戦局を打開したかったのであろう。

二十一日、義弟三好義継の若江城に身を寄せた将軍義昭は、毛利氏に「当家再興」のため馳走を求めるなど（「柳沢文書」「小早川家文書」）、なお戦意はさかんであった。

義継は、本宗家家臣の諏訪行成（すわゆきなり）、三好長逸家臣の坂東季秀（ばんどうすえひで）を援軍として、友通の拠る淀城に派遣した。これを受けて、信長は木下秀吉と細川藤孝に淀城を攻めさせた。淀城の戦いは三好方と織田方の一大決戦であったが、八月二日、秀吉は諏訪行成と坂東季秀の調略に成功し、藤孝が友通を討ち取った。そして、八月二十日に朝倉義景、九月一日に浅井長政が相次いで滅亡した。

これにより、信長包囲網は完全に崩壊してしまった。大和の岡周防守は、信長に戦勝を賀し、信長は九月十一日に返礼している（「集古文書」）。また、それ以前の段階で、久秀の奉行人であった楠正虎も久秀から離れて、信長に仕え、右筆に登用されている。信長は十月二十一日には賀茂惣中に対して、筒井順慶と相談し、多聞山城を攻めるための付城を設けるよう命じた（「賀茂郷文書」）。

義昭に頼られた毛利輝元は安国寺恵瓊（あんこくじえけい）を畿内に派遣し、義昭と信長の和睦を斡旋するため、羽柴秀吉と交渉にあたらせることにした。そのため、義昭は十一月五日に若江城を退城し、堺へ移って交渉が行われた。信長もこの段階では、義昭との和睦や京都への帰還に理解を示していたが、義昭が信長に人質を要求したことにより、交渉は破綻してしまった。面目を潰された輝元は、義昭の毛利領への下向を強く拒否したため、義昭は紀伊由良（和歌山県由良町）へ退去した。

十一月九日、信長は義昭の嫡子義尋を擁して上洛すると、義継を攻めるために佐久間信盛らを若江城に派遣した。十六日、重臣の池田教正・野間康久・多羅尾綱知が信盛に内通して、その軍勢を城内に引き入れたため、義継は「天主」で女房衆や息子を刺し殺した後に、腹を十文字に切って自害した（『信長公記』）。

信長は義昭と還京に向けた交渉に応じたり、三好義継討伐に義昭の子義尋を擁して上洛したりしていることから、この段階では室町幕府を滅ぼす気はなかった。この年を室町幕府の滅亡の年とするのは、後世から見た結果論である。そもそも、義昭は将軍職を解任された訳ではない。過去に明応の政変で解任された義稙が復位したことがあったのも、当時の人々は知っている。信長と結ぶ徳川家康ですら、翌天正二年（一五七四）に義昭を三河へ迎えようとしており（「榊原家所蔵文書」）、幕府が滅亡したとは誰も認識していなかった。

こうした信長と義昭や義継の戦いに、久秀はなぜかほとんど動いていなかった。辰市の戦いの大敗後も、積極的に国外へ出兵していたのに比べれば、奇異である。あえて推測すれば、久秀を排除して三好三人衆の一人になった石成友通を、義昭や義継が許容したためではないか。また、岡周防守のように、大和国人が織田方に相次いで味方したことが理由とも考えられる。

義継の滅亡後、久秀は信長に降伏を願い出た。信長は若江城を攻略し、大和へ向かった佐久間信盛に対して、十一月二十九日付で朱印状を送り、久秀の申し分は「つらにくき子細」であるが、申してきたように、多聞山城を直接引き渡すこと、久通は信貴山城に移ること、久通の子を人質に出すことを条件に赦免すると伝えた（「堺市博物館寄託文書」『戦三』参考一二八）。

朝倉義景・浅井長政・三好義継が滅ぼされた一方、久秀のみが許されたのはなぜか。それは久秀が心血を注いで築き、その豪壮華麗ぶりを称えられた多聞山城を無血開城すると申し出たためではなかったか。そうした機先を制された信長の怒りが「つらにくき」に反映されているように見える。また、前述したように、久秀が義昭への遺恨により離反したことが信長と敵対することになった契機であり、義昭が信長と手切れになってからも、久秀自身は信長とほとんど戦っていないことも理由に挙げられよう。さらに、元亀争乱の際、阿波三好家との和睦交渉をまとめ、信長の危機を救った交渉能力を久秀に期待したのではなかろうか。実際、信長は天正三年に三好康長の降伏を許し、本願寺や四国との交渉を担わせている。

織田家臣として

天正元年（一五七三）十二月二十六日、松永久通は多聞山城を織田方に引き渡し、織田方の福富秀勝・毛利長秀・多羅尾光俊・佐久間才四郎が受け取った。翌天正二年正月二十日には、久通が降伏を許された礼のため、岐阜へ赴き、不動国行などの刀を献上している。多聞山城には、山岡景佐と島田秀満が定番する他、明智光秀や細川藤孝、柴田勝家、塙直政が番替のため、次々と入城した。三月九日段階では、多聞山城は解体され、「信長在京所」に移される予定になっていた（『尋憲記』）。

三月二十七日、正親町天皇より勅許を得た織田信長は、三千の軍勢を率いて多聞山城にやってきた。奈良中僧坊以下の陣取を禁止したため、「善政の下知」と奈良の住民は喜んだという（『多聞院日記』）。そして翌日に、正倉院より天下第一の名香とされる「蘭奢待」を取り寄せて切り取った。かつて、足利義満、義教、義政が切り取ったが、信長は正親町天皇に献上することで、歴代の足利将軍を上回る正統性を、天皇より得たことを世間に示した。また、三好三人衆との戦いで興福寺や東大寺周辺を焼いた久秀に代わり、奈良へ自らの善政を宣伝した。天正年間に久秀の発給文書はなく、多聞山城の開城により、松永氏による大和一国の支配は終わりを迎えたのである。

五月二日、信長は京都の不住庵梅雪を点前とし、辻玄哉、池上如慶、堺の津田宗及の叔父の道叱の三名を正客とする茶会を行った（「津田宗及御会席付」宮帯文庫蔵）。この茶会で、信長は久秀が所蔵していた墨画「煙寺晩鐘」と、名物の唐物茶入「付藻（九十九）茄子」を披露している。久秀の服属を改めて示したのであろう。

十二月二十四日には、久秀は剃髪して「道意」と号したので（『多聞院日記』）、今度こそ久秀はすべてを久通に譲って、隠居を決意したのであろう。英俊が翌天正三年正月二十八日に久秀が死ぬ夢を見たというのも、久秀の時代の終わりを認識していたからではないか。この後、久秀の活動は史料にはほとんど見えない。

そして、信長は大和の支配体制を定める。天正三年（一五七五）二月二十七日、尾張出身で赤母衣衆に取り立てられ、前年より山城南部の守護に任ぜられていた塙直政が、信長の養女ないし縁戚の者を、筒井順慶との祝言のため連れてきた。順慶の与力がこれを奈良の北の出入口である転害門で迎えたが、多くの者がその華やかな様子を見物にやってきた（『多聞院日記』）。その塙直政が三月二十三日に、大和の守護を兼務することになった（『多聞院日記』）。英俊は二十一日、信長の命令によって神鹿を京都に献上させられたことを、前代未聞で「寺社零落」と嘆いているが、直政の守護就任についても「寺社滅亡」と記している。直政は七月に原田姓を下賜され、備中守に任官するなど、信長が畿内において最も重用する家臣であった。

信長は、尾張出身の塙直政と大和出身の筒井順慶を中心に、大和の支配体制を定めた。直政は山城南部とともに、大和の国人を軍事指揮下に置いた。また、四月二十七日に、信長は十市氏の内紛を裁定し、その領地を自らの家臣である直政に三分の一、久通に三分の一、筒井方の十市遠長と松永方の十市後室に三分の一と分割している。七月二十五日に、久通は十市後室の娘であるおなへと結婚して、二十八日までに龍王山城に移っているので、遠長の知行も併合しようと思ったのであろう。十一月十三日に遠長を攻めて、十二月十八日には柳本城（奈良県天理市）を落とした。

これにより、松永氏は隠居の久秀が信貴山城を守り、当主の久通が龍王山城西麓の柳本城や長岳寺（ちょうがくじ）を本拠とする体制になったのである。天正四年（一五七六）正月八日に英俊は、柳本城の久通・おなへ夫妻、十市後室、松永加賀守、立入勘介、海老名助之丞、入江志摩守、岡村甚介、森左馬頭に正月の礼を遣わしているので（『多聞院日記』）、一定の家臣とともに居住していたのがわかる。

天正三年は信長にとって画期的な年となった。敵対する河内の三好康長を降伏させ、堺周辺から三好存保の勢力を駆逐した。そして、塙直政を大和へ、松井友閑（ゆうかん）を堺へと尾張出身の家臣を畿内にはじめて配置した。これにより、信長は永禄十一年に上洛して七年を経て、ようやく名実ともに畿内を制する「天下人」となった。東国では武田勝頼を長篠の戦いで破り、北国で越前一向一揆を鎮圧すると柴田勝家を置いた。また、大坂本願寺との和睦も成立した。ようやく元亀争乱の決着をつけることができたのである。信長は塙直政を原田備中守、松井友閑を宮内卿法印、明智光秀を惟任日向守とするなど、賜姓任官により、家臣団の家格秩序の再編成にも着手する。

そうした集大成が、十一月の従三位権大納言兼右近衛大将への就任であった。信長は従三位権大納言兼左近衛中将の将軍義昭を超える地位に就き、武家政権の創始者である源頼朝が「右大将家」と称されていたことを利用し、自らを事実上の将軍家と位置づけた。ここに、信長は室町幕府とは異なる、新たな武家政権の成立を目指すことを明確に示したのである。さらに十一月二十八日、嫡子信忠に家督と岐阜城を譲ると、翌天正四年正月中旬には安土城（滋賀県近江八幡市）の築城を開始した。

二月、新たに大和の支配者となった塙直政は、久秀が再興した興福寺の薪能を自ら興行するため、六日に奈良に下向したが、宿敵同士の久通と筒井順慶も奈良へ参集している。久通と十市遠長の戦いは翌年まで続いたが、翌天正四年三月二十一日に直政は十市城を接収し、遠長を河内へ追放しているので、久通と直政の関係は良好であったようだ。

そして、四月より、久通や古市一族の長井氏と北山氏、吐山氏、窪氏、筒井氏家臣の南氏と丹後衆、郡山辰巳衆など大和の国人らを率いる直政は、荒木村重・細川藤孝・明智光秀とともに大坂本願寺攻めを開始する。ところが、五月三日の戦いで討ち死にしてしまった。久通ら大和の国人も討ち死にしたとの噂が一時流れている（『多聞院日記』）。

信長は戦線を立て直すため、自ら大坂に出陣すると、急遽久秀を召し出し、佐久間信盛・細川藤孝・若江三人衆とともに先陣を命じ、大坂の城戸口まで本願寺方を押し返した。その後、兵粮攻めのため、久秀・久通親子を佐久間信盛とともに、天王寺（大阪市天王寺区）の付城の定番に置いた。歴戦の強者である久秀を頼ったのである。

大和についても、信長は明智光秀と万見（まんみ）重元（しげもと）を大和に派遣し、五月十日に「和州一国一円」の支配を筒井順慶に命じた（『多聞院日記』）。その一方で直政の敗戦の責任を問い、直政の側近たちの捕縛を命じており、英俊は「寺社大慶、上下安全、尤も珍重々々」と喜んでいる。室町時代以来の体制が復興された興福寺や順慶にとっては、非常に喜ぶべきことであったが、直政との関係を構築してきた久通にとっては、大きな痛手となった。

そして、信長は多聞山城の破却を決定する。六月二十九日、信長は順慶に対して、多聞山城の建物を京都に移転させるため、上使として京都所司代の村井貞勝（さだかつ）を下向させるので、大工や人夫を用意することや、佐久間信盛親子にも詳細を伝え、順慶自身は奈良へ来るよう命じた（「岡本文書」）。八月九日には久通が「タモン山家壊奉行」として、五大院に逗留することとなった（『多聞院日記』）。

ところが、この後、多聞山城の解体は中断したようである。この年の二月、現職の征夷大将軍である義昭は、毛利氏領国の鞆（広島県福山市）に移った。義昭を擁立した輝元は自らを「副将軍」と位置づける。義昭は上杉謙信にも協力を求め、五月には謙信と長く対立してきた本願寺顕如に謙信と和睦させた。これにより、謙信は一向一揆に邪魔されず、北陸道を通過できることになった。七月十三日、毛利水軍と村上水軍は木津川口の戦いで織田水軍を破って、本願寺に兵粮を送り届けたことで、信長との対決は決定的になった。そして、九月には義昭・毛利輝元と武田勝頼の間でも同盟が成立した。

永禄八年（一五六五）に将軍義輝が三好義継に討たれ、幕府が存亡の危機に陥った際、信長と謙信は義昭による幕府再興を目指して同盟を結び、毛利氏もそれに加わった。天正元年に信長が義昭を京都から追放した時でさえ、謙信と輝元は同盟を堅持した。信長が義昭と和睦したり、義尋が成人した後には将軍に就任させたりすることで、室町幕府は維持されると予想されていた。このため、謙信や輝元も、永禄改元や永禄の変の際のような危機感を抱いていなかった。しかし、信長が室町幕府を否定し、新しい武家政権を創設しようとする意図が明らかになった。ここに、謙信や輝元にとって、室町幕府の体制を守るという目的で結ばれた同盟に背いた信長を討つための戦いが始まったのである。これはかつて、三好長慶と友好関係にあった上杉謙信と毛利元就が、永禄改元を機に一斉に長慶から離れ、義輝と結んだ状況と同じ構図であった。

信貴山城籠城

天正五年（一五七七）六月一日、織田信長は多聞山城の「高矢倉」を、安土城に移すよう筒井順慶に指示したが、久通にも人夫を出させるよう命じている（「岐阜市歴史博物館所蔵文書」）。五日には「多聞山四階ヤクラ」が解体された（『多聞院日記』）。

信長は自身が多聞山城に在城し、多聞山城の障壁画を描いた狩野氏や金属加工を担当した太阿弥を安土城の作事にも動員しているので、多聞山城の四階櫓を使って、安土城の天主を築城したかったのであろう。前年七月には、信長は滝川一益（たきがわかずます）から伊勢長島（いせながしま）城（三重県桑名市）の櫓の木材とその大工を、安土城築城のために召し上げている（「堀江滝三郎氏所蔵文書」）。そして、閏七月二十二日に多聞山城は解体された。

尾張出身の塙直政が大和の支配を担当していた段階では、松永久秀・久通親子に信長に対する叛意や矛盾は見られない。直政は順慶の祝言にあたって、信長の取次を務める一方で、久通を支援して十市遠長を追放しており、両者の面目を保ち、大和を治めていた。

しかし、信長が永禄初年より宿敵の関係にあった筒井順慶に大和一国の支配権を付与したことは、久秀が義昭幕府を離反した原因の一つが、順慶の登用であったことを踏まえると、相当不満であったに違いない。久通も軍事的には佐久間信盛の与力である一方で、大和においては、順慶の命令により、松永氏による大和支配の象徴であり、心血を注いで築城した多聞山城を自らの手で解体させられたことで、信長への不満は蓄積されていった。また、信長は塙直政の討ち死ににより、崩壊の危機に瀕した本願寺包囲網の立て直しのため、すでに隠居し、軍事行動にも大和支配にも携わらなくなっていた六十九歳の久秀にまで軍勢動員を行い、その後も天王寺の付城に定番させている。塙直政死後の信長の仕打ちは、久秀・久通親子の面目を踏みにじる行為であった。

八月十七日、久秀・久通親子は天王寺の付城を退去し、信貴山城に籠城した。家臣の森氏（左馬頭か）と海老名氏（助之丞か）も片岡城に籠った。この松永氏の離反は、久秀単独での暴発ではなかった。後の十月十一日付で本願寺の坊官下間頼廉（しもつまらいれん）が紀伊の雑賀御坊惣中に宛てた書状によると（「鷺森別院文書」）、久秀の挙兵に応じて雑賀衆が和泉に出陣していることや、本願寺が毛利氏に水軍の派兵を要請していること、加賀や能登における上杉謙信の勝利を雑賀衆に伝えている。実際に、毛利輝元は推戴する将軍義昭の上洛作戦の一環として、制海権を得るため、五月に播磨の英賀（兵庫県姫路市）に進出して小寺政職や黒田如水と戦い、七月に讃岐の元吉城（香川県宇多津町か）に援軍を派遣し、毛利方で確保した。そして閏七月には、本願寺との和睦により、一向一揆の抵抗を受けることなく能登を平定した上杉謙信が加賀へ進んだため、信長は柴田勝家・滝川一益・羽柴秀吉・丹羽長秀らを加賀へ派遣している。八月十五日には挙兵した雑賀衆に備えるため、筒井順慶が和泉の久米田に陣替えしたばかりであった。また、天正三年から九年までの間に丹波を追われた久秀の甥の内藤ジョアンが、将軍義昭の許に身を寄せていた（「フロイス書簡」）。

　こうした状況を踏まえると、久秀は単に信長への不満からだけでなく、将軍義昭の上洛作戦の一環として調略を受け、それに応じたのであろう。それは勝算のない暴発ではなく、織田方が北陸・西国・紀伊から挟撃を受ける状況下で、畿内から兵力が分散させられた隙をついたものであった。

　信長は久秀が離反した理由がわからず、どのような不満があるのか、考えを言上すれば、望みどおりにしようと言い、松井友閑を久秀の許に派遣したが、久秀の決意は揺るがなかった（『信長公記』）。このため、信長は九月二十二日に大和国人の岡周防守へ朱印状を送り、久通の知行を差し押さえるよう命じ、百姓が年貢を松永方に納入したら成敗せよ、大和国人が松永方に馳走すれば同罪であると牽制すると（「八代弘賢氏所蔵文書」）、二十九日には嫡子信忠・細川藤孝・明智光秀・筒井順慶を信貴山城へ差し向けた。

十月一日、織田方は、海老名氏などが守る片岡城を攻め、光秀が大きな損害を出しながらも、これを落とした。信長は、藤孝の長男忠興に軍功を賞する自筆の感状を与えている（「細川家文書」）。同日には、調略により柳本衆と黒塚衆の間で内紛が起こり、柳本衆が久通を自害させ、夜には柳本城が落城している（『多聞院日記』）。翌日、英俊が使者を派遣し、「無殊儀」と伝えているので、久通の自害は誤報であったのかもしれない。

三日には、信忠自身が指揮をして信貴山城に攻め寄せ、城下を焼き払い、夜には朝護孫子寺の毘沙門堂が焼失した（『多聞院日記』）。五日、信長の人質となっていた松永孫六の息子十四歳と久通の息子春松十二歳が洛中を引き回され、六条河原で斬られた（『兼見卿記』）。春松たちは「姿・形・心もゆうにやさしき者共」であり、哀れと思った京都所司代の村井貞勝は、助命のため正親町天皇の御所に逃れさせようと画策したが、二人は貞勝の好意を謝すと、世話をしてくれた佐久間家勝に礼状を書いた後に斬られた（『信長公記』）。

九日夕方には、信貴山城周辺の砦や雌岳が調略によって焼かれ、落城は決定的となった。英俊は永禄二年（一五五九）の入国以来の悪逆や、大仏殿をはじめとし一国の寺社や聖教、仏像が破壊されたことを回想している。そして十日夜、ついに「本城」（『多聞院日記』）ないし「天主」（『信長公記』）において、久秀父子が腹を切って自焼して果てた。十一日には、安土城の信長の許へ、首四つが送られている。久通には兄弟がいないので（「柳生文書」『戦三』一八二四）、久通は柳本城から信貴山城に逃れて、久秀とともに自害したのかもしれない。英俊は、久秀が自害した時と大仏が焼け落ちた時が、同日同時刻であったとし、翌朝にも同様に村雨が降ったことを奇異と記している。

なお、信貴山城の落城に際して、久秀が所有した名物茶器である平蜘蛛の釜も失われたという（『山上宗二記』）。ところが、多羅尾光信が砕けた平蜘蛛の釜の破片を継ぎ（『松屋名物集』）、若江三人衆の一人である多羅尾綱知が天正八年（一五八〇）閏三月十三日の茶会で使用している（『天王寺屋津田宗及茶湯日記他会記』）。この久秀の最期と平蜘蛛の釜の破損という、もともと別の二つの話はどうやら、元和年間に成立した『老人雑話』で久秀の首も平蜘蛛の釜も鉄砲の火薬で微塵に砕け散ったことになり、享和四年（一八〇四）に、茶席で話題にすると良い数寄雑談を選んで刊行された『茶窓閒話』に継承された。茶湯に命を懸けた心意気が賞されたのである。ただ、浮世絵では平蜘蛛を打ち割って、久秀が切腹する姿で描かれてきた。久秀と平蜘蛛の最期を爆死とするのは、第二次世界大戦後に生まれた俗説である。

久秀と久通の戦いは、わずか二か月ほどで鎮圧されてしまった。最大の誤算は、上杉謙信が九月二十三日に加賀の湊川（石川県白山市）で柴田勝家らを破った後、十五日に攻略したばかりの能登の七尾城（石川県七尾市）へ引き返し、能登の平定を優先したことである。

また下間頼廉が、久秀の滅亡は信長による調略のためであり、言葉もないと述べている通り、信長は、かつて将軍義昭や武田方に味方した岡周防守を速やかに味方につけ、久秀らに大和国人が与同することを防ぎ、久通の本拠地である柳本衆まで調略して、松永方を完全に孤立させたのである。

信忠は上洛すると、久秀征伐の褒美として、十月十五日に「御院宣」によって将軍義昭と同じ従三位左近衛中将に任じられる栄誉に浴し、信長も十一月二十日、従二位右大臣に昇った。天皇を擁する信長に敵対した大名を討伐したのであればまだしも、配下の謀叛を鎮圧したことに対して、官位官職が進められている。これは、信長や天皇が、久秀単独の謀叛ではなく、その背後にある将軍義昭を中心とした本願寺・毛利氏・上杉氏・武田氏の包囲網の存在を意識し、信長・信忠親子に正統性を付与するためのものであったろう。

事実、久秀の挙兵は、この後の信長を苦しめていく。翌天正六年（一五七八）二月に播磨の別所長治、十月に摂津の荒木村重など、信長や信長が登用した羽柴秀吉に不満を抱く外様が相次いで将軍義昭の誘いに応じて、信長から離反したのである。信長の家臣団統制に不満を持つ外様は、信長への謀叛は裏返すと、将軍への忠節であり、義昭を中心に毛利氏・本願寺・上杉氏・武田氏による反織田同盟という受け皿があることに気づいてしまったのである。すなわち、信長は家臣団をまとめあげる正統性をつくれていなかったことが露呈した。信長への不満は佐久間信盛や滝川一益など、譜代や尾張時代から従う家臣たちにも当然あったが、信長から預けられた与力によって形成された軍勢しか持たない者は、信長の後見を失ったら没落するしかなかった。独自の家臣団を持つ外様や、自らの力で敵地を平定し、信長から預けられた与力を自分の家臣に再編成した明智光秀や羽柴秀吉しか、自立できなかったのである。

松永久秀・久通親子の謀叛は、織田政権の矛盾を露呈し、本能寺の変を規定した事件として、位置づけられるべきであろう。

久秀の実像

最後に、久秀の果たした役割について考えてみたい。久秀は出自も定かでなく、外様であったにもかかわらず、長慶によって主家並みに取り立てられたのは、特に交渉能力が高く評価されたためであった。

久秀が出仕した頃の長慶は、父元長とともに阿波譜代の家臣を失う一方で、畿内での活動に重心を移さねばならなかった。そうした状況下で久秀は支配の実務を担い、やがて将軍との戦いの中で、京都の諸権門や諸大名との交渉を重ね、その能力を発揮していく。少数の側近に振り回され、三好氏との約束を破り続けた将軍義輝に対して、その不誠実をなじり、近江に没落した際には天罰が下ったのだと理路整然と非難した。そして、三好氏が首都の平和を担うと自己の正統性を主張する。また、南朝楠氏の復権を図り、自らを正成になぞらえて、北朝足利氏に抗する。それは軍事力による傲慢(ごうまん)な物言いではなく、当代随一の碩学である清原枝賢などに学びながら、能力を高めていった成果であった。

こうした久秀を、長慶は三好氏家臣団内部の家格秩序にとらわれず評価した。多くの大名家では当主一族や有力家臣の名跡を継がせる形で、家格秩序を改変せず、取り立てていた。しかし、長慶は松永姓のまま、久秀を一族や家臣団の最上位に位置づけたのである。長慶は戦国時代で初めて足利将軍家を推戴せず、首都京都を支配したが、家臣団に対しても、家格秩序にとらわれることはなかったのである。

久秀が成功した背景には、武家伝奏である広橋国光の妹保子を妻とし、朝廷との深い繋がりを形成できたこともある。三好氏は将軍と対立する局面で、正親町天皇より正統性を得ようとしたため、久秀の果たす役割は大きかった。

そうした久秀に対して、長慶はもともとは自身の家臣を久秀の家臣としたり、与力や援軍を付けたりして、全面的に後援することで、久秀に腕を振るわせたのである。また久秀も、有為の人材を積極的に受け入れた。それは、天皇の教師、足利一門や守護から、荘園の代官、朝敵とされた南朝由緒の者まで多様性に富む。彼らの中からは、信長の右筆や秀吉の引き起こした文禄の役の停戦交渉を担い北京へ向かった者、徳川将軍家御流儀としての剣術を確立する者もいた。

そして、大和においては、日本最大の宗教権門であった興福寺と、その膝下の奈良に対峙する形で、新たな武家権力の支配のあり方を示した。その象徴が、南都の宗教建築群を圧倒した多聞山城であり、村落共同体に基づいた支配であった。久秀は大仏殿炎上のイメージが強いが、奈良の住民や柳生氏などの領主だけでなく、興福寺からも官符衆徒中の棟梁として認められるなど、大和に受容され、支持される存在でもあった。

それでは、久秀の下剋上とは何か。

久秀は、三好氏の下で権勢を極め、朝廷や幕府からは主家並みに遇されたが、主君長慶の意に背いたり、専横な振る舞いをしたりすることはなかった。そもそも、久秀の権力自体が、三好氏の力を背景にして作り出されたものであったからだ。朝廷や幕府に対して傲慢な態度であったように見えるのは、三好氏と将軍義輝の対立が先鋭化する中で、久秀が対朝廷・対幕府交渉を担ったからに過ぎない。

そうしたことを踏まえると、久秀が戦っていたものとは、阿波譜代を中心とする三好氏家臣団の家格秩序、足利将軍を頂点とする武家社会全体の家格秩序、宗教権門である興福寺を中心とする大和の支配秩序、すなわち室町の日本を形作っていた身分秩序であった。戦国時代は実力の時代とされるが、それほど単純ではない。身分や家格に規定された秩序が厳然として存在していた。そうした従来の社会秩序を改革することが、久秀にとっての下剋上であった。

その下剋上とは、実力のある者が実力のない者を殺害するというような、暴虐非道なやり方で行われた訳ではない。むしろ、久秀の行動理念は、長慶やその後継者の義興、義継への忠節で貫かれていた。後見人を務めた義興の病気が重篤であることを知った時、久秀は悲嘆した。義継が京都で義輝を討った際、奈良で義昭を保護したのは、反三好勢力と交渉ができる余地を残すためであろう。その後、義昭を逃した失態で三好長逸に排斥されるが、義継との間に遺恨はなかった。義継が三好三人衆や篠原長房と対立すると、これを保護し擁立している。元亀争乱の際に三好三人衆方との和睦を成立させると、義継の下に松永氏・三好三人衆・阿波三好家を包摂する三好本宗家を復興させた。久秀は自分を取り立ててくれた三好本宗家への恩義を、終生忘れなかったと言える。そうした側面があるからこそ、清原枝賢や広橋国光、高山飛騨守ダリオ、柳生石舟斎宗厳らが、久秀の下に集ったのである。

これまで、久秀が梟雄あるいは謀叛好きとイメージされてきたのは、こうした三好本宗家との関係が正しく理解されなかったためである。また、足利義昭や織田信長との関係も誤解されてきた。義昭にとって久秀は、兄を殺害した敵というよりも、一生を憎として過ごさなければならなかった身を、将軍にしてくれた恩人とまではいかなくても、助命してくれた存在であった。そして、三年にわたる上洛作戦を成功させた立役者であり、畿内に限れば、自らの幕府を支える最も有力な大名であった。久秀にとっても、義昭幕府の構成員であることを背景に大和支配を安定させたので、両者にとって利益のある関係であった。信長にしても久秀は、三好三人衆の東進を食い止め、自らの上洛を援護射撃してくれた同盟者である。そうであるのに、義昭・信長と久秀の関係が敵対する関係にあるとされてきたのは、あまりにも『信長公記』に依拠して信長の上洛を理解してきたためであろう。『信長公記』は、あくまでも太田牛一の見た世界だけであって、東海地方だけではなく、畿内や中国・四国地方と連動した義昭・信長の上洛作戦の全容が余すことなく記されている訳ではない。

そして、義昭や信長側の視点からだけでは、久秀が離反していった理由はわからなかったであろう。義昭にとって、筒井順慶を許容したことは、味方を増やし、劣勢な畿内の状況を覆すための大局的な戦略に過ぎなかった。また、信長にとっても、接収した多聞山城をどうしようが自分の勝手であるし、自らの代理人に過ぎない大和の支配担当者が、なぜ塙直政だと従順で、順慶だと対立するのか理解できなかっただろう。

宿敵である順慶を取り立てる人事に、面目を傷つけられた久秀は、信長に対して挙兵する。

その時、信長に突き付けた難題こそが、久秀自身が終生戦い続けた室町の秩序であった。信長の敵は、将軍義昭を擁する毛利氏・本願寺・上杉氏・武田氏といった目に見える敵ではない。信長が軍事力以外に家臣団を編成する術を持たず、精神的な紐帯（ちゅうたい）となる秩序をいまだ打ち立てることができていない状況下で、不満を募らせていった家臣たちであった。特に、信長に担保されない軍事力を持つ外様は、久秀の挙兵によって、足利将軍家という秩序が受け皿として、いまだ存在していることを再認識させられた。

こうした拭い難い家格への意識は、その後の天下人を苦しめた。豊臣秀吉は豊臣賜姓に飽き足らず、天皇の御落胤や日輪の子を自称する。そして、徳川家康は久秀と同じく『太平記』を利用し、南朝新田源氏の末裔であると自らを正統化した。

ともかくも、久秀の下剋上を完成させたのは、久秀と同様に出自も定かではない秀吉であった。秀吉は信長によって取り立てられ、中国方面軍司令官として、鞆に将軍を擁する毛利氏と直接対峙し続けた。久秀の挙兵の枠組みを利用しようとした明智光秀を滅ぼすと、甥の豊臣秀次（三好信吉）や小西行長の下に旧三好氏・松永氏家臣団を取り込んでいった。そして、豊臣関白家という新たな武家の秩序を全国に示した。その下では、堺商人の小西行長や僧侶の前田玄以をはじめ、土豪の石田三成など、名家の由緒を持たぬ出身の者が大名に取り立てられる世となった。大和では、興福寺が望んだ筒井氏が排除され、豊臣秀長による支配が始まる。

こうして、室町の秩序は克服されていくのである。

おわりに

　本書で取り上げた松永久秀は、私が戦国時代の研究を始めてから、最も印象が変わった人物の一人である。従来の久秀は戦国一の悪人ぶりが強調されてきたが、逆にそれ故の人気もあった。主君もなければ、将軍や天皇、神仏もない。実力第一主義で、既成の権威を一切無視して突き進む尋常ならざる人であったからこそ、戦国乱世の中で出世することができたのだと考えられたからであろう。その一方で、茶湯に傾倒し、多聞櫓の発明者として認識される。天主のない近世城郭はあっても、多聞櫓のない近世城郭はないことを踏まえれば、新たな時代の常識をつくった点が魅力と言える。ある種、それは現代人が織田信長に抱く印象と同じものであるかもしれない。

　ただ、近年では信長の研究も進み、保守的な側面や常識人としての側面も評価され、奇人変人の側面をもてはやして過剰に英雄視することは減ってきた。久秀とともに梟雄と称される伊勢宗瑞や斎藤道三も、一介の素浪人から一国の主に登りつめたとするサクセスストーリーはもはや成り立たなくなった。

そうした中で、松永久秀をどう評価できるのだろうか。久秀に代表されてきた下剋上とはなんだったのだろうかと考えていた時に、『別冊太陽　戦国大名』でお世話になった平凡社の坂田修治氏から一般書の刊行について、声をかけていただいた。松永久秀については、いつかは書きたいと思っていたテーマであったし、実はちょうどその時、『松永久秀　歪められた戦国の〝梟雄〟の実像』（宮帯出版社）の編集をしていたこともあって、なんとかなるであろうと思っていた。また、二〇一六年四月より、奈良県の天理大学に奉職することになり、地元の研究テーマにもなるので、自分を発奮させるつもりであった。

『松永久秀』（宮帯出版社）と時を同じくして、金松誠氏の『松永久秀』（戎光祥出版）が出版されたことも、人物像が大きく変わりつつある松永久秀の最新の研究成果を知りたいという世間からの要望が高まっていた証左であると思い、意を強くした。

久秀が生きた戦国の社会は、実力があれば何をしても良いといった単純な社会ではない。そもそものような単純な社会は、どの時代にも存在しない。戦国の社会は、譜代家臣と外様、直接の主家と将軍家、中央政権と地方支配などを要素とし、重層的複合的な関係が成り立っていた。その中でも戦国の社会を最も規定していたのは、家格という身分秩序である。だからこそ、家臣が主君を殺害しても、主家を断絶させることはほとんどなかったし、身分の上昇はより上位の家格の名跡を継ぐことで行われた。また、家康が徳川に改姓したり、秀吉が豊臣を賜姓されたりするように、新たに位置づけ直す形で行われる。

こうした戦国の常識の中で久秀の行動を見ると、後世のバイアスがかかったエキセントリックな逸話や梟雄としてのイメージが否定されて、普通の人になったであろうか。確かに病気の母を心配して体調を崩し、妻とは円満で、自分を取り立ててくれた主君や主家に忠節を尽くす善人としての姿が垣間見える。しかし、終生、松永姓で戦い続けた相手とは、特定の誰か個人ではなく足利氏を頂点とする武家の秩序、すなわち戦国人の心の中にある常識であった。だからこそ、社会秩序を破壊する悪人として否定される一方、社会の変革者として隠れた人気もあったのではないだろうか。その行動は十分に下剋上と言えるであろう。

本書の刊行のお話を頂いてから、天理大学への就職、結婚と引っ越しなど私生活が激変し、執筆はたびたび遅延した。妻陽子と坂田氏からの粘り強い励ましにより、完成にこぎつけることができた。感謝したい。

読者諸賢には、戦国人の苦悩と戦いの実像を、後世に創作された逸話と分けて認識し、それぞれを楽しんでいただければと思っている。

二〇一八年五月二十日　　　天野忠幸

松永久秀関連年表

*久秀の年齢は数え年で表記。太字は久秀に関わるもの

和暦(年)	西暦(年)	年齢	事項
永正 5	1508	1	**松永久秀、誕生する**
天文 8	1539	32	8月14日 三好長慶が越水城に入城し、本願寺証如より祝賀を受ける
9	1540	33	**6月17日 三好長慶の命令を受け、西宮千句田を寄進する旨を伝える**
			12月27日 三好長慶が兵庫津の棰井氏の買得地を安堵する判物を発給した際に副状を発給する
11	1542	35	**10月26日 三好長慶が久秀を山城から大和へ攻め込ませるとの噂が広がる**
18	1549	42	6月24日 三好長慶が江口で細川晴元を破り、三好宗三を討ち取る
			7月9日 三好長慶が細川氏綱を擁して入京する
			11月9日 狩野宣政とともに、「内者」として山科言継に対応する
			12月15日 本願寺証如より、初めて礼物を贈られる
20	1551	44	**2月7日 長頼とともに、近江に攻め入る**
			7月14日 長頼とともに、四万の兵を率い、細川晴元方の三好宗渭と香西元成を相国寺で破る
21	1552	45	**正月28日 三好長逸とともに、足利義輝を逢坂で迎える**
22	1553	46	3月8日 足利義輝が三好長慶との和睦を破り、霊山城に籠城する
			8月5日 足利義輝が近江に逃れる
			8月25日 三好長慶が芥川山城に入城する
			9月3日 長頼とともに、丹波の数掛山城へ出陣する
24	1555	48	**7月30日 六角氏家臣の永原重興と交渉する**

和暦	年	西暦	年齢	事項
弘治	2	1556	49	正月1日　芥川山城にある久秀や三好義興の陣所で火事が発生する 2月　清原枝賢を芥川山城に招き、講義を受ける 7月10日　久秀の滝山城に御成した三好長慶を千句連歌や能でもてなす 8月　三好長慶とともに、後奈良天皇より禁裏修築の命令を受ける
永禄	元	1558	51	5月12日　朝廷に京都の警固は別儀ないことを奏上する 閏6月9日　朝廷より鶴を賜る 11月27日　三好長慶が足利義輝と和睦する 12月18日　長慶とともに、芥川山城に帰る
	2	1559	52	8月6日　伊丹氏とともに大和に攻め込み、筒井城を攻略する 11月30日　家臣の楠正虎に正成以来の朝敵を勅免されたことを伝える
	3	1560	53	2月1日　三好義興とともに、御供衆に任じられる 2月4日　弾正少弼に任じられる 6月14日　内藤宗勝が若狭に進出する 11月19日　飯盛城に新羅社を勧請するため、吉田兼右に相談し、回答を得る 11月24日　沢城、檜牧城を攻略する
	4	1561	54	正月28日　「藤原久秀」として従四位下に叙せられる 2月1日　三好義興とともに、足利義輝より桐御紋を拝領する。太刀・馬・五千疋を献上する 2月3日　茶色の御肩衣と御袴が足利義輝より下賜される 2月4日　「源久秀」として従四位下に叙せられる 2月10日　塗輿の使用を免許される 3月30日　京都立売の三好義興邸宅に御成した足利義輝を饗応する 4月23日　十河一存が死去する
	5	1562	55	3月5日　三好実休が討ち死にする 3月6日　三好義興と京都の放棄を決め、足利義輝を石清水八幡宮に立ち退かせる 5月20日　三好義興とともに、河内の教興寺で畠山高政を破り、湯河直光を討つ

			8月12日	**多聞山城の棟上を行う**
			8月	**大和と山城南部に徳政令を出す**
			11月12日	**春日社七ヶ夜陪従神楽を催す**
6	1563	56	**正月11日**	**多聞山城で茶会を催す**
			正月27日	**多武峯の衆徒と戦い、敗れる**
			5月24日	**信貴山城を筒井順慶より奪還する**
			8月25日	三好義興が芥川山城で死去する
			閏12月14日	**久通に家督を譲る**
7	1564	57	**3月16日**	**朝廷に改元を請うが、却下される**
			3月19日	**妻の広橋保子が死去する**
			5月9日	三好長慶が安宅冬康を飯盛城に呼び寄せ、殺害する
			7月4日	三好長慶が飯盛城で死去する
8	1565	58	**正月29日**	**多聞山城で茶会を催す**
			5月19日	久通が三好義継や三好長逸とともに、足利義輝を討ち取る
			7月28日	朝倉義景の調略で足利義昭が奈良を脱出し、甲賀和田城に逃れる
			8月2日	内藤宗勝が討ち死にする
			11月15日	**三好長逸らが三好義継を擁立し、久秀と断交する**
9	1566	59	**2月17日**	**久秀・畠山秋高が、堺近郊の上野芝で三好義継・三好三人衆に敗れる**
			5月19日	**摂津の野田に出陣する**
			6月8日	筒井城が落城する
			6月11日	篠原長房が三好三人衆に味方するため、兵庫津に渡海する
			7月18日	仁木長頼が久秀方の勝龍寺城への加勢を承諾する旨、足利義昭に回答する
			8月24日	三好長逸が京都の久秀方の邸宅を没収する
10	1567	60	2月26日	三好義継が久秀方に寝返る
			4月6日	**三好義継とともに、堺から信貴山城に移る**

元号	年	西暦	年齢	事項
永禄				**4月11日　多聞山城に入る**
				4月24日　三好三人衆や筒井順慶と東大寺南大門で戦い、鉄砲を撃ち合う
				6月27日　筒井順慶が三好三人衆に久秀との和睦を勧める
				8月25日　飯盛城の松山与兵衛尉が松永方に寝返る
				10月10日　三好三人衆を攻撃した際に東大寺大仏殿が焼失する
				10月21日　松山安芸守と山口秀勝が三好三人衆に降伏し飯盛城を開城する
				11月　久通や三好義継とともに、春日社へ禁制を発給する
				12月1日　織田信長が大和や南山城の諸将に「多聞」への忠節を求める
	11	1568	61	2月8日　足利義栄が征夷大将軍に任官する
				2月15日　母が堺にて83歳で死去する
				6月29日　細川藤賢が籠城する信貴山城を、三好康長が攻略する
				9月13日　織田信長が六角承禎を破り、観音寺城を攻略する。三好宗渭と香西元成が木津に入り、久秀に備える
				9月26日　足利義昭・織田信長が東寺に進出する
				9月28日　娘を祝言と号して、織田信長の許に遣わす
				10月4日　足利義昭・織田信長への御礼のため、芥川山城へ向かう
				10月10日　細川藤孝・和田惟政・佐久間信盛が久秀を支援するため、大和に入国する
				10月18日　足利義昭が征夷大将軍に任官する
				12月24日　贈物を持参し、岐阜城へ向かう
	12	1569	62	正月5日　三好三人衆が足利義昭の本国寺を攻める
				正月10日　織田信長とともに上洛する
				3月28日　この頃までに、山城守を称す
				10月29日　法蓮郷に市を立てる。また近日に北里にも市場を立てる
	13	1570	63	**正月23日　織田信長より禁理の修理や義昭の御用のため、上洛を命じられる**
				4月14日　足利義昭の二条城落成に際して催された能楽に参加する

年号	年	西暦	年齢	月日	事項
元亀	元	1570	63	**4月20日**	**織田信長の若狭出兵に従い、出陣する**
				5月23日	**久通とともに、春日社へ参詣する**
				7月18日	**久通とともに、大和の知行割と給人の入れ替えを行う**
				9月12日	本願寺顕如が三好三人衆と結び、挙兵する
				9月22日	**織田信長とともに、京都へ退却する**
				11月12日	**三好三人衆や三好長治、篠原長房と織田信長の和睦交渉を開始する**
				11月21日	**久秀の娘を織田信長の養女として三好長治に嫁がせることを決める**
				12月7日	**篠原長房より人質が遣わされ、和睦が成立する**
	2	1571	64	**5月12日**	**久通とともに安見右近の交野城を攻撃する**
				6月11日	足利義昭が九条家の娘を養女として、筒井順慶に嫁がせる。
				6月14日	**家臣の竹内秀勝が寝返るとの雑説があり、人質を取る**
				7月15日	**三好義継とともに、摂津の和田惟政を攻める**
				8月4日	**三好義継とともに、辰市で筒井順慶と戦うが、多くの家臣を失い惨敗する**
				9月22日	竹内秀勝が療養先の若江城で死去する
				10月10日	**槇島城を攻撃する**
	3	1572	65	**4月16日**	**三好義継とともに交野城を囲むが、佐久間信盛らに敗れ、信貴山城に籠る**
				5月9日	織田信長の軍勢が久通の籠る多聞山城を攻める
				12月22日	武田信玄が三方が原で徳川家康を破る
	4	1573	66	**2月14日**	**足利義昭と結ぶ**
				4月12日	武田信玄が死去する
				7月18日	織田信長が槇島城を攻略し、足利義昭を追放する
天正	元	1573	66	8月20日	朝倉義景が滅亡する
				9月1日	浅井長政が滅亡する
				11月16日	三好義継が滅亡する
				11月29日	**織田信長が佐久間信盛に多聞山城の開城など、久秀を赦免する条件を示す**

元号	年	西暦	年齢	月日	事項
天正				**12月26日**	**織田信長に降伏し、多聞山城を明け渡す**
	2	1574	67	3月28日	織田信長が多聞山城で蘭奢待を受け取る
				12月24日	**剃髪して「道意」と号す**
	3	1575	68	**正月28日**	**多聞院英俊が久秀が死ぬ夢を見る**
				3月23日	織田信長が塙直政を大和守護とする
				4月27日	**久通に十市郷の三分の一が与えられる**
				7月25日	久通が十市なへと結婚する
				12月18日	久通が柳本城を接収する
	4	1576	69	2月6日	足利義昭が鞆に移り、毛利輝元と結ぶ
				5月3日	塙直政が本願寺に敗れ、討ち死にする。久通も戦死との噂が流れる
				5月7日	**佐久間信盛・細川藤孝らとともに本願寺を攻める**
				5月10日	織田信長が大和を筒井順慶に与える
				6月5日	多聞山城の四階櫓が解体される
	5	1577	70	**8月17日**	**久通とともに天王寺の付城を抜け、信貴山城に籠城する**
				9月15日	上杉謙信が七尾城を攻略する
				10月1日	織田信忠と明智光秀が片岡城を攻略する。柳本衆の裏切りにより、久通が自害する（誤報か）
				10月3日	織田信忠が信貴山城の城下や毘沙門堂を焼く
				10月5日	織田信長の人質となっていた久通の子二人が、京都六条河原で殺害される
				10月9日	織田信忠が雌岳を焼く
				10月10日	**久秀、自害する**
				10月11日	**首四つが安土に送られる**

主要参考文献

秋永政孝『戦国三好党』（人物往来社、一九六八年）
朝倉　弘『奈良県史』11（名著出版、一九九三年）
天野忠幸「三好氏と戦国期の法華宗教団――永禄の規約をめぐって」（『市大日本史』一三、二〇一〇年）
同　「松永久秀を取り巻く人々と堺の文化」（『堺市博物館研究報告』三一、二〇一二年）
同　「松永久秀家臣団の形成」（天野忠幸・片山正彦・古野貢・渡邊大門編『戦国・織豊期の西国社会』日本史史料研究会、二〇一二年）
同　「三好長慶・松永久秀と高山氏」（中西裕樹編『高山右近』宮帯出版社、二〇一四年）
同　『三好長慶　諸人之を仰ぐこと北斗泰山』（ミネルヴァ書房、二〇一四年）
同　『増補版　戦国期三好政権の研究』（清文堂出版、二〇一五年、初版は同社より二〇一〇年に刊行）
同　「三好・松永氏の山城とその機能」（齋藤慎一編『城館と中世史料　機能論の探求』高志書院、二〇一五年）
同　「三好長慶と山城の文化」（仁木宏・中井均・中西裕樹・NPO法人摂河泉地域文化研究所編『飯盛山城と三好長慶』戎光祥出版、二〇一五年）
同　『三好一族と織田信長　「天下」をめぐる覇権戦争』（戎光祥出版、二〇一六年）

同　　　「織田信長の上洛と三好氏の動向」（『日本歴史』八一五、二〇一六年）
同　編　『松永久秀』（宮帯出版社、二〇一七年）
池和田有紀「戦国期の南都神楽――その費用と運営」（『書陵部紀要』五四、二〇〇三年）
今谷　明『室町幕府解体過程の研究』（岩波書店、一九八五年）
同　　　「松永久秀の虚像と実像」（同『天皇と天下人』新人物往来社、一九九三年。初出は『別冊歴史読本』一九八二年一〇月号）
同　　　『戦国時代の貴族「言継卿記」が描く京都』（講談社学術文庫、二〇〇二年、初版はそしえてより『言継卿記――公家社会と町衆文化の接点』として一九八〇年に刊行）
同　　　『京都・一五四七年――描かれた中世都市』（平凡社、二〇〇三年、初版は同社より一九八八年に刊行）
同　　　『戦国三好一族』（洋泉社、二〇〇七年、初版は新人物往来社より一九八五年に刊行）
小高敏郎『新訂　松永貞徳の研究』（臨川書店、一九八八年）
金子　拓『織田信長　不器用すぎた天下人』（河出書房新社、二〇一七年）
金松　誠「戦国末期における大和国衆と中央権力――岡氏の動向を事例として」（『ふたかみ』一〇、二〇〇二年）
同　　　「松永久秀について」（大和中世考古学研究会・織豊期城郭研究会編『織豊系城郭の成立と大和』二〇〇六年）
同　　　『松永久秀』（戎光祥出版、二〇一七年）

河内将芳「戦国時代の京都と法華信仰　松永久秀の母」(『法華』一〇〇巻七号、二〇一四年)
同　「「法華宗の宗徒」松永久秀――永禄の規約を中心に」(天野忠幸編『松永久秀』宮帯出版社、二〇一七年)
神田裕理「公家の女性が支える天皇の血脈維持」(日本史史料研究会監修・神田裕理編『ここまでわかった戦国時代の天皇と公家衆たち――天皇制度は存亡の危機だったのか?』洋泉社、二〇一五年)
同　「久秀の義兄・武家伝奏広橋国光と朝廷」(天野忠幸編『松永久秀』宮帯出版社、二〇一七年)
木下　聡「斎藤道三・一色義龍父子と美濃支配」(天野忠幸編『松永久秀』宮帯出版社、二〇一七年)
同　「幕府奉公衆結城氏の基礎的研究」(戦国史研究会編『戦国期政治史論集　西国編』岩田書院、二〇一七年)
久野雅司「足利義昭政権滅亡の政治的背景」(『戦国史研究』七四、二〇一七年)
同　『足利義昭と織田信長』(戎光祥出版、二〇一七年)
神津朝夫「松永久秀と茶の湯」(天野忠幸編『松永久秀』宮帯出版社、二〇一七年)
呉座勇一『応仁の乱』(中央公論新社、二〇一六年)
小谷利明『畿内戦国期守護と地域社会』(清文堂出版、二〇〇三年)
古藤幸雄『増補改訂版　芥川上流域における水論の史的研究・阿武山山論と奈佐原村――三好長慶裁許状付図、川替え、服部村・郡家村・真上村水論を中心に』(一粒書房、二〇一六年)
柴　裕之「戦国大名武田氏の遠江・三河侵攻再考」(『武田氏研究』三七、二〇〇七年)
同　「足利義昭政権と武田信玄　元亀騒乱の展開再考」(『日本歴史』八一七、二〇一六年)

同　　「足利義昭の「天下再興」と織田信長」（戦国史研究会編『戦国期政治史論集　西国編』岩田書院、二〇一七年）
同　編『尾張織田氏』（論集戦国大名と国衆6　岩田書院、二〇一一年）
下高大輔「多聞城に関する基礎的整理――城郭史上における多聞城の位置を考える」（大和中世考古学研究会・織豊期城郭研究会編『織豊系城郭の成立と大和』二〇〇六年）
須藤茂樹「ミステリアスな山峡「犬墓」に残る戦国の梟雄松永久秀出生説」（『別冊歴史読本五八　日本史謎解き探訪　誰も知らないミステリー史跡』新人物往来社、二〇〇三年）
勢田勝郭「筒井・松永争覇期における大和国在地武士の動向」（『奈良工業高等専門学校研究紀要』四〇、二〇〇四年）
染谷光廣「信長の宿老林佐渡守と松永久秀の臣林若狭守」（『日本歴史』三六一、一九七八年）
高田　徹「松永久秀の居城――多聞・信貴山城の検討」（大和中世考古学研究会・織豊期城郭研究会編『織豊系城郭の成立と大和』二〇〇六年）
高槻市立しろあと歴史館編『三好長慶の時代――「織田信長　芥川入城」の以前以後』（二〇〇七年）
同　編『北摂の戦国時代　高山右近』（二〇〇九年）
高橋成計「三好氏の丹波進攻と波多野与兵衛尉について」（『丹波』創刊号、一九九九年）
同　　「若狭逸見氏の叛乱と内藤宗勝の動向について」（『丹波』二、二〇〇〇年）
同　　「松永長頼の動向にみる三好氏の軍事行動（二）――内藤宗勝と称した時期を中心に」（『丹波』七、二〇〇五年）

同　「松永長頼（内藤宗勝）と丹波」（天野忠幸編『松永久秀』宮帯出版社、二〇一七年）
高橋　遼「戦国期大和国における松永久秀の正当性――興福寺との関係を中心に」（『目白大学短期大学部研究紀要』五二、二〇一六年）
竹本千鶴『織豊期の茶会と政治』（思文閣出版、二〇〇六年）
田中慶治「松永久秀と興福寺官符衆徒沙汰衆・中坊氏」（天野忠幸編『松永久秀』宮帯出版社、二〇一七年）
田中信司「松永久秀と京都政局」（『青山史学』二六、二〇〇八年）
同　「御供衆としての松永久秀」（『日本歴史』七二九、二〇〇九年）
同　「三好長慶と松永久秀・長頼」（今谷明・天野忠幸監修『三好長慶』宮帯出版社、二〇一三年）
同　「松永久秀と将軍足利義輝」（天野忠幸編『松永久秀』宮帯出版社、二〇一七年）
谷口克広『信長と消えた家臣たち』（中公新書1907、二〇〇七年）
田端泰子「戦国・織豊期の十市氏と十市後室の生活」（同『日本中世女性史論』塙書房、一九九四年）
都守基一「永禄の規約をめぐる中世日蓮教団の動向」（『興風』一八、二〇〇六年）
鶴崎裕雄「滝山千句と三好長慶」（『中世文学』三四、一九八九年）
中川貴皓「木沢・松永権力の領域支配と大和信貴城」（『中世城郭研究』二五、二〇一一年）
同　「松永久秀被官に関する一考察――山口秀勝を中心に」（『奈良史学』三〇、二〇一三年）
同　「多聞山普請について」（『戦国遺文三好氏編月報』二、二〇一四年）
同　「松永久秀と信貴山城」（天野忠幸編『松永久秀』宮帯出版社、二〇一七年）
中西裕樹「松永久秀の出自と高槻」（『しろあとだより』五、高槻市立しろあと歴史館、二〇一一年）

同　「松永久秀の出自――摂津国東五百住説から」（『戦国遺文三好氏編月報』一、二〇一三年）
同　「摂津西部の山城――鷹尾城の築城と滝山城の構造をめぐって」（『愛城研報告』二〇、二〇一六年）
同　「松永久秀の出自と末裔」（天野忠幸編『松永久秀』宮帯出版社、二〇一七年）
中村昌泰・森本育寛『戦国期の大和十市氏と本拠集落』（ふる里十市研究会、二〇一六年）
長江正一『三好長慶』（吉川弘文館、一九六八年）
長澤伸樹「松永久秀と楽市」（天野忠幸編『松永久秀』宮帯出版社、二〇一七年、後に長澤伸樹『楽市楽座令の研究』思文閣出版、二〇一七年に所収）
長塚　孝「関東足利氏と小田原北条氏」（天野忠幸編『松永久秀』宮帯出版社、二〇一七年）
西岡禎裕「大和国における松永久秀権力について」（『史文』一五、二〇一三年）
萩原大輔「陶晴賢の乱と大内氏」（天野忠幸編『松永久秀』宮帯出版社、二〇一七年）
幡鎌一弘『衆徒の記録から見た筒井氏』（筒井順慶顕彰会、二〇〇一年）
馬部隆弘「木沢長政の政治的立場と軍事編成」（小谷利明・弓倉弘年編『南近畿の戦国時代』戎光祥出版、二〇一七年）
兵頭裕己『太平記〈よみ〉の可能性　歴史という物語』（講談社、一九九五年）
日吉町郷土資料館編『丹波動乱――内藤宗勝とその時代』（二〇〇五年）
福島克彦「大和多聞城と松永・織豊権力」（『城郭研究室年報』一一、二〇〇二年）
同　「松永久秀と多聞山城」（城郭談話会編『筒井城総合調査報告書』二〇〇四年）
同　『畿内・近国の戦国合戦』（戦争の日本史11　吉川弘文館、二〇〇九年）

同　「丹波内藤氏と内藤ジョアン」（中西裕樹編『高山右近』宮帯出版社、二〇一四年）
同　「大和多聞山城研究の成果と課題」（天野忠幸編『松永久秀』宮帯出版社、二〇一七年）
藤井　学「松永久秀の数奇・風雅」（『茶道雑誌』六二―五、一九九八年）
同　『本能寺と信長』（思文閣出版、二〇〇三年）
藤本誉博「久秀の時代の堺」（天野忠幸編『松永久秀』宮帯出版社、二〇一七年）
松永英也「松永久秀家臣竹内秀勝について」（『戦国史研究』五一、二〇〇六年）
同　「永禄五年の徳政令にみる松永久秀の大和国支配」（『戦国史研究』五四、二〇〇七年）
同　「大和国支配期の松永久秀の相論裁許」（『戦国史研究』五九、二〇一〇年）
村井祐樹「松永弾正再考」（『遥かなる中世』二一、二〇〇六年）
森　道彦「松永久秀と奈良図扇」（『朱雀（京都文化博物館研究紀要）』二八、二〇一六年）
森脇崇文「宇喜多直家」（天野忠幸編『松永久秀』宮帯出版社、二〇一七年）
安国陽子「戦国期大和の権力と在地構造」（『日本史研究』三四一、一九九一年）
藪　景三『筒井順慶とその一族』（新人物往来社、一九八五年）
矢部良明『エピソードで綴る戦国武将茶の湯物語』（宮帯出版社、二〇一四年）
山川　均「城郭瓦の創製とその展開に関する覚書」（『織豊城郭』三、一九九六年）
同　「大和の三城における城下町とその発展過程」（中世都市研究会編『「宗教都市」奈良を考える』山川出版社、二〇一七年）
山田康弘「将軍義輝殺害事件に関する一考察」（『戦国史研究』四三、二〇〇二年）

山本浩樹「織田期の政治過程と戦争」(織豊期研究会編『織豊期研究の現在』岩田書院、二〇一七年)
弓倉弘年『中世後期畿内近国守護の研究』(清文堂出版、二〇〇六年)
同　「安見宗房と管領家畠山氏」(天野忠幸編『松永久秀』宮帯出版社、二〇一七年)
横内裕人「永禄二年の東大寺――三好政権禁制と聖教奥書」(『日本歴史』六八二、二〇〇五年)
米原正義『戦国武将と茶の湯』(吉川弘文館、二〇一四年。初版は淡交社より一九八六年に刊行)
若尾政希『「太平記読み」の時代――近世政治思想史の構想』(平凡社、一九九九年)

辰市の戦い　230, 244, 245, 255
多聞山城　74, 128, 131, 133–140, 142–144, 146–149, 152–156, 159, 161, 162, 195, 204, 209, 212, 215, 223, 227, 230, 231, 233, 238–241, 244, 248, 252, 254, 256, 257, 261–264, 271, 273
朝護孫子寺　133, 134, 150, 266
付藻(九十九)茄子　144, 225, 258
筒井城　109, 111, 112, 153, 208, 210, 227, 245
東大寺　16, 17, 109, 111, 133, 147, 157, 159, 163, 215, 218, 223, 230, 245, 248, 257
多武峯　140, 154, 158, 162, 164, 204

な行

奈良　17, 74, 105–108, 111, 113, 118, 129, 131, 133–135, 138–140, 142, 144–149, 153–155, 158, 161–165, 168, 177, 187, 204, 209, 211, 213, 215–217, 220–222, 225, 227, 229, 230, 233, 236, 241, 244–246, 257–261, 271, 272, 277
南宗寺　68, 173, 188
南朝　98–100, 104, 119, 270, 271, 274
二上山城　107, 135
『日本外史』　19, 21, 24
根来寺　40, 88, 110, 117, 126–129, 131, 164, 205, 211, 216

は行

平蜘蛛　16, 17, 19, 145, 267
北朝　98–100, 202, 270
法華宗　21, 30, 72, 148, 156, 176, 178–182, 188
本願寺　33–35, 38, 42, 57, 76, 107, 131, 157, 158, 203, 223, 236–238, 243, 246, 249–251, 256, 260–262, 264, 265, 268, 274
本国寺　30, 72, 148, 170, 171, 176, 180–182, 189, 228
本山寺　29, 50, 126, 133

ま行

身分　20, 22, 23, 55, 79, 81, 122, 272, 277
妙蔵寺　72, 182
妙福寺　30, 72, 182
明応の政変　32, 56, 58, 86, 105, 119, 135, 255

や行

八上城　30, 46, 48, 116, 182, 209
八木城　64–66, 74
柳本城　259, 266, 267
五百住　28–30, 50, 72, 78, 150, 182

わ行

若江城　231, 236, 237, 244, 245, 248, 254–256

事項索引

あ行

芥川山城　35, 52, 55, 58–60, 68, 71–73, 77, 79, 90, 101, 111, 114, 117, 126, 129, 155, 173, 208, 209, 225, 226, 242
飯盛城　106, 108, 109, 112, 115, 117, 118, 129, 135, 178, 192, 206, 208, 216, 219, 226, 231
一向一揆　33, 34, 81, 86, 246, 260, 262, 265
永禄の変　194, 202, 203, 207, 262
延暦寺　21, 22, 105, 117, 176, 182, 219, 236, 237
御小袖　197, 202

か行

改元　84–90, 93, 94, 100, 115, 183–185, 187, 197, 203, 231, 250, 253, 262, 263
家格　19, 23, 34, 38, 59, 65, 66, 75, 79, 81, 91, 94, 95, 100–102, 121, 122, 124, 152, 174, 198, 199, 260, 270–272, 274, 277, 278
春日社　104, 107, 109, 113, 114, 141–142, 147, 220, 223, 232
教興寺の戦い　126, 130, 131, 158, 161, 168, 170, 171, 189, 192, 199, 203, 205
桐御紋　121, 122, 174, 198, 226
キリシタン　21, 135, 136, 153, 176–179, 218, 221
下剋上　16, 19, 22, 25, 81, 90–95, 108, 122–124, 139, 151, 164, 271, 272, 274, 277, 278
元亀争乱　236, 243, 256, 260, 272
顕本寺　33, 35, 68
興福寺　22, 28, 104–107, 131, 133, 135, 139–144, 147, 149, 163, 164, 166, 187, 200, 213, 215, 220, 225, 227, 229, 230, 232, 233, 240, 243, 245, 257, 260, 261, 271, 274
古河公方　23, 58, 84, 102, 185
越水城　31, 35–37, 41, 46, 58, 59, 73, 75, 208, 210, 212

さ行

堺　28, 33, 56, 64, 68, 70–72, 74, 76, 77, 84, 96, 98, 109, 114, 117, 128, 137, 143, 144, 146, 147, 152, 153, 156, 158, 172, 182, 183, 201, 207, 209, 210, 213, 215, 219, 221, 227, 236, 254, 256, 258, 259, 274
沢城　118, 153, 154, 157, 159, 177
信貴山城　16, 106, 131, 135, 152–154, 215, 223, 227, 229, 236–240, 244, 248, 256, 259, 263, 264, 266, 267
従四位下　52, 59, 101, 121, 122
将軍家　22, 23, 57, 58, 87, 94, 95, 97, 118, 121, 144, 163, 174, 195, 196, 199, 202, 203, 205, 207, 209, 260, 270, 271, 274, 277
『常山紀談』　17, 19, 21
勝善院　188
真観寺　128, 158, 159, 210
『信長公記』　17, 18, 25, 138, 193, 197, 224, 225, 248, 255, 265, 266, 273
正統性　84, 87, 100, 120, 124, 143, 253, 257, 268, 270

た行

『太かうさまくんきのうち』　17, 18, 21, 192
大徳寺　47, 68, 123, 173, 174, 187
大仏　16, 17, 163, 215, 218–220, 266, 267, 271
滝山城　67, 68, 70–74, 134, 150, 152, 155, 158, 182, 208, 210

結城忠正　88, 118, 138, 150, 157, 160, 163, 176–178, 217, 221, 228
友松軒　38
湯川直光　115, 127–129, 131
遊佐安芸守　222
遊佐長教　40–42, 44, 48, 66, 67, 106–108
遊佐信教　203, 208, 246, 253
好岡大炊頭　151
吉田兼右　101, 118, 136, 138, 155, 173
吉成信長　128
米村治清　77

ら行

頼山陽　19, 24
龍雲院祐尊　211
蓮乗院寅清　218
廊坊氏　118
鹿苑寺周暠　100, 195
六角定頼　35, 40, 42, 44, 45
六角承禎　45, 55–57, 62, 89, 90, 117, 127, 130, 131, 168, 232, 237, 250
六角義弼　117
六角氏　22, 55–57, 127–130, 168, 173, 182, 203, 217, 223, 224, 226, 236, 249, 250
ロレンソ了斎　176–178

わ行

若江三人衆　37, 261, 267
若狭屋宗可　96, 144, 146
和田惟長　247
和田惟政　211, 226–228, 241, 242, 245, 246
渡辺重　138, 150, 159, 160, 165, 240, 245
渡辺積　159
渡辺兵衛尉　244

三好長慶　10, 17–19, 25, 28, 33–38, 40–52, 54–71, 73–81, 84–86, 88–90, 93, 94, 96–98, 100–102, 104, 106–108, 110, 111, 114, 115, 117–122, 124–127, 129–131, 137, 139, 144, 147–149, 151, 157–160, 162, 165, 166, 169–176, 178, 180, 184, 185, 187–189, 192–194, 197–201, 207, 210, 248, 249, 263, 269, 270–272
三好生長　11, 44, 75
三好存保　10, 74, 174, 253, 259
三好元長　10, 28, 33, 35, 40, 47, 68, 75, 77, 102, 106, 187, 198, 269
三好盛政　222
三好康長　10, 45, 75, 129, 201, 206, 207, 214, 222, 223, 236, 246, 256, 259
三好之長　32, 33, 35, 40, 47
三好義興　10, 17, 45, 59, 74, 78, 88, 89, 101, 102, 115, 117, 121–125, 127–130, 159, 162, 165, 168–170, 172–175, 178, 187, 188, 192, 194, 272
三好義継　10, 18, 37, 74, 78, 149, 174, 175, 192–202, 206, 207, 209–211, 213, 214, 218, 220, 223, 224, 226, 228, 229, 231, 236, 237, 241, 242, 244, 246–251, 253–256, 262, 272
三好三人衆　72, 78, 79, 199, 200, 206–215, 218–232, 236–243, 245, 247, 252, 255, 257, 272, 273
三好氏　16, 22, 25, 40, 43, 45–50, 55–58, 61, 63–66, 68, 70, 74, 75, 81, 87, 89, 93, 96, 97, 99, 101, 102, 107, 108, 112–115, 117–128, 130, 131, 139, 150, 151, 156, 158, 159, 161, 164, 166, 168–171, 173–175, 179, 181, 183–185, 187, 188, 189, 192, 194–199, 201, 203–206, 208, 209, 226, 242, 249, 251, 253, 270, 271, 274
村井貞勝　261, 266
村上武吉　224, 226
村上通康　96
村上氏　242
村田珠光　144, 145, 146
毛利隆元　90, 97, 124
毛利輝元　58, 80, 101, 242, 254, 255, 262, 264
毛利元就　80, 89–91, 94, 96, 97, 101, 121, 224, 226, 228, 242, 263
毛利氏　80, 89, 91, 96, 97, 120, 126, 195, 224, 242, 243, 251, 254, 262, 264, 268, 274
牧谿　145, 146
最上氏　23
森左馬頭　259, 264
森長秀　35
森可成　228

や行

柳生家厳　161
柳生利厳　163
柳生宗厳　128, 137, 154, 160–164, 206, 216–218, 220, 245, 246, 272
柳生宗矩　163
柳生氏　107, 139, 160, 164, 218, 250, 271
薬師院実祐　218
薬師寺弼長　129, 205
薬師寺長盛　79
薬師寺氏　31, 130, 165
薬草院日扇　181
安井宗運　71, 72, 183
安見右近　208, 241, 243
安見新七郎　247
安見宗房　45, 56, 108–110, 112, 114, 115, 117, 129–131, 152, 161, 168, 203, 205, 207, 224, 226
柳沢吉保　19
柳本賢治　106, 221
柳本与二郎　36
柳本氏　130, 165, 204, 250
山岡景佐　257
山岡景猶　251
山口秀景　239
山口秀勝　151, 219, 229, 238, 239, 245
山崎久家　245
山科言継　42, 52, 54, 157, 170, 185, 195–197
山科言経　150
山田氏　112, 250
大和晴完　50, 197
山名宗全　104
山上宗二　144, 146
山本氏　251
湯浅常山　17
結城左衛門尉　160, 178
結城貞胤　51

細川晴国　34, 150
細川晴元　33, 34, 36, 38, 40–42, 44–48, 50–52, 55, 58, 59, 64, 66, 68, 75, 88–90, 106, 107, 110, 117, 127, 130, 157, 172, 174, 200
細川晴之　127
細川藤賢　40, 51, 208, 209, 223
細川藤孝　81, 155, 205, 227, 251, 252, 254, 257, 261, 266
細川政元　31, 32, 56, 58, 105, 133, 135, 142, 157
細川通薫　224
細川持隆　18
細川氏　16, 22, 23, 31, 37, 40, 43, 46–48, 55, 74, 86, 93, 95, 106, 108, 117, 119, 157
本願寺顕如　203, 223, 250, 262
本願寺証如　33–35, 38, 42, 57, 76, 107, 131
本庄加賀守　48, 152
本庄孫三郎　72, 152

ま行

前田玄以　274
松井友閑　259, 260, 265
松岡秀孝　138, 151, 244
松田一兵衛尉　150, 171, 181
松田藤弘　169
松田光秀　50
松田光致　50
松田盛勝　166
松田盛秀　50
松永加賀守　259
松永久三郎　244
松永左馬進　244
松永尺五　29
松永貞徳　29
松永永種　29
松永長頼 → 内藤宗勝
松永久通　11, 18, 156, 159, 175, 186, 192, 194–202, 204, 207, 218, 220, 227, 231, 232, 238–241, 243–250, 256–269
松永秀長　239
松永孫四郎　244
松永孫六　10, 30, 48, 72, 116, 182, 209
松永氏　28, 30, 32, 43, 65, 72, 79, 151, 154, 163, 175, 182, 195, 206, 207, 217, 218, 226, 240, 242, 245, 251, 257, 259, 264, 272, 274
松本珠報　145
松屋久政　144, 146, 149
松山安芸守　215, 216, 219
松山重治　65, 88, 111, 119, 129, 137, 139, 152, 156, 158, 159, 162, 164, 209, 210
松山彦十郎　209, 210
松山広勝　72, 152
松山与兵衛尉　216
松山氏　216
松浦孫八郎(萬満)　66, 174, 208, 211
松浦守　66, 67
松浦氏　66, 67, 110, 216
万里小路惟房　84, 88, 201
曲直瀬道三　49, 144, 146, 172, 178
間部詮房　19
万歳氏　105, 250, 252
万見重元　261
瓶原七人衆　211, 220
三上栖雲軒　250
三鬼鎰助　222
三木氏　38, 43
水尾為盛　150, 153
三谷氏　151
三淵藤英　211
南氏　261
源義家　118
源義光　97, 118
三宅国村　36
三宅氏　31
宮田氏　211
宮部与介　239
妙精　29
妙忍　29
三好家長　35
三好為三　232, 247
三好実休　10, 18, 28, 36, 40, 46, 67, 74, 75, 80, 96, 115, 117, 127–129, 144, 161, 174, 198
三好新丞　225
三好祐長　37
三好宗渭　11, 44, 45, 52, 64, 75, 78, 89, 194, 201, 206, 213, 223, 224, 232
三好宗三　11, 34–36, 38, 41–45, 47, 75, 144
三好連盛　38
三好長治　10, 74, 174, 214, 224, 237, 253, 268
三好長逸　10, 44–46, 49, 59, 60, 64, 67, 71, 74–76, 78, 80, 88, 121, 122, 129, 156, 162, 165, 175, 188, 192, 194–196, 198, 199, 201, 206, 207, 210, 219, 221, 241, 247, 248, 252, 254, 272

野間康久　37, 77–79, 228, 255
野間氏　37, 43, 79, 245

は行

坍和道祐　41
坍和氏　117
伯夷　180
箸尾為綱　225, 241
箸尾氏　106, 107, 114, 164, 243, 245
羽柴(豊臣)秀吉　18, 21, 24, 80, 81, 121, 135, 138, 146, 160, 254, 265, 268, 269, 271, 274, 278
畠山秋高　202, 203, 208, 209, 212, 224, 226, 229, 241, 242, 246, 247, 253
畠山在氏　106
畠山上野介　51
畠山高政　55, 57, 108–111, 114, 115, 117, 119, 120, 128–130, 161, 202, 210
畠山尚順　32, 105
畠山政国　89
畠山政長　104–106, 119, 120, 134
畠山基家　105
畠山義堯　106
畠山義就　104–106, 119, 120, 134
畠山義総　155
畠山氏　22, 23, 31, 40, 44, 56, 57, 67, 80, 89, 95, 104–106, 108–110, 114, 117, 119, 127–131, 135, 140, 164, 168, 173, 175, 209, 211, 222, 231, 249, 251
波多野次郎　116
波多野秀忠　38
波多野秀親　64
波多野元秀　46, 88, 116
波多野氏　47, 66, 74, 117, 204, 209
八条長祐　166
鉢屋紹佐　144, 149
蜂屋頼隆　228, 248
波々伯部元継　38, 41
葉室家　54, 239
吐山氏　261
速水武益　211
春岡左近　245
塙(原田)直政　81, 257–261, 263, 264, 273
吐田氏　105, 229
半竹軒　70, 137, 139, 142, 159, 162, 164, 245
坂東季秀　254
範与　70
東竹甲清　61
樋口(直江)兼続　81
平井丹後守　41
広橋兼秀　187
広橋国子　186
広橋国光　62, 84, 85, 138, 156, 183, 186, 187, 192, 193, 202, 211, 227, 270, 272
広橋保子　85, 150, 186–188, 225, 237, 270
広橋家　150, 186
ファン・ラングレン　177
福住宗職　109
福住氏　112, 229
福智左馬頭　244, 245
福智院尊舜　142
福富秀勝　257
藤岡直綱　59, 79, 81
藤木左衛門大夫　188
藤木成理　188
藤田氏邦　80
不住庵梅雪　258
藤原惺窩　151
布施左京亮　128
布施氏　139, 250
古市胤仙　135
古市澄胤　104, 105
古市播磨守　31, 67, 207, 214
古市藤千世　165
古市氏　104, 106, 112, 140, 165, 250
フロイス　20, 154, 157, 163, 218, 221
別所長治　268
別所村治　67, 75
別所氏　216
宝厳院祐重　71
北条氏綱　23, 58, 123
北条氏康　23, 58, 90, 93, 95, 102, 121, 185, 203
北条氏　20, 21, 23, 58, 80
芳野氏　118
宝来氏　112
細井戸氏　250
細川氏綱　40–43, 46–48, 52, 54, 55, 65–67, 75, 76, 89, 101, 107, 122, 125, 157, 174, 208
細川勝国　40
細川勝元　31, 104
細川刑部大輔　221
細川国慶　40, 157
細川澄之　32
細川高国　32–34, 40, 58, 59, 150
細川高益　40
細川忠興　266
細川輝経　51
細川信良　11, 45, 46, 59, 70, 76, 236, 247, 249

武田氏(甲斐)　81, 120, 244, 250–253, 268, 274
武田氏(若狭)　115, 116, 211, 236
竹田対馬守　245
武野紹鷗　70
竹屋氏　211
多田四郎　220
多田氏　112
伊達晴宗　95, 101, 124
立入勘介　239, 259
立入氏　239
田中義成　24
谷宗養　70
玉田太郎衛門　245
多聞院英俊　28, 38, 215, 225, 244, 258, 259, 261, 266, 267
多聞院盛舜　142
多羅尾源太　210
多羅尾綱知　54, 76, 255, 267
多羅尾光俊　223, 231, 257
多羅尾光信　267
棰井甚左衛門尉　37
丹下盛知　45
長松軒淳世　194, 206
超昇寺氏　112, 165, 245
辻玄哉　70, 258
津田宗及　258, 267
津田宗達　77, 144, 146
津田道叱　258
津田経長　157
筒井順永　104
筒井順慶　107–109, 111, 112, 114, 142, 143, 152, 154, 161, 164, 207–209, 212, 215, 216, 219, 223, 225, 227, 229, 230, 236, 241, 243–246, 248, 250, 254, 258–261, 263–266, 273
筒井順昭　107, 160
筒井順政　109
筒井氏　104–106, 109, 112, 114, 119, 135, 138, 140–143, 147, 154, 158, 160, 161, 164, 166, 209, 213, 225, 229, 243, 250, 261, 274
椿井一郎　213, 220
寺町通昭　162
寺町通以　77
等恵　70
十市遠勝　110, 154, 222
十市遠長　259, 260, 264
十市なへ　154, 259
十市氏　106, 107, 112, 139, 142, 154, 164, 211, 225, 250, 259
土岐頼次　97, 151, 222
土岐頼芸　18, 20, 92, 97, 151, 249
徳川家宣　19
徳川家康　17, 18, 24, 81, 145, 160, 231, 250, 255, 274, 278
徳川綱吉　19
徳川秀忠　18
富森又丞　245
豊田円専房　245
豊田氏　225
豊臣秀次　18, 274
豊臣秀長　135, 274
豊臣秀吉 → 羽柴秀吉
鳥養貞長　42, 59, 77, 78, 81, 169
鳥養氏　43, 79

な行

内藤興盛　91
内藤国貞　64, 65, 67
内藤貞勝　65
内藤如安(貞弘)　179
内藤宗勝(松永長頼)　11, 43–45, 65, 66, 74, 88, 116, 117, 149, 155, 204, 205, 207
内藤氏　65–67
直江景綱　203, 205
猶原氏　250
猶村氏　150
長井新左衛門尉　20, 92
長井孫四郎　117
長井氏　261
長尾為景　57, 92
長尾晴景　92
長尾景虎 → 上杉謙信
中岡藤市　245
中沢光俊　51
長塩氏　165
中坊讃岐守　113
中坊駿河守　226, 241
中坊飛騨守　250
中坊氏　113, 114, 149, 165, 243
永原重興　55, 56
中御門宣忠　54
中村高続　159
半井驢庵　172
奈良長高　127, 168, 169, 194
仁木長頼　211, 212
西竹教清　61
二条堯乗　142
二条晴良　233, 237
丹羽(惟住)長秀　81, 265
仁如集堯　147
根来寺快秀　128
野尻宗泰　108, 129
野尻氏　36
能勢氏　32
野間長久　37, 73, 77, 79

220, 236
近衛稙家　141, 142
近衛家　174, 196, 243
小早川隆景　80
小林日向守　204
狛吉三郎　222
後村上天皇　98
後陽成天皇　18
厳助　35

さ行

雑賀衆　264, 265
雑賀孫市　236
斎藤高政 → 一色義龍
斎藤龍興　130, 203, 216, 236
斎藤道三　18, 20, 21, 28, 92, 97, 151, 276
斎藤基速　64, 67, 76, 108, 126
酒井胤敏　179, 180
酒井胤治　180
坂井政尚　228, 248
相良義陽　205
佐紀宮道長　240, 245
佐久間家勝　266
佐久間才四郎　257
佐久間信盛　78, 217, 227, 228, 246, 248, 255, 256, 261, 264, 269
佐竹義重　58
里見義弘　58
真田(武藤)昌幸　81
誠仁親王　202
沢太菊　118
沢氏　118, 119, 153, 154
三宝院義堯　120
塩川国満　36
塩川氏　32
塩田左馬頭　76
塩田胤貞　35
塩田胤光　35, 77
塩田氏　38, 43, 81
重見摠雲　149
自斎　136
四聖坊宗助　145
四手井家武　138, 149
四手井家綱　149
四手井家保　149, 251
四手井氏　149, 245
篠原長房　75, 210, 212, 214, 219, 221–226, 237, 242, 243, 250, 253, 272
斯波義銀　23, 55, 92, 151
斯波氏　23, 31, 95, 175
柴石方吉　72, 152
柴田勝家　18, 79, 160, 228, 248, 253, 257, 260, 265, 267
渋川氏　23, 95
島田秀満　257
島津家久　139
島津貴久　205
下間頼廉　264, 268
叔斉　180
庄丹後守　37
勝雲斎周椿　136–138, 162, 239
上生院浄実　218
成身院光宣　104
浄忠　71, 168
成福院　144
聖武天皇　133
笑嶺宗訢　187
徐熙　144
進士賢光　44
進士晴舎　170, 195, 198
秦楽寺氏　139
陶晴賢　23, 91
杉重矩　91
諏訪行成　254
雪舟　146
摂津晴門　170, 198
千利休　96, 144, 146, 153
巣林院　245
十河一存　10, 36, 52, 65–67, 74, 78, 80, 110, 126, 127, 173, 174, 198

た行

田井長次　41
太阿弥　137, 138, 263
大覚寺義俊　96, 129, 130, 203, 205, 207, 211
大乗院尋円　232, 233
大乗院尋憲　232, 233, 245, 250, 251
大林宗套　68, 173, 187
高田氏　250
高畠長直　41
高山右近　21, 153, 177
高山飛騨守　150, 153, 154, 159, 177, 221, 272
鷹山藤寿　222
鷹山弘頼　108
滝川一益　263, 265, 269
竹内季治　123, 148, 159, 171, 201, 202, 211, 237
竹内長治　148, 237
竹内秀勝　61, 79, 138, 144, 146, 148, 149, 151, 158, 159, 162, 165, 176, 204, 211, 227, 228, 231, 236, 241, 244, 245
武田勝頼　260, 262
武田信玄　58, 80, 95, 97, 124, 125, 203, 205, 244, 249, 250, 252, 253
武田信豊　116
武田義信　95
武田義統　90, 95, 116, 203, 204, 212

小笠原貞慶　97, 125, 126, 151
小笠原長時　97, 125, 126, 151
岡村甚介　259
小川式部丞　47
荻野直正　88, 204, 205
小黒氏　155
織田伊勢守　92
織田信孝　18
織田信忠　225, 229, 260, 266, 268
織田信長　16–21, 23–25, 37, 55, 58, 78, 80, 90–92, 94, 97, 121, 138, 145, 149–151, 160, 163, 164, 193, 197, 203, 210–212, 216, 217, 219, 220, 223–229, 231, 232, 236–238, 242–244, 246–269, 271–274, 276
織田信秀　34
織田氏　81, 249
越智家高　229
越智家栄　104, 142
越智家増　119, 229
越智氏　104–108, 112, 114, 119, 135, 155, 164
小夫氏　204

か行

快玉　70
戒重氏　107
甲斐庄助丞　222
海部氏　75
加地為利　35
加地久勝　207
加地肥前守　38
加地盛時　222
加地氏　38, 43, 81
勧修寺晴秀　88
勧修寺晴右　195
片岡氏　61, 105
片山氏　65
加藤氏　239
金山信貞　213
加成通綱　72, 152, 159
加成光長　159
狩野宣政　42, 59
狩野氏　137, 138, 263
上泉信綱　163, 164
蒲生氏郷　160
萱振賢継　108
河田長親　203
河那部秀安　138, 151, 165, 240, 244
瓦林秀重　138, 149, 151, 159
瓦林氏　32, 159
菅若狭守　48
観世元忠　69
菊川氏　211
木沢長政　38, 106, 107, 109, 112, 117, 131, 133, 135, 149, 154, 164
木沢浮泛　106
木沢氏　117
喜多左衛門尉　67, 152
喜多定行　72, 152
喜多重政　138, 160
喜多氏　160
北瓦長盛　77
北畠具房　231
北畠氏　118, 119
北山氏　261
吉川元春　80, 228
木村宗也　222
京極吉童子丸　91
教来石(馬場)信春　81
玉潤　145, 146
清原枝賢　60, 85, 118, 138, 155, 156, 177, 178, 192, 195, 199, 221, 270, 272
清原宣賢　155, 156
吉良義安　151
櫛橋氏　36
九条稙通　65, 174
九条家　32, 66, 199, 241, 243
楠正辰　150
楠正種　156
楠正虎　98, 99, 127, 134, 138, 150, 156, 206, 211, 254
楠木正成　98–100, 134, 150, 270
楠木正行　98
朽木稙綱　51
工藤(内藤)昌秀　81
窪氏　261
黒田(小寺)如水　81, 265
慶寿院　128, 169, 195
元理　69, 70, 147, 148
小泉秀清　157
小泉氏　208
香西又五郎　224
香西元長　157
香西元成　44, 45, 52, 64, 224, 247
香西与四郎　36
香西氏　117
河野氏　96, 144
孝明天皇　24
郡山辰巳氏　112
久我晴通　96
後柏原天皇　63, 64
後醍醐天皇　98, 121
後土御門天皇　63
小寺政職　265
後奈良天皇　46, 61–64, 76, 85, 186, 201
小西行長　179, 274
近衛前久　84, 141, 142,

池上如慶　258
池田勝正　206, 215
池田長正　41, 43, 46, 47, 65, 70, 75, 115, 129
池田信正　36, 41
池田教正　255
池田正秀　70
池田氏　32, 35, 37, 46, 47, 73, 111, 242, 246
惟高妙安　49, 148
石川通清　75
石橋忠義　151, 154, 177
伊勢因幡守　51
伊勢左衛門尉　51
伊勢貞助　78
伊勢貞孝　44, 50, 51, 73, 88, 90, 101, 115, 123, 129, 130, 150, 169, 170, 176, 226
伊勢貞為　237
伊勢貞良　129, 130
伊勢宗瑞（北条早雲）　20, 21, 23, 276
伊勢氏　20, 114, 169, 170
磯貝氏　251
伊丹玄哉　159, 195
伊丹忠親　159, 209–211, 247
伊丹親興　36
伊丹氏　32, 35, 37, 73, 79, 111, 159
一条兼冬　186
一宮氏　75
市原胤吉　35
市原氏　81
一色孝秀　211
一色藤長　211
一色義龍（斎藤高政）　18, 20, 90, 92–94, 97, 121, 123, 130
一色氏　23, 94, 231
逸見経貴　75, 116
逸見政盛　35
出野氏　65
井戸良弘　205, 207, 231
井戸氏　139, 225, 231, 232
犬伏頼在　72, 152
飯尾為清　70, 76
茨木長隆　65, 76
茨木長吉　54
茨木氏　31
今井氏　137
今川義元　92
今村一慶　158, 159
今村政次　157
今村慶満　111, 118, 127, 139, 156–159, 176, 182, 185
今村氏　156, 158, 208, 210
入江志摩守　150, 239, 259
入江政重　29
入江盛重　29
入江氏　29
石成友通　11, 59, 65, 77–79, 81, 88, 89, 111, 128, 162, 165, 172, 205, 206, 210, 215, 216, 232, 247, 252, 254, 255
ヴィレラ，ガスパル　176–178
上杉謙信（長尾景虎）　57, 92, 95
上杉定実　92
上杉憲政　93, 94
上杉氏　23, 81, 126, 130, 195, 268, 274
上野信孝　50–52, 99, 169, 198
宇喜多氏　150
宇多天皇　24
宇津氏　165
浦上宗景　242
浦上氏　237, 242, 251
瓜生氏　245
海老名家秀　138, 149, 195, 240, 245
海老名助之丞　259, 264
海老名氏　149, 264, 266
塩冶慶定　133, 138, 142, 159, 240
大石氏照　80
大内義興　32, 58, 91
大内義隆　23, 91
大内義尊　91
大内義長（大友晴英）　23, 91
大内氏　89, 91, 96, 126
正親町天皇　63, 84, 85, 87, 88, 94, 98–101, 114, 115, 173, 177, 184, 186, 196, 201, 219, 237, 253, 257, 266, 270
大崎氏　23, 95
大嶋助兵衛　222
太田牛一　17, 18, 25, 197, 273
太田資正　102
大館常興　34
大館輝氏　51
大館晴光　129
大館氏　171
大友宗麟　91, 95–97, 101, 121, 124
大友氏　96, 97, 126, 144, 242
大西氏　75
大森兼継　134
大森寿観　195
岡因幡守　220, 229
岡周防守　252, 254, 255, 265, 268
岡勝家　239

人名索引

＊「松永久秀」は頻出するため省略した。

あ行

赤井時家　204
赤井氏　204
赤木兵部丞　150
赤沢蔵人介　245
赤沢朝経　105, 107, 112, 135, 139, 142, 221
赤沢長経　106, 133
明石氏　36
赤塚家清　138, 149, 188, 245
赤塚氏　149
赤松晴政　57, 67, 95
秋山藤次郎　75, 119
秋山氏　118, 204, 222, 225, 250
芥川長則　47
芥川孫十郎　46, 47, 52, 58, 75
芥川氏　31, 46, 47
明智(惟任)光秀　18, 24, 81, 257, 260, 261, 266, 269, 274
浅井長政　232, 237, 238, 250, 251, 254, 256
浅井氏　236
阿佐井野氏　156
朝倉孝景　121, 155
朝倉義景　116, 123, 155, 203, 204, 212, 223, 231, 232, 237, 250, 251, 254, 256
朝倉氏　129, 236, 238, 243, 249, 251
足利義尋　58, 253, 255, 262
足利成氏　84
足利茶々丸　20
足利晴氏　23, 58
足利藤氏　58, 95
足利藤政　58
足利政知　20
足利持氏　84
足利基氏　185
足利義昭　11, 23, 25, 55, 58, 200, 202, 204, 205, 207–209, 211, 212, 216, 220, 222–233, 236–238, 240–244, 246, 247, 249–256, 260, 262, 264, 265, 268, 272–274
足利義氏　23, 58, 84, 95, 185
足利義助　238
足利義澄　32, 33, 58, 198
足利義稙　20, 32, 33, 56, 58, 91, 105, 135, 198, 255
足利義維　11, 33, 56–58, 64, 76, 84, 89, 198, 205, 210, 212
足利義輝　16–18, 40, 42, 44–46, 50–52, 54–58, 61, 62, 64, 67, 68, 77, 80, 84–102, 109–111, 114, 115, 117, 121–131, 157–159, 168–171, 173–176, 184–187, 189, 192–200, 202, 203, 214, 250, 262, 263, 270–272
足利義教　104, 197, 257
足利義晴　33–35, 43, 44, 58, 84, 85, 107, 174, 198
足利義栄　11, 198, 210, 212, 214, 222, 224, 226, 238
足利義政　50, 84, 146, 197, 257
足利義満　87, 145, 257
足利氏　16, 22, 23, 100, 184, 199, 270, 278
蘆田忠家　88
安宅監物丞　248, 249
安宅神太郎　174, 206, 231
安宅冬康　10, 17, 36, 40, 48, 67, 74, 80, 115, 127, 165, 174, 192, 193, 198, 206
姉小路頼綱　231
安倍氏　245
尼子晴久　57, 61, 62, 90, 91, 95, 97, 121, 124
尼子氏　62, 91, 120, 242
荒木(池田)村重　81, 252, 261, 268
有馬村秀　46, 67, 75
有持氏　75
アルメイダ　135, 136, 138
安国寺恵瓊　254
井伊直政　160

天野忠幸（あまの ただゆき）

1976年兵庫県生まれ。大阪市立大学大学院文学研究科後期博士課程修了。博士（文学）。専門は日本中世史。現在、天理大学文学部歴史文化学科准教授。著書に『増補版 戦国期三好政権の研究』（清文堂出版）、『三好長慶——諸人之を仰ぐこと北斗泰山』（ミネルヴァ書房）、『三好一族と織田信長——「天下」をめぐる覇権戦争』（戎光祥出版）、編著に『戦国遺文 三好氏編』全3巻（東京堂出版）、『松永久秀——歪められた戦国の“梟雄”の実像』（宮帯出版社）などがある。

［中世から近世へ］

松永久秀と下剋上 室町の身分秩序を覆す

発行日　2018年6月20日　初版第1刷
2021年12月28日　初版第3刷

著者　天野忠幸

発行者　下中美都

発行所　株式会社平凡社
〒101-0051 東京都千代田区神田神保町3-29
電話 (03)3230-6581［編集］(03)3230-6573［営業］
振替 00180-0-29639
ホームページ https://www.heibonsha.co.jp/

印刷・製本　株式会社東京印書館

DTP　大原大次郎

ISBN978-4-582-47739-9
NDC分類番号210.47　四六判(18.8cm)　総ページ304